한국침례교
인물사

한국침례교 인물사

2007년 9월 20일 | 제1판 1쇄 발행

지은이 | 김갑수
펴낸이 | 안병창
펴낸데 | 요단출판사

주 소 | 158-053 서울특별시 양천구 목3동 605-4
편 집 | (02) 2643-9155
영 업 | (02) 2643-7290~1   Fax (02) 2643-1877
등 록 | 1973. 8. 23. 제13-10호

ⓒ 김갑수 2007

기 획 | 이종덕   편 집 | 김현경
디자인 | 한기획   제 작 | 박태훈 권아름
영 업 | 김창윤 정준용 김민승 이영은

정 가 12,000원
ISBN 978-89-350-1101-8 03230

이 책의 저작권은 저자가 소유하고 있습니다.
저자와 출판사의 사전 승인없이 책의 내용이나 표지 등을 복제, 인용할 수 없습니다.

요단인터넷서점 www.jordanbook.com

韓國 浸禮教 人物史

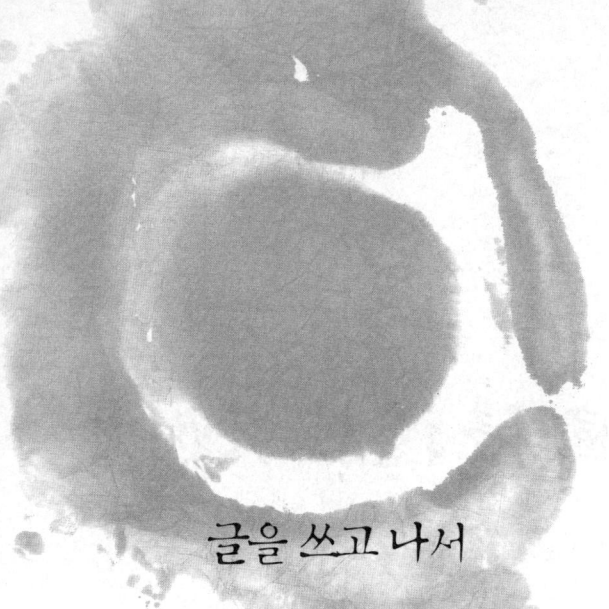

글을 쓰고 나서

세월이 흘러가고간 발자취에는 많은 이야기가 남아 있습니다.

황무지와도 같은 이 나라에 복음을 들고, 먼 나라에서 온 선교사들이 전하는 복음을 듣고 예수 그리스도를 영접한 믿음의 선구자들의 발자취 속에 담긴 이야기를 밝히면서 복음의 능력과 하나님의 은혜에 흠뻑 빠져버리고 말았습니다.

어둠이 길을 막아서면 횃불을 밝히고, 눈보라가 몰아치는 만주벌판을 가로지르고 강산을 넘고 들을 지나 복음을 전하려는 열망을 가진 이들에게는 거침이 없었습니다. 삼천리 방방곡곡 복음이 메아리 되어 전해졌고 험한 풍파가 이들을 삼켜버렸지만 복음은 여전히 불길이 되어 이들을 기다리던 사람들의 가슴에 뜨겁게 전해지자 시베리아가 하나님의 복음으로 채워졌습니다.

일제의 잔혹한 박해 속에서도 흔들릴 수 없었던 복음의 불길은 드넓은 만주를 뛰어넘고 죽음의 땅 시베리아에서도 생명을 살리는 능력으로 마을마다 교회가 세워지고 사람들은 찬양을 드높였습니다.

순교자적 사명감으로 살아가신 분들의 발자취를 더듬으며 그들이 남기고 간 고귀한 믿음의 향기가 아직도 제 가슴 깊은 곳에 가득히 담겨져 있습니다. 이분들의 피와 땀과 눈물이 우리 한국 침례교회의 부흥의 씨앗이 되었습니다.

미래는 현재의 연장이고 현재는 과거의 연장임을 부인할 수 없는 것 처럼, 우리의 믿음의 선배들이 걸어온 지난날의 역사를 거울삼지 않고는 미래를 볼 수 없으며 새로운 진로를 찾을 수 없을 것이기에 이들의 행적은 소중하고 고귀한 것입니다. 그러기에 이들이 남기고 간 아름다운 이야기들을 통해 우리 교단의 새로운 방향과 진로를 찾아 전진해야만 새로 꾸며가는 역사가 훌륭한 전통과 신앙정신의 유산을 남기게 될 것입니다.

인류의 역사는 연속성의 원리를 가지고 있습니다. 우리의 과거를 이은 현실은 미래를 살리는 힘이므로 선진들의 전통을 계승하는 것은 당연한 것입니다. 일제의 탄압과 공산당들의 잔혹한 만행 앞에서도 당당히 복음의 절개를 지키고 신앙정신을 굽히지 않았던 믿음의 선배들의 숭고한 순교정신과 투철한 신앙생활에 경의를 보냅니다.

부족하기만한 필자를 팔순에도 정정함을 잃지 않도록 돌보신 하나님의 은혜에 감사하며 본 원고를 통해 발간되는 한국침례회 인물사가 미약하나마 한국침례교사에 힘이 될 수 있기를 바랍니다.

김 갑 수 목사

목차

12 동방예의지국에 매료된 캐나다 선교사   펜윅(Malcom C. Fenwick)

36 침례회 빛을 밝힌 백암골 사자 제2대 감목   이종덕 목사

48 이 땅에 섬김의 본을 남긴 침례교의 개척자   장기영 감로

56 주님의 사랑과 겸손을 몸소 실천한 침례교회의 기둥   박노기 목사

64 풍랑속에 순교의 꽃을 피운   김희서 교사

72 생명의 면류관을 밝힌 감옥 순교자   전치규 목사

84 순교자의 형제로 핍박 속에 열매맺은 신앙의 꽃   김영관 목사

94 꿋꿋이 침례신앙을 지킨 의지의 항해사   이종근 목사

104 따뜻한 남쪽나라 복음의 선구자   장석천 목사

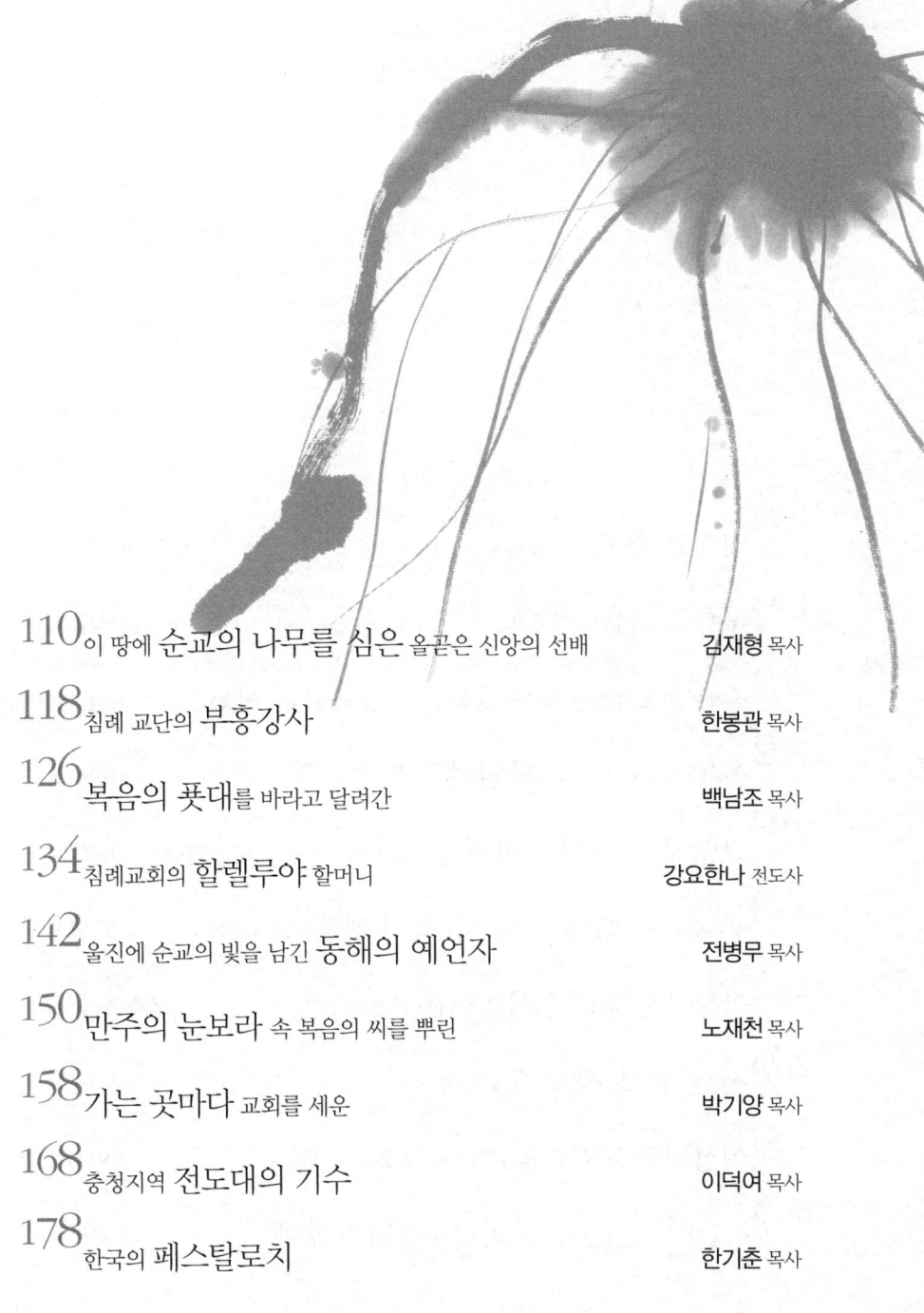

110 이 땅에 순교의 나무를 심은 올곧은 신앙의 선배   김재형 목사

118 침례 교단의 부흥강사   한봉관 목사

126 복음의 푯대를 바라고 달려간   백남조 목사

134 침례교회의 할렐루야 할머니   강요한나 전도사

142 울진에 순교의 빛을 남긴 동해의 예언자   전병무 목사

150 만주의 눈보라 속 복음의 씨를 뿌린   노재천 목사

158 가는 곳마다 교회를 세운   박기양 목사

168 충청지역 전도대의 기수   이덕여 목사

178 한국의 페스탈로치   한기춘 목사

186 침례교 중흥을 이뤄 낸   존 애버내티 선교사
196 울릉도 복음의 선구자   김석규 목사
202 역경을 딛고 대륙에 복음의 불길을 일으킨 복음의 사도   최성업 목사
212 숭실대 전도단의 기수, 학원선교의 선구자   차광석 목사
218 교단 대표 32인과 함께 감옥 속에서도 복음의 빛을 밝힌   김용해 목사
228 경주문화교육재단을 설립하고 교육의 횃불을 든 목회자   허 담 목사
234 아름다운 교회 건물로 하나님께 영광 돌린   김주언 안수집사
236 푯대를 향해 오직 한길을 걸은   신성균 목사
246 이상적인 교회를 꿈꾼 혁신적인 목회자   장일수 목사
252 전국감사독립가를 작사한 독립운동가의 후예   문규석 목사

260 서울침례교회를 개척한   안대벽 목사

266 침례신학대학교 제3대 학장   지대명 선교사

272 성직자 양성의 사명자   이원균 목사

278 죽으면 죽으리라 주님 섬긴   이덕상 목사

284 3대째 선교사의 전통을 이어온   이대복 선교사

290 「한국 침례교의 산 증인들」을 쓴 순교자의 아들   김장배 목사

294 12세 최연소 전도자   신혁균 목사

302 한결같은 마음으로 주님께 헌신한   왕은신 선교사

308 한손엔 복음 한손엔 사랑을   최희준 선교사

동방예의지국에 매료된 캐나다 선교사
말콤 C. 펜윅

말콤 C. 펜윅 Malcom C.Fenwick

침례교란 씨앗을 이 땅에 최초로 뿌린 펜윅 선교사는 한마디로 말해서 개성이 뚜렷한 신념의 개척자였다. 스물여덟이란 젊음을 가지고 이땅에 나타난 개척자. 그는 일생을 통해 개척의 삽을 놓은 일이 없다. 삽이 무디었을 때 그는 도미, 세계적으로 저명한 고든 박사에게서 삽의 날을 3년간에 걸쳐 세웠고, 그의 정의감은 성경번역위원회(초교파) 부위원장직을 내던지는 용기와, 단독으로 성경을 번역하는 끈질긴 집념을 우리에게 보여주었다. 복찬미 작사곡은 물론, 한국기독교회, 잔에 담긴 생명 등을 출간, 온 미국 종교계에 불을 지른 그는 오만에 가까우리만큼 당당하였으나 46년 동안 개간한 삽을 놓을 적에는 자신의 무덤을 평장으로 하라는 유언을 남긴 그는, 자랑할 수 있는 우리의 스승이요 믿음의 선구자이다.

───── 한국침례교 창시자이자 초대 선교사인 펜윅(Malcom C. Fenwick) 선교사가 한국에 들어온 것은 지금으로부터 118년 전인 1889년 12월 8일이었다. 감리교 선교사 아펜셀라 목사와 장로교 선교사인 언더우드 목사가 국내에 들어오고 난 4년 후의 일이다.

28세의 젊은 나이에 주님의 부름을 받고 한국에 들어온 펜윅은 독립된 선교사였다. 그는 후원자가 없는 상태로 한국 땅을 밟았다. 캐나다 토론토에서 한국 땅까지 오는 길은 험하기 이를 데 없었다. 뱃길로 몇 달이 걸리는 그야말로 쉽게 올 수 없는 힘든 길이었다. 지금처럼 비행기를 타면 몇 시간이면 오고 갈 수 있는 그런 길이 아니었다. 펜윅 선교사는 배를 타고 태평양을 건너면서 거센 풍랑과 파도를 겪으며 한국 땅을 밟을 수 있었다.

천신만고 끝에 한국 땅에 도착한 펜윅 선교사는 놀라지 않을 수 없었다. 이 나라는 28년 동안 그가 살았던 환경과는 너무도 달랐다. 말도 통하지 않았고 음식도 입에 맞지 않았다. 그러나 복음을 전하기 위해서는 너무도 낯선 환경에 적응하지 않으면 안 되었다.

그는 곧 주님의 부르심을 받고 달려온 이곳 한국 땅에 적응하기 위한 노력을 시작했다. 우선 서울에 10개월 동안 머물면서 한국인의 생활을 어느 정도 파악했다. 그리고 언어를 배우기 위해 황해도 송천에 사는 서경조씨를 찾아가 한국말을 배우기 시작했다. 몇 마디의 말을 배우고 나서 곧바로 만나는 사람들에게 복음을 전하기 시작했다. 드디어 펜윅 선교사를 통해 한국 땅에 고귀한 침례교의 복음이 전해지기 시작한 것이다.

어느 날 몇 사람이 관심을 가지고 펜윅 선교사를 찾아왔다. 펜윅 선교사는 이 기회를 놓치지 않고 그들과 함께 예배를 드렸다. 한국인들과 처음 예배를 드릴 때 그는 기쁨과 감사의 눈물을 흘렸다. 한국말을 가르친 서경조 씨는 펜윅 선교사에게 훌륭한 어학 선생이었다. 몇 달이 지나지 않아 언어가 어느 정도 소통이 되었고, 환경에도 익숙해지자 선교지를 원산으로 옮겼다.

3년 동안 한국 땅에 머물면서 언어를 익혔고, 현지 환경을 어느 정도 파악한 펜윅 선교사는 선교사로서 부족한 자신을 발견하고 좀더 공부하기로 결심했다. 그래서 1893년 미국으로 건너갔다. 당시 미국교계 지도자로 유명했던 메사추세츠에 있는 보스톤의 클라렌돈 침례교회 (Clarendon Street Baptist Church of Massachusetts) 담임 목사 고든(A.J.Gordon) 박사를 찾아가 3년간 신학을 공부했다.

그후 1897년 다시 배를 타고 태평양을 건너 한국으로 돌아왔다. 낯설지 않은 한국에 돌아오자 곧바로 송천으로 갔으나 이곳은 이미 장로교회가 선교지로 정하고 복음을 전하고 있었다. "남의 터에 집을 세우지 않는다"는 성경 말씀에 순종하여 발길을 원산으로 돌렸다. 당시 경원선이 개통되지 않아 교통이 매우 불편하던 원산은 선교사가 없는 지역이었다 그는 함경도 원산에 본부를 세웠는데 이곳이 한국 최초의 침례교 본부였다.

당시는 선교사들이 교파별로 선교지를 분담하여 당국의 허락을 받고 자기의 선교지에서 복음을 전했다. 정해진 선교지역 내에서 사역하였고, 다른 선교지를 침범하지 않았다. 원산에서 선교를 시작한 펜윅 선교사는 동산 위에 조그만 장막을 쳤다. 그리고 원산사람들이 사는 생활양식에 따라 생활하려고 노력했다.

한국에 선교사로 오기 위해 한국에 대해 공부하고 있을 때 그는 "한국민족은 미개해서 사람을 잡아먹는다"라는 말을 들었을 정도로 한국은 미개한 나라로 알려져 있었다. 그러나 한국에서 그들의 생활을 직접 경험하면서 느낀 한국이란 나라는 어느 나라도 따를 수 없는

펜윅 목사와 1910년대 강경침례교회 초기 성도들의 모습.

숭고한 도덕이 있고, 예의가 바른 문화를 가진 민족이라고 극구 칭찬했다. 그는 미풍양속으로 전해 내려오는 전통을 따르는 한국인의 순수한 삶에 깊이 매료되어 한국인을 진정으로 사랑하게 되었다고 증언했다. 특히 한국인이 일본의 압제하에 있는 것을 누구보다도 마음 아파하면서 한국인들에게 나라 사랑하는 것과 민족성을 일깨워 주는 데 많은 노력을 했다.

원산에서 사역하면서 펜윅 선교사는 편위익(片爲益)이란 한국식 이름을 사용했다. 명망 있는 대영 귀족의 후예로 태어나 성장했으며 고등교육을 받아 앞날이 촉망되는 젊은이가 한국이라는 나라에 큰 매력을 느끼게 되어 이름도 한국식으로 바꾸고 한국사람들과 함께 생활하면서 한국의 복음화를 위해 일생을 바칠 각오를 한 것이다. 편위익 선교사는 마태복음 28장 18-20절 말씀과 사도행전 1장 8절 말씀에 큰 은혜를 받고 주님의 복음을 땅끝까지 전하겠다는 소명을 불태우게 되었다고 간증했다.

어느 날 말씀을 깊이 묵상하면서 기도하고 있을 때, 하나님은 펜윅을 땅끝까지 복음을 전하는 선교사로 불렀다. 자신의 부족함을 절감하던 그는 처음에는 할 수 없다고 강력하게 부인했다. 그러나 하나님은 강권적인 부르심에 선교사가 되기로 순종하였다. 그가 선교지를 찾지 못하고 있을 때 하나님은 펜윅을 동북아시아에 위치한 한국에 눈을 돌리게 하셨다. 한국에 대한 자료를 모으면서 더욱 흥미를 가지게 되었고, 급기야는 한국 선교사를 꿈꾸며 기도했다. 한국의 선교사가 되라는 확실한 사명을 받고 펜윅은 한국에 왔다고 증언하였다.

그전까지 한국이라는 나라 이름도 듣지 못했고, 어디에 있는지 조차 알지 못했다. 한국은 아마 지중해상의 어느 섬으로 아프리카 식인종들처럼 미개한 족속일 것이라고 생각했다. 그러나 아무리 열악한 여건의 나라라 할지라도 주님이 가라고 하시면 순종하기로 한 것이다. 찌그러지고 녹슨 통처럼 부족한 자신이지만 생명의 물을 운반할 수 있다는 믿음 하나로 하나님의 명령에 순종하기로 한 것이다.

펜윅 선교사 부부(특히 부인은 감리교 선교사이며 개성 호수돈여학교 교사였는데 펜윅 선교사와 1900년에 결혼했다.)

가족들은 결사 반대했지만 그는 한국 선교사가 되기로 결심하고 4개월 동안 자료를 모으고 선교비를 준비했다. 그가 어떤 만류도 듣지 않자 가족들은 극단적인 행동까지 했다. "너는 우리 형제가 아니니 이제부터 아는 체도 말아라"고 했지만 그는 주님의 말씀을 거역할 수는 없었다.

이렇게 가족들과 친척들의 만류를 무릅쓰고 배를 타고 고국을 떠나 한국에 도착했다. 그러나 그동안 생각했던 것과는 전혀 다른 환경에 놀라지 않을 수 없었다. 도덕과 윤리를 실천하고 있는 한국인들의 문화 의식에 놀라움을 금할 수 없었다고 회고했다.

당시 국내 정세

─── 1863년 철종의 뒤를 이어 제26대 고종이 즉위하면서 흥선대원군이 섭정했다. 흥선대원군은 강력한 쇄국정책을 펴고 있었다. 모든 문을

단단히 걸어 잠그고 국외에서 들어오는 문물을 차단했다. 서양인을 오랑캐라 여겨 천대했고 천주교를 탄압했으며 한국에 들어와 있는 선교사들을 박해하여 많은 기독교인들이 순교의 피를 흘렸다. 흥선대원군은 천주교 선교사인 베르늬 신부를 죽이고 병인양요를 일으켰다. 대동강으로 들어오는 미국상선 제너럴 셔먼호를 불태워 신미양요의 원인이 되게 하는 등 서양 문화가 들어오지 못하도록 강력한 쇄국정책을 폈다.

명성황후는 쇄국정책을 펴던 흥선대원군을 하야시키고 개국을 단행했다. 1875년 윤요 호 사건으로 강화도 조약을 맺으면서 쇄국정책은 무너졌고 서양문물이 들어오게 되었다. 세계의 열강들에게 문호를 개방하고 통상조약을 맺었다. 군대를 일본식으로 개편하여 군사훈련을 실시하는 등 전국은 큰 변화의 물결에 휩싸이게 되었다.

중국의 위문사절단의 부사로 청나라에 갔던 박규수는 구미 열강의 침략으로 피폐해진 청나라의 현실을 보고 위기의식을 느꼈다. 그는 조선의 문호개방을 통한 부국강병의 필요성을 절감하게 되었다. 이들은 김옥균, 박영효, 서재필 등과 혁신을 일으키기로 결의하고 개화파를 형성했다.

서구물물에 관심을 표명하던 고종과 젊은이들을 일본에 유학보내어 근대적 제도와 문물을 배우도록 하였으며 일본의 군사사관학교에도 유학하여 근대적인 군사학과 학문 그리고 사상을 배우도록 했다.

개혁파의 활동이 점차 정부안으로 들어오면서 민씨 정권과 마찰하는 가운데 급진개화파와 온건개화파로 분화되었다. 1884년 청프전쟁이 일어나고 서울에 있던 청군의 일부가 철수하는 정세를 이용하여 정변을 준비했다. 1884년 10월 일본의 도움을 약속받고 갑신정변을 일으켰다. 그러나 곧이어 민씨일파의 요청을 받은 청군의 무력 간섭과 일본의 배반으로 정변은 끝나고 가담했던 김옥균 등이 일본으로 망명함으로써 3일 천하로 끝나고 말았다.

　　　　　이처럼 19세기의 말의 우리나라는 소용돌이 속에 휩싸이게 되었다. 1894년 동학혁명이 일어났고, 1894년 조선의 지배권을 둘러싸고 벌였던 청일전쟁이 일어나서 일본의 승리로 끝나자 우리나라는 일본에 귀화했던 개화당이 귀국하여 갑오경장을 단행하면서 팽팽이 맞서던 두파의 정쟁이 끝나는 듯했다.

　　　　　1895년 일본공사 미우라(三浦梧樓)가 지휘하는 폭도들이 경복궁에 난입하여 명성황후를 시해한 을미사변이 일어나면서 반일감정은 전국적인 반일의병을 불러일으키는 계기가 되었다. 1897년 국호를 "대한제국"으로 바꾸고 덕수궁으로 황궁을 옮겼다. 이 해에 헤이그만국평화회의에 이준 등을 파견해 일본의 침략과 을사보호조약의 부당함을 세계에 알리려 하였으나 일본의 방해로 뜻을 이루지 못하였다. 밀사사건이 터지면서 고종은 왕위에서 물러났고, 청나라와 일본 그리고 러시아 등 강대국의 침략과 국내의 정권 싸움의 틈바구니 속에서 1905년 일본의 강압에 못이겨 을사보호조약을 맺으면서 일제 치하가 시작되었으며 고종은 일제의 음모로 시해되었다.

펜윜 선교사의 한국 친구들

──── 이러한 시기가 막 지나기 시작한 때에 한국에 들어온 펜윜 선교사는 다양한 사람들과 교류를 가졌다. YMCA 초대 회장을 지낸 월남 이상재 선생, 윤치호 선생 등과 친구처럼 친숙하게 지냈다.

월남 이상재(月南 李商在) 선생은 1850년 충청남도 한산에서 가난한 선비 이의택의 아들로 태어났다. 1896년 서재필 등과 독립협회와 만민공동회를 만들어 청년들의 계몽과 독립운동을 벌이는 한편, 1923년 우리나라에 처음 들어온 보이스카웃 총재가 되었고 1927년에는 항일 단체였던 신간회를 만들어 회장으로 독립운동을 지휘했다.
　　1907년 헤이그 밀사사건으로 일본인이 고종의 위를 박탈하자 이상재 선생은 군중들 앞에서 일제를 성토하다가 3·1운동 때 옥고를 치렀다. 이때 이승만, 이원긍, 유성준, 홍재기, 김정식, 안사선 등 12명과 함께 감옥에 갇혔다. 그는 감옥에서 성경공회와 기독교서회에서 기증한 성경을 보면서 예수를 구주로 믿게 되었다. 이때 감옥에 찾아온 벙커(O.R.Bunker) 목사에게 신앙을 고백하고 세례를 받았다.
　　예수를 믿게 된 이상재 선생은 철저한 신앙인의 한 사람으로 언더우드와 함께 YMCA 총재에 취임하여 장로교 청년운동과 신앙운동을 전개했다.
　　월남 이상재 선생는 우리 민족의 수난과 함께 올곧은 신앙으로 믿음을 실천했다. 정치가이며 교육가로 또는 민족운동과 청년운동에 적극적으로 참여하면서 각계 각층에서 국가의 발전과 독립을 위해 헌신적으로 일했다.
　　월남 이상재 선생이 하나님의 부름을 받고 세상을 떠나던 날 2천만 우리 민족은 큰 슬픔 속에 빠졌다. 이상재 선생이 죽기 며칠 전, 종로경찰서에서 일본인 형사가 찾아왔다. 그러자 문병 온 형사에게 "이 사람아 무덤까지 나를 따라 올 생각인가?"라고 말하는 등 넘치는 유머와 재치로 민족을 올바로 인도한 민족의 큰 스승이시다.
　　윤치호(尹致昊) 선생은 좌옹(佐翁)이라는 호를 쓰는 분으로

1867년 충청남도 아산군 신항리에서 윤웅열의 큰아들로 태어났다. 1880년 박영효, 김옥균, 민영익 등과 함께 수신사 김홍집의 수행원으로 일본을 다녀오면서 새로운 세계에 눈을 떴다. 1881년 군사제도 개편에 따라 설치된 신식군대인 별기군을 조직했다.

윤치호 선생은 1895년 우리나라에 남감리교회 리이드(C.F.Read:李德 목사)가 서울에서 선교사역을 시작하는 데 큰 역할을 했다. 1887년 미국으로 건너가 밴더빌크 대학과 에모리 대학을 졸업하였다. 졸업 후 미국의 각처를 순회하면서 상당한 자금을 모았다.

이렇게 모은 자금을 미국 남감리교회가 한국에서 교육과 선교사역을 시작할 수 있는 기금으로 사용할 수 있도록 헌금했다. 기독교가 한국의 개화운동에 큰 역할을 하기를 간절히 희망하여 헌금한 것이다. 이것이 계기가 되어 미국의 선교기관이 한국선교에 관심을 가지게 되었다. 윤치호 선생은 이렇듯 기독교운동과 독립운동을 하다가 생애를 마친 사람이다.

펜윅 선교사의 본격적인 선교활동

―――― 펜윅 선교사는 독자적으로 전도계획을 세웠다. 계획을 행동으로 옮기기 위해 그동안 관계를 유지했던 사람들과 더 밀접하게 사귐을 가졌다. 1900년 어느 날 감리교 여 선교사이자 개성 호수돈 여학교 초대 교사였던 하인즈가 펜윅 선교사를 찾아왔다. 펜윅 선교사의 설교를 듣고 새로운 신앙의 세계를 체험한 그녀는 펜윅 선교사를 만나기 원했다. 그래서 그녀는 개성에서 원산으로 펜윅 선교사를 찾아온 것이다.

이렇게 인연을 맺은 두 사람은 그리스도 안에서 자주 만나게 되었다. 자주 만나면서 사랑의 감정이 깊어진 이들은 하나님의 뜻 가운데 결혼하였다. 먼 이국 땅에서 가정을 이룬 이들은 더없이 아름다운 사랑의 가정을 꾸리며 함께 하나님의 자랑스러운 일꾼이 되었다.

충남지방 침례교 선교시작

──── 한편 클라랜돈 침례교회의 씽(S.B.Thing) 집사가 죽은 외동딸을 기념하기 위해 한국선교를 후원하기로 결심했다. 1893년 펜윅 선교사가 고든 박사에게 신학을 배우고 있을 때 씽 집사는 한국 선교에 관심을 갖게 되었다. 1895년 씽 집사의 후원으로 남녀 각각 3명씩 6명이 한국에 선교사로 파송되었다.

한국에 먼저 들어온 이들 파울링 선교사 일행은 서울에 머물면서 선교지를 물색했다. 바울이 최적의 선교지를 찾았던 것처럼 우리나라 최적의 선교지를 찾으려고 많은 자료를 모으던 중 행상인 지병석을 만나게 되어 그의 소개로 공주와 강경을 알게 되었다. 이 당시 전국의 3대 큰 시장으로 전국의 모든 이들의 발길이 끊이지 않던 강경을 선교지로 정했다. 강경에 내려와 정착하고 부지를 구입하고 거처를 마련했다. 다음으로는 공주에도 같은 방법으로 시작하여 제2진이 들어왔다. 수년간 선교사역 진행 중 난관에 부딪혔다. 1892년 타 교단 선교부들이 선교구역을 설정하였다는 이유로 다른 교파 선교사들의 선교지로 정해져 있었기 때문에 침례교 선교사들은 이곳에서 사역을 할 수 없었다. 이들 중 일부는 본국으로 돌아가고 나머지 선교사들은 일본으로 선교지를 옮겼다.

　　　　1902년 이들 중 마지막 선교사인 스테드만(F.W.Stead man) 부부와 맥킬 여사는 원산에서 선교하고 있던 펜윅 선교사에게 강경과 공주 지방에서 개척한 교회와 모든 소유를 인계하였다. 자연히 펜윅 선교사의 선교지가 넓어졌다. 남부와 시베리아 그리고 몽고에서 한국의 남쪽 지방까지 선교지가 넓어졌다.

　　　　펜윅 선교사는 1906년 강경에서 창립총회를 개최하고 교단명을 "대한기독교회"로 정했다. 그리고 회중의 추대를 받아 제1대 감목으로 취임했으며 46조로 이루어진 교규도 만들어 공포했다. 이후 펜윅 선교사는 10개가 넘는 선교지를 개척하여 한국은 물론 만주와 시베리아에서 큰 성과를 거두었다.

제2대 감목 임명

──── 펜윅 선교사는 한국의 교회는 한국인들에 의해 관리되어야 한다고 주장했다. 자국민에 의해 관리하는 것만이 교회의 자주성을 빨리 확립 할 수 있는 지름길이라고 생각했다. 또한 일본의 압제하에 있던 한국인들이 민족성을 일깨워 단합하는 계기가 될 것이라고 생각했다. 그래서 1914년 제2대 감목(지금의 총회장)을 이종덕 목사로 임명했다.

　　　　침례교회는 그 이듬해인 1915년 포항 조사리 교회에서 개최된 대화회(총회)에서 펜윅 선교사의 공로를 높이 인정하고 그를 공부(功傅)로 부르기로 했다. 공부는 공로가 있는 선생을 존경하여 높인다는 의미이다.

편(片) 공부와 얽힌 일화들

─── 펜윅 선교사가 조선총독부에 출두한 일이 있었다. 당국에서는
"당신은 선교하지 말고 본국으로 돌아가시오."
"누구의 허락을 받고 한국에서 선교하느냐?"
한국에서 선교할 자격이 없다는 이유를 만들어 내려고 하였다. 펜윅 선교사는 당당한 모습으로 "나는 오래 전에 벌써 허가를 받았고 명령도 받아 선교하고 있는 것이요"라고 말했다. 더구나 사도행전 1장 8절 말씀을 펼쳐 보이면서 설명을 하자 취조하던 일본인 관리들이 오히려 당황해 했다고 전해진다.

어느 날 일본 헌병이 펜윅 선교사 밭에서 몰래 과일을 따먹었다. 그래서 그 헌병을 붙잡아 골방에 감금했다. 그러자 헌병대장이 급하게 찾아왔다.

"당신은 무슨 이유로 일본 헌병을 감금했습니까?"라고 항의하자 펜윅 선교사는 "나는 일본 헌병을 감금한 일이 없오"라고 대답했다. 그러자 화가 치민 헌병대장이 "그럼 당신네 창고에 갇혀 있는 사람은 헌병이 아니고 누구란 말이오?"

펜윅 선교사는 "내가 일본 헌병을 감금한 일은 없으나 허락없이 남의 과일을 따 먹은 도둑놈은 감금한 일이 있소"라고 대답했다.

무안해진 헌병대장은 미안하다고 공손히 사과를 하고 도둑질한 헌병을 데리고 갔다고 한다. 펜윅 선교사는 일본 사람들을 매우 싫어했다. 한국 민족이 일본에 가졌던 적개심보다 더했다고 한다. 왜냐하면 일본국은 하나님이 가장 싫어하는 우상을 숭배하는 나라이며 침략자들이기 때문이라고 했다고 한다.

한 교인이 원산에서 검정옷을 입었는데 펜윅 선교사가 그를 보고 "그대는 일본 사람 같소" 하면서 흰옷으로 갈아 입으라고 하였다고 한다.

펜윅 선교사는 한국의 고유한 풍습을 좋아했으며 한국 민족을 매우 사랑했다. 일제의 억압과 민족 말살 정책에 의해 고통당하는 한국 민족을 위해 민족의 얼을 일깨워 주기 위해 항상 노력했다.

일본인들은 한국인의 말과 글 그리고 문화를 말살하기 위해 갖은 노력을 했다. 그래서 일본식 교육을 전 국민에게 주입하기 위해 학교를 전국 곳곳에 세웠다. 펜윅 선교사는 일본인들이 세운 학교에 가는 것을 적극적으로 반대했다. 한국인들에게 일본의 글과 말을 쓰도록 강요하는 일제의 음모를 파악하고 1923년도 각 교회로 공문을 보내 일본 학교에 보내지 못하게 했다.

펜윅 선교사의 성별된 생활

──── 펜윅 선교사는 고집쟁이라는 별명을 가지고 있다. 한국에서 함께 일하는 타교단 선교사들도 그를 고집쟁이라고 불렀다. 그러나 펜윅 선교사는 고집이 셌다기보다는 의지와 자기 주관이 강했다고 해야 할 것이다. 이러한 성격은 본래 타고난 성품도 있었지만, 성경 말씀을 통해 형성된 보수적인 성경관에서 영향을 받은 것으로 보인다.

펜윅 선교사는 신앙생활하는 데 엄격했다. 하나님의 말씀에 어긋나는 행동은 조금도 용납하거나 타협하지 않았다. 이러한 그의 올곧은 성품은 초기 침례 교인들에게 그대로 전달되었다. 또한 이러한 정신으로 제자들을 가르치고 본을 보였기 때문에 초기 목회자 대부분이 이러한 그의 영향을 받았다. 그래서 침례 교인들은 누구보다 철저하게 신앙생활을 했다. 많은 교단이 신사참배에 참여했지만 침례교회는 온갖 고문에 시달리면서도 신사참배를 끝까지 거부했다.

펜윅 선교사는 청렴하고 검소하게 살았다. 원산에는 크고 아름다운 집들이 많았다. 펜윅 선교사는 크고 넓은 집에서 살 수 있는 조건을 가지고 있었지만 초가삼간에서 살았다. 그리고 그렇게 사는 것을 즐거워했다. 함께 일하는 동역자들이 그에게 다른 선교사들처럼 벽돌로 지은 기와집에서 살면 분위기도 좋을 뿐만 아니라 살기도 좋지 않겠느냐고 말하면 "그게 무슨 소리요. 주님은 세상에 계실 때 방 한 칸도 없으셨소"라고 대답했다고 한다.

선교지에서 그곳 주민들의 눈높이에 맞춘 생활양식을 따랐고 그들과 기쁨과 슬픔을 함께하려고 노력했다. 그래서 주민들과 같이 땅을 파고 감자와 옥수수를 재배하였으며 그것을 주민들과 함께 먹으면서 담소하는 것을 즐거워했다.

전도비 지급

─── 전국을 다니며 전도하는 전도부인들과 전도인들이 있었다. 이들은 복음을 전하기 위해 생계를 위한 일을 모두 내려 놓고 오직 복음 전하는 일만 했다. 그들은 매월 선교사들이 지급하는 여비로 생활했다. 펜윅 선교사도 침례교 전도인들에게 매월 여비를 10원씩 지급했다. 그러나 전국을 돌며 복음을 전하는 이들에게 10원은 턱없이 부족한 액

수였다 그나마 10원 중 5원은 현금으로 5원은 전도용 잡지로 주었다. 〈만민 좋은 기별〉이라는 잡지를 5원어치 받아서 주민들에게 팔았다.

전국을 누비며 복음을 전하는 전도인들은 갖은 고생을 했다. 바울이 수고하고 애쓰고 여러 번 자지 못하고 주리며 목마르고 여러 번 굶고 춥고 헐벗었노라(고후 11:27)고 고백한 것과 조금도 다르지 않았다.

교단의 어려운 사정을 알고 있는 이들은 오직 참고 견디면서 하나님의 복음을 전하는 데 최선을 다했다. 지금 우리나라 전역에서 볼 수 있는 교회의 십자가는 이들의 땀과 눈물과 피나는 수고가 있었기 때문에 세워진 것이다.

당시 전도인으로 사역했던 노재천 목사는 "그 때에 죽을 고비를 많이 넘겨 지금까지 살아 있다"고 증언했다. 어느 날 펜윅 선교사가 전도인들에게 보낼 경비를 봉투에 모두 넣어 준비하고 있었다. 마침 식당에서 음식을 만들던 곡상(식모)이 "선교사님(펜윅)이 잡수실 밀가루가 떨어졌으니 돈을 조금 떼어 놓고 보내세요"라고 말하자 펜윅 선교사는 "좀더 일찍 말했더라면 남겨놓을 수 있었을 터인데 이미 분배가 끝난 뒤에 그런 말을 하느냐?"고 책망을 했다고 한다.

옆에서 이 말을 듣고 있던 안대벽 교사가 "아직 보낸 것이 아니니 이제라도 떼어 놓고 보냅시다"고 하자 펜윅 선교사는 큰소리로 "안대벽! 하나님께 한번 드린 돈을 날보고 도적질하란 말이냐?"고 호통을 치고는 "내가 예수님보다 더 불쌍하게 보이는가?" 하면서 뜨거운 눈물을 흘렸다고 노재천 목사가 증언했다.

펜윅 선교사는 종종 미국에 건너가 부흥집회를 인도하면서 간증을 했다. 그러자 많은 교인들이 눈물을 흘리면서 은혜를 받았으며 이들은 선교비를 헌금하기로 약속했다. 이럴 때면 이 소식을 한국에 전하면서 기뻐했다. 부흥회에 참석한 어떤 교인이 말씀에 은혜를 받고 많은 선교헌금을 약속했다. 그러나 교단이 다른 그 교인 본인이 속한 교단에 절반을 헌금하고 나머지를 헌금하겠다고 했다. 그러자 펜윅 선교사는 반으로 가르지 말고 본인이 속한 교단에 모두 보내는 것이 좋겠다고 하며 선교비를 받지 않았다고 한다.

어느 날 예수님을 영접하지 않은 친형제 중 한 분이 먼 이국 땅에서 선교하는 동생을 위해 송금을 해왔다. 그러나 "하나님의 사업을 불신자의 돈으로는 할 수 없다"면서 그 돈을 도로 보낸 일도 있었다. 이렇듯 펜윅 선교사는 자기 관리에 철저했다.

한국에서 하나님의 복음을 전하면서 많은 사람들의 시기와 질투로 어려움이 많았던 펜윅 선교사는 추호도 흔들리지 않고 오히려 든든한 믿음으로 숱한 시험을 헤치고 하나님의 사역에 헌신했다.

펜윅 선교사, 단독으로 성경번역 출간하다

─── 몇 년이 지나면서 선교지가 안정을 찾기 시작했다. 원산을 비롯한 만주와 시베리아 쪽에도 복음이 전해지면서 교회가 세워졌다. 대부분 한인들에게 복음이 전해지면서 한글성경을 필요로 하게 되었다. 펜윅 선교사는 성경을 한글로 번역해야겠다는 결심을 하였다. 먼저 초교파적인 성경번역 위원회에 참여하였다. 부위원장직을 펜윅 선교사가 맡았다. 그러나 위원회의 모임이 있을 때마다 의견 충돌이 일어났다. 번역은 시작도 못했는데 다툼은 끝날 줄 몰랐다. 급기야 펜윅 선교

사는 위원회를 탈퇴하고 혼자 성경을 번역하기 시작했다.

이렇게 시작된 신약성경 번역본이 1919년 침례교 단독으로 출판되었다. 이때 모필로 성경을 세 번이나 기록하면서 펜윅 선교사를 도운 분이 전치규 목사였다. 번역된 성경은 순수한 우리말을 최대한 사용하여 성경원어의 뜻에 가장 가깝게 번역했다. 성령을 숨으로, 광야를 빈들로, 상한 갈대를 깨진 통소 등의 순수한 우리말로 번역했다.

이때 성경번역과 함께 복음찬미(찬송가)도 많이 직접 작사 작곡하였다. 펜윅 선교사는 음악에도 깊은 지식을 가지고 있었다. 음악을 전공한 이순도는 펜윅 선교사는 음악에 천재적인 소질을 타고난 사람이라고 감탄했다고 한다.

제자 육성과 독립정신

──── 펜윅 선교사는 본국으로부터 선교비 지원을 거의 받지 않았고 독립적인 선교사로 자급자족했다. 이는 사도 바울이 천막 만드는 일을 통해 자급자족하면서 선교활동을 한 것과 같다. 펜윅 선교사는 직접 과수원과 농장을 운영했으며 꽃을 기르는 일을 하였다. 미국의 선진 농법을 도입하여 농장을 가꾸고 꽃을 길렀다. 농민들이 펜윅 선교사의 농법을 배워서 직간접적으로 원예와 농법을 발전시키는 데 기여했다.

펜윅 선교사는 제자훈련에 지대한 관심을 가졌다. 성경 및 신학을 가르치면서 실천신학을 함께 가르쳤는데 펜윅 선교사의 실천신학은 논리적이며 임상학적으로 매우 훌륭했다. 매월 첫 주간을 공부하는 주간으로 정하여 원산 본부에 모여 공부를 하고 셋째 주간은 파송된 전도지에서 하나님의 복음을 전했다. 펜윅 선교사는 혼자 성경을 공부하고 묵상하다가 은혜를 받거나 진리를 깨닫게 되면 아무리 깊은 밤이라 해도 학생들을 깨워 즉시 그것을 가르쳤다고 한다.

펜윅 선교사는 이신득의 즉 믿음으로 구원에 이른다는 진리를 굳게 믿었다. 그래서 그는 무공인생이라는 말을 많이 하였고 "버러지 같은 나"라는 말을 많이 했다고 한다. "세상에서 제일 악한 놈은 마귀요 다음은 세상의 정욕이요 그리고 나 펜윅이라"고 자신을 죄인으로 표현하곤 했는데, 이는 성경적인 진리와 가르침에 적극적으로 순종한 결과였다.

일본의 한국교회 탄압

─── 펜윅 선교사가 우리나라에서 하나님의 사역을 감당할 때는 일제의 식민지 말기로서 일본 제국주의자들은 기독교 말살운동을 광적으로 확대해 가는 때였다. 일제의 군국주의자들은 기독교가 한국을 식민지화하는 데 가장 큰 저해요소라고 판단하고 있었다.

그래서 기독교를 노골적으로 박해했다. 신사참배를 강요하고 모든 교단을 하나로 통합하여 관리하고자 했다. 이러한 정책에 불응하는 교회는 반일 사상을 가진 불순한 세력으로 모조리 잡아 감옥에 가두고 고문을 가하고 때론 죽이기까지 하였다.

기독교회(지금의 침례교회)는 이들의 무자비한 탄압에 맨주먹으로 싸웠다. 그리스도의 진리를 수호하기 위해 목숨을 걸었던 것이다. 그러자 일제는 침례교회의 교역자 32명을 체포하고 무자비하게 고문하였다. 모든 교회는 강제로 문을 닫았고 교인들은 흩어져 산과 들로 피신해야만 했다.

그러나 침례교 성도들과 목회자들은 일제의 무자비한 학대를 받으면서도 때론 감옥에서 고문을 당하면서도 추호도 굴하지 않고 하나님의 복음을 수호하였다. "너는 나 외에는 다른 신들을 네게 두지 말라 너를 위하여 새긴 우상을 만들지 말고 또 위로 하늘에 있는 것이나 아래로 땅에 있는 것이나 땅 아래 물 속에 있는 것의 어떤 형상도 만들지 말며 그것들에게 절하지 말며 그것들을 섬기지 말라"(출 20:3-5) 는 하나님의 말씀을 생명을 걸고 지켰다. 이는 펜윅 선교사의 성경적인 가르침과 타협할 줄 모르는 올곧음에서 나온 신앙정신이었음을 알아야 할 것이다.

1910년 펜윅 선교사는 「대한기독교회」라는 책을 발행하기 시작했다. 이 책이 미국 기독교계는 물론 미국의 기독교인들이 많이 읽으면서 한국의 실정과 선교사역을 알게 되었다. 1915년에는 「잔에 담긴 생명」이라는 책을 발간하였다.

이외에도 펜윅 선교사는 매월 각 교회로 「달편지」에 로마서 강해를 써서 보냈는데 이 자료는 각 교회에서 큰 은혜를 받았고 외국에서 발행되는 월간잡지에도 보내 연재되었다. 이 글을 읽은 많은 그리스도인들이 편지를 보내왔다고 한다.

바른 국가관과 항일전쟁

─── 펜윅 선교사는 "사람은 누구든지 올바른 국가관을 갖고 자기

국가를 사랑할 줄 알아야 한다"고 가르쳤다. 자기 국가를 소중하게 생각할 줄 모르면 충성할 줄도 모르며 하나님 나라도 잘 섬길 수 없는 것이라고 가르쳤다. 그러므로 구약시대 모세나 신약시대 바울의 가르침 같이 "조국은 하나님께로 받은 최대의 선물이다"라고 가르쳤다.

그리고 부모에게 효도하고 이웃 어른들을 섬기는 것은 사람이 사는 사회에 있어 가장 큰 윤리이며 도덕이므로 한국의 높은 예의범절은 훌륭한 것이라고 높이 평가했다. 신학생들이 펜윅 선교사의 집에 찾아와 한복을 단정하게 차려 입고 한국식인 큰절을 하면 즐거워했다고 한다.

펜윅 선교사는 일본의 식민지 정책을 무척 싫어했다. 하나님을 믿지 않는 나라이기 때문이기도 했지만 힘을 앞세워 이웃나라를 침략해 식민지로 삼고 약탈하는 행위는 예수님의 가르침과는 너무도 동떨어진 행위이기 때문이었다.

반면 한국을 무척 사랑했다. 한국인의 예의 바른 사회성과 미풍양속이 너무도 아름다운 전통이라고 자신이 한국 이름으로 불리고 한국 사람이 된 것을 자랑스럽게 여겼다.

1913년 경상북도 산점 교회에서 40여리 떨어진 척동 교회에 심방하러 말을 타고 가는데 마주 오던 일본 헌병이 펜윅 선교사를 보자 그 위풍당당함에 눌려 논둑으로 숨었다가 펜윅 선교사가 지나간 다음에 떠났다고 하는 일화가 있다. 이같이 펜윅 선교사는 그 외모나 몸가짐이 당당하고 가지런하며 위엄이 있었다.

펜윅 선교사의 마지막 전도순회

──── 기독교 역사를 보면 하나님의 교회는 자유와 평등 속의 평화로운 생활보다 고난과 역경과 박해 가운데에서 믿음의 힘이 더 나타났다. 이러한 역경을 헤치는 믿음은 교회를 더 강하고 단단하게 지켜주는 힘이었다.

초기 한국의 침례교회도 일본의 무자비한 박해로 많은 어려움을 당했지만 교회는 쉬지 않고 발전하였으며 교세가 날로 확장되어 갔다. 전국에서 주의 일꾼들이 모여들었으며 남북한 전역은 물론 만주와 시베리아와 몽고에 이르기까지 복음이 전해지고 교회가 세워졌다. 이렇게 250여 곳에 교회가 세워졌으며 전국에서 일하는 교역자가 70여 명이나 되었다.

1925년 펜윅 선교사는 시베리아와 중국에 하나님의 복음을 전하기 위해 위험한 전도의 길에 나섰다. 원산에서 웅기까지 험한 파도를 헤치고 배를 타고 가서 경흥, 고읍, 증산 등 각 교회를 순회하였고 복음을 전하였다. 간도에서는 최성업 외 몇 명의 동역자와 함께 교회를 순회하기 위해 선교여행을 계속했다.

어느 날 북한 지역의 교회를 순회하다가 나진 뒷산에 올라서자 앞에 시선이 넓게 열리면서 시원한 바다가 보였다. 펜윅 선교사는 바다를 바라보면서 "내가 한국에서 돈을 벌려고 한다면 이 갈밭을 사겠다"고 했다. 옆에서 이 말을 들었던 사람들이 무슨 말인지 이해하지 못했는데 이후 얼마 지나지 않아 그 지역이 항구로 개발되었다. 이토록 펜윅 선교사는 선견지명이 있는 선교사였다.

이렇게 전국 각지를 돌며 가난한 자에게 복음을 전해주고 눌린 자를 풀어주며 주님이 이 땅에 주시고자 했던 영원한 생명을 전하는 하나님의 충성된 일꾼으로 하루도 쉬지 않고 있했다. 또한 종종 "우리 교회는 성경에 근원을 둔 신약성경의 교회다. 교파운동이나 하고 세속화되어 가는 교회들과는 교제를 끊으라"는 말을 잘 했다.

펜윅 선교사가 한국에서 성공적으로 사역을 감당할 수 있었던 것은 그의 부인의 도움이 컸던 것으로 알려져 있다. 부인은 온유하고 겸손한 성품과 돈독한 신앙으로 남편을 뒷바라지 했다. 부군의 신앙정신과 선교정신을 깊이 이해하고 그가 훌륭하게 하나님의 사역을 감당하도록 헌신적으로 내조했다.

그녀는 무디신학교 출신으로 감리교 선교사로 한국에 파송되어 개성 호수돈여학교 교사로 선교사역을 시작했다. 호수돈여고에서 여학생들의 교육을 담당했다. 펜윅 선교사와 결혼한 후에도 교회 지도자들의 교육에 큰 관심을 가지고 있었고 충청도는 물론 전라도, 강원도 일대를 걸어다니면서 하나님의 복음을 전하고 여성들의 교육에 힘썼다. 특히 전도인들의 여비를 조달하기 위해 손이 닳도록 편물을 짜서 선교비를 마련했다.

1933년 40여 년 동안 한국에서 하나님의 일꾼으로 이 땅에 하나님의 복음을 전하다가 펜윅 선교사보다 3년 먼저 하나님 품에 고이 잠들었다. 그의 시신은 원산의 동산에 묻혔다.

펜윅 선교사의 유언

──── 펜윅 선교사는 1935년 12월 6일 72세의 나이로 원산 자택에

서 하나님의 품에 고이 잠들어 먼저 간 부인의 묘 옆에 묻혔다. 그는 젊은 시절에 복음을 들고 한국에 들어와 46년간 이 나라와 이 민족에 하나님의 복음을 전했다. 그리고 한국을 무척 사랑해서 한국 땅에 마지막 육신을 묻었다. 펜윅 선교사의 죽음이 알려지자 미국 본토에서도 애도하는 편지가 많이 왔다. 그중에 지금까지 전하는 내용은 "한국에 나가 선교한 가장 훌륭한 분 중의 한 분이 펜윅 선교사였다. 그가 이틀만 더 살았더라도 만 46년간의 선교를 했을 것이다"라고 쓰여 있었다.

펜윅 선교사는 "내가 세상을 떠난 뒤에도 우리 교회는 세속된 교회들과 연합하지 마시오. 또 한가지 내 무덤에는 봉분을 하지 말고 평장을 하시오"라는 짧은 유언을 남겼다.

평소에 말하기를 무덤이 높으면 교만하게 보인다는 말을 자주했는데 무덤을 만들지 못하도록 유언으로 남겼다. 자칫 펜윅 선교사를 교부처럼 섬길 수도 있고, 백골을 우상화할 경향이 있을 것이라고 생각하여 평장을 해달라고 유언했다고 후에 박기양 목사가 증언했다.

한국 침례교회가 유독 박해를 많이 받고 순교의 피를 많이 흘린 것은 "죽도록 충성하라"는 주의 본분을 충실히 지킨 까닭이다. 한국에 있는 침례교회의 사명은 결코 타교파의 그것보다 작은 것이 아니다.

한국 침례교회가 비록 그 수는 다른 교단에 비해 적으나 주님이 세우신 진리의 말씀을 목숨보다 더 귀하게 여기고 지켰다. 일제의 혹독한 고문과 비참한 옥중 생활을 견디며 32인의 지도자들이 흔들리지 않았으며 그 당시 교단의 감목인 전치규 목사를 비롯하여 이종덕, 이종근 등 역대 감목(총회장)이 차례로 순교의 피를 흘리며 복음의 진리를 수호한 것이다.

침례회 빛을 밝힌 백암골 사자
제2대 감목 이종덕 목사

이종덕 목사

한국인 본 교단의 감목으로 10년간 통치해온 이 목사는 27세 때에 입교, 전 생애를 주의 사업에 바쳤고 공산당들에 의해 총살당했다.

대화의 「총회」로 동아기독교를 「대한기독교회」로 개칭하고 오름 성경학원 운영 등 그의 활약상은 눈부셨다. 미남침례회와의 제휴 등 그의 정치적 수완은 타의 추종을 불허할 정도였다. 그러면서도 그는 언제나 정도에 서서 본 교단 발전을 위해 지휘봉을 휘둘렀으니 역시 펜윅 선교사의 총애를 한 몸에 받을 만한 큰 인물이었다.

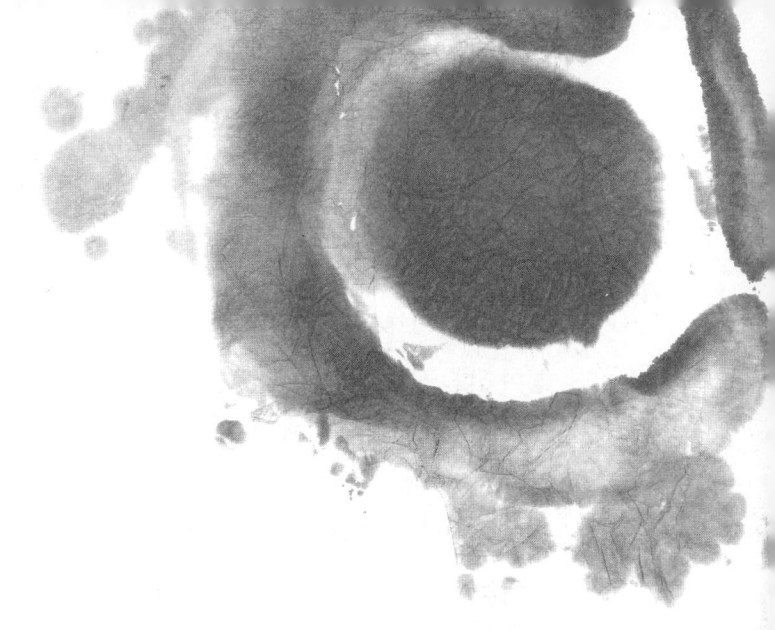

─── 복음의 씨앗을 이 땅에 최초로 전파한 펜윅 선교사에 이어 한국 침례 교단의 제2대 감목으로 이종덕(李鍾德) 목사가 추대되었다. 이종덕 감목은 일제의 만행이 극에 달했던 어려운 때인 1914-1924년까지 10년간 교단을 이끌어온 주님의 일꾼이었다. 감목에 추대된 이종덕 목사는 온 힘을 다해 억눌려 살고 있던 민중들에게 희망의 복음을 전했으며 침례 교단의 주춧돌을 놓기 위해 최선의 노력을 다하였다.

　　　　이종덕 목사는 1884년 충남 공주군 탄천면 신영리(백암골)에서 이세영 씨의 하나 밖에 없는 외아들로 태어났다. 1907년 기독교가 이 땅에 빛을 비추기 시작하고 얼마 지나지 않은 시기에 하나님을 영접했다. 주님을 구주로 고백하고 예수님 닮은 삶을 살기 위해 마음을 다했다. 믿음을 키워가던 이종덕은 주님을 위해 모든 삶을 드리기로 결심하고 하나님께 간절히 기도했다. 남달리 신앙이 돈독했던 그는 젊음을 주님께 드리기로 결심하고 1910년 4월 정든 고향을 떠나 함경도 원산으로 갔다.

원산에 도착한 이종덕은 펜윅 선교사가 시작한 성경공부에 참여했다. 성경공부를 시작하면서 신앙이 부쩍 자라기 시작했다. 매일 원산 시내에 나가 거리에 서서 하나님의 복음을 전했다. 일제의 식민지에 억눌려 있던 많은 원산 시민들이 희망을 전하는 소망의 복음을 듣고 예수님을 영접하고 교회로 들어와 함께 예배를 드렸다.

이종덕은 이 나라의 희망은 기독교라고 생각했다. 오직 복음만이 나라와 민족을 구할 수 있는 유일한 희망이라는 사실을 깊이 깨닫게 된 것이다. 성경학교에서 열심히 공부하던 이종덕은 1911년 11월에 교사 직분을 받았다. 교사 직분을 받은 이종덕은 전도인으로 원산뿐만 아니라 전국 각처를 돌며 열심히 전도했다.

전국 방방곡곡을 다니며 하나님의 복음을 전하는 이종덕을 따라 매일 주님을 영접하는 사람들이 생겼다. 이렇게 해서 모여진 사람들을 모아 동네 사랑방이나 믿음의 가정에서 예배를 드렸다. 함께 찬양하고 기도하고 성경을 공부하면서 믿음을 키웠다. 이렇게 교회가 하나 둘 개척되어졌다. 이렇게 생겨난 교회가 전국 곳곳에 세워지게 되었다.

1912년 10월 경북 산점교회에서 개최된 대화회(지금의 총회)에서 김규면, 이영구 등과 함께 이종덕도 목사 안수를 받고 교단에서 정식으로 목회자가 되었다. 이때 이종덕 목사의 인품이 교단 전체에 알려지게 되었다. 특히 펜윅 선교사는 이종덕 목사를 믿고 많은 일들을 함께했다.

목사 안수를 받고 3년 되던 1914년에 원산에서 제2대 감목으로 임명되었다. 이때부터 10년간 교단을 이끄는 지도자로 교단의 발전을 위해 헌신적으로 일했다. 이때는 일제 강점기로 교회를 유지하기가 어느 때보다 어려운 시기였다. 그러나 죽으면 죽으리라는 믿음으로 주님의 일에 충성을 다한 결과 교단은 든든히 세워져 가게 되었다.

이렇게 활약하는 이종덕 목사와 침례 교단을 그냥 보고만 있을 일제가 아니었다. 1937년 신사참배를 거부했다는 이유로 이 목사는 4개월간 옥에 갇혔다. 월간 출판물을 불법으로 간행했다는 억지 트집을 잡아 교단을 박해했다. 4개월 후 감옥에서 풀려난 이 목사는 만주 봉황성으로 이사를 했다.

유년기와 입교(入敎) 동기

─── 이종덕 목사는 2대 독자로 태어났다. 어렸을 때부터 아버지와 어머니 슬하에서 금지옥엽으로 사랑을 한 몸에 받으며 성장했다.

사랑이 많았던 그의 어머니였지만 가정교육만은 엄격했다. 그의 어머니는 입버릇처럼 "100명 이상의 사람을 거느리는 장부가 되어야 한다"고 말했다. 그의 어머니는 아들의 옷을 오전 햇볕에 말려 입힐 정도로 정성을 다했고 지극히 사랑했다. 아들이 하고자 하는 일은 어떤 일이든 격려를 아끼지 않았고 작은 일에도 칭찬하곤 했다.

이같이 남다른 모친의 보살핌 속에서 자란 이종덕은 훌륭한 인격을 갖춘 젊은이로 성장했다. 외모도 훤칠했고 주위의 이웃들에게는 칭찬이 끊이질 않았다고 한다. 어려서부터 한문을 배웠는데도 총명함이 남달랐다.

일본의 식민지 하에 억눌려 살고 있는 나라와 민족을 먼저 생각하는 애국 청년으로 성장했다. 자연스럽게 독립지사들과 함께 활약하면서 한국의 독립을 위한 일을 하기 시작했다. 이 일이 알려지면서 일본 관헌들에게 쫓기는 신세가 되었다. 집에서 생활할 수 없었던 이종덕은 여기저기 몸을 숨기며 불안한 시간을 보냈다.

이같이 불안하고 초조한 생활을 하던 어느 날 장석천 씨를 만나면서 생활이 달라지기 시작했다. 장석천 성도는 칠산 교회(소재-충남 부여군 임천면 칠산리)에서 신앙생활을 하던 독실한 그리스도인이었다. 이종덕을 만난 장석천 성도는 그에게 예수 그리스도를 전하고 함께 교회에서 신앙생활할 것을 권했다. 23세 되던 1907년 예수 그리스도를 주님으로 모시고 신앙인으로의 삶을 시작했다.

교회에 나가게 된 이종덕은 모든 것이 새로웠다. 마음을 정하고 교회생활을 시작한 이종덕은 예배에 열심히 참석하고 하나님의 말씀을 경청했다. 교회의 일이라면 누구보다 앞장서서 일했다. 한번 결심한 것에 열정적이었던 그의 성격은 교회에서도 여지 없이 발휘되었다. 더구나 그의 장부다운 기백과 인품은 많은 사람들을 감화시키기에 충분했다. 교회가 위치한 마을 사람들에게 전도하자 마을 주민들이 많이 교회에 나왔다. 동료 목사들은 "그의 장부다운 기백과 인품이 하나님의 손에 잡혀 큰 병기로 쓰여지게 된 것이야"라고 말했다.

목사 안수를 받은 후 이종덕 목사는 전국에 있는 교회를 순회하면서 예배를 인도하고 교인들에게 설교했다. 이 당시에는 담임목회자가 없는 교회가 많았기 때문에 목회자 한 명이 여러 교회를 순회하면서 돌보았다.

이종덕 목사가 경북지방을 순회하면서 교회를 돌보고 있을 때였다. 어느 교회에 들어갔는데 임유창 전도사의 친구인 면장이 신분 조회를 하겠다고 찾아왔다. 이 목사는 부리부리한 눈을 크게 뜨고 우렁찬 음성으로 대답하자 면장은 그 인품에 눌려 아무소리도 못하고 돌아갔다고 한다. 그만큼 이종덕 목사의 인품은 엄격하면서도 기품이 있었다.

2대 감목을 둘러싼 교단 파동

──── 펜윅 선교사는 한국 교회의 일은 한국인이 맡는 것이 합당하다고 생각하는 분이었다. 그래서 목사들을 훌륭한 목회자로 교육하는 일에 힘썼다. 이들 중 자신의 뒤를 이어 2대 감목으로 적합한 사람을 찾기 위해 애쓰던 펜윅 선교사의 눈에 이종덕 목사가 보이기 시작했다. 이종덕 목사는 인격적으로나 신앙적으로 식민지 치하의 어려운 환경에서도 교회를 원만하게 이끌어 갈 적임자로 부족함이 없었다.

1914년 제2대 감목으로 이종덕 목사를 지명했다. 당시 이 목사는 30세의 어린 나이에 교단의 중책을 맡았다. 일제의 교회 탄압이 시작되던 어려운 시기였지만 이종덕 감목은 펜윅 선교사가 기대한 것 이상으로 교단을 원만하게 이끌었다.

이 당시 감목직을 계승받기 원하던 몇몇 목사들이 자기들 뜻대로 되지 않은 데 불만을 품고 반기를 들었다. 이들 중 신명균 목사는 기호, 영남지방 교회들을 선동하여 "조합기독교"를, 손필환 목사는 기서와 호남지방 교회들을 선동하여 "대동교회"를, 김규면 목사는 함경도, 간도, 시베리아 교회들을 선동하여 "성리교회"를 각각 조직하고 본 교단에서 이탈했다. 이외에도 부분적으로 몇몇 교회가 분열되어 장로교, 제7일 안식일교 등 타교파로 옮겨갔다. 이렇게 되자 침례 교단은 혼란에 빠지고 말았다. 교단이 세워지던 초창기에 이러한 분열은 작은 사건이 아니었다.

이러한 어려운 시기에 교단의 지도자로 임명된 이 감목은 남북 만주와 한국 전역을 순회하면서 교회들을 수습하고 정돈에 나섰는데 그의 탁월한 재능과 인격, 그리고 하나님의 특별하신 도움과 은혜로 교단은 얼마 지나지 않아 평정을 되찾게 되었다. 다른 교단으로 옮겨갔던 교회들의 대부분이 돌아왔으며 떠났던 교회와 지도자들도 교단으로 복귀했다. 하나님의 사업을 자기의 욕심이나 인간적인 방법으로 어긋나게 하면 실패한다는 교훈을 배울 수 있는 좋은 기회였던 것이다. 이렇게 하여 침례 교단은 더욱 든든히 서 갔다.

총회제도 및 선교부와의 유대

──── 일본의 박해는 날로 더해갔다. 박해를 넘어 탄압의 발톱을 드러낸 것이다. 교회를 핍박하기 위해 종교법안을 선포하였다. 모든 교단은 포교계를 제출하라는 명령이 내려왔다. 국내에 있는 모든 교단을 하나로 통합하여 관리하기 위한 술책이었다. 많은 교단들이 이에 합류했다. 그러나 침례교만은 이에 동조하지 않았다. 특히 신사참배는 받아들일 수 없는 우상숭배였으므로 불응하기로 결의했다. 하나님의 교회가 전도계획을 제출하는 것도 있을 수 없는 일이라 하여 거부 의사를 분명히 했다. 이렇게 되자 일제는 침례 교단에 속한 모든 교회에서의

예배를 금지시켰고, 모든 집회도 금지시켰다. 이 감목은 감옥에 갇혔고 교회들은 모두 문을 닫았다. 목회자들은 만주 등으로 피했고 교인들은 은밀히 모여 성경을 읽고 기도했다. 신앙을 지키려는 성도들도 몰래 이 집 저집에 모여 예배를 드렸다. 예배를 드리다가 발각되면 즉각 구금되기도 하고 고문을 당하기도 했다. 그러나 믿음을 지키려는 순교적인 신앙을 가진 성도들은 이에 굴하지 않고 예배를 드렸다. 이때 일제에 의해 어려움을 당한 성도들은 헤아릴 수 없이 많았다.

이종덕 감목은 감옥에서 풀려났으나 이 땅에서는 더 이상 정상적인 목회사역을 감당할 수 없음을 알고 만주로 망명했다. 만주에서도 전도와 기도생활을 게을리 하지 않았다. 1917년 제12회 대화회를 간도에 있는 종성동에서 열었다. 이 총회에서 노재천, 한봉관 두 교사가 목사 안수를 받았다. 일제의 탄압 속에서도 굴하지 않는 신앙인들이 순교자적인 믿음으로 교회를 지키려는 의지의 표현이었다.

1924년 제19회 대화회를 울진에서 개최하고 예정대로 제3대 감목으로 전치규 목사를 추대하고 모든 업무를 인계했다.

1945년 해방이 되자 이종덕 목사는 만주에서 귀국했다. 전국을 돌며 교회들을 방문하여 흩어진 교회를 세우는 데 총력을 다했다. 이때 침례교의 모든 목회자들의 헌신적인 노력과 성도들의 적극적인 참여로 교회들은 빠르게 회복되어 정상적인 교회생활을 하기에 이르렀다. 이듬 해인 1946년 9월 강경에서 총회를 개최했다. 1940년 닫혔던 대화회를 6년 만에 다시 열게 된 것이다. 모두들 감격의 눈물을 흘리며 얼싸안고 기뻐했다. 순교한 목회자들과 성도들도 많았다. 이들을 위한 묵념은 엄숙하게 진행되었다. 눈물을 흘리는 성도들이 많았지만 믿음의 절개를 지키고 만난 이들에게 기쁨이 넘쳤고 오랜

만의 회의는 화기애애했다.

망명에서 돌아온 이종덕 목사를 다시 총회장으로 추대했다. 오랜 만에 총회 의장석에서 사회봉을 들고 회의를 진행하는 이 총회장은 감회가 새로웠다. 그는 일제의 만행으로 흩어졌던 교단을 바로 세우기에 조금도 부족함이 없는 지도자였다. 엄숙하고 능란한 이 총회장이 회의를 진행하자 회원들은 그의 지도력과 인격에 감탄했다.

금번 총회에서는 대화회를 총회로 그 명칭을 바꾸고 감목정치 제도를 회중정치 제도로 바꿨다. 이에 따라 종전까지 사용하던 임원의 명칭도 변경되었다. 안사를 목사로, 감로를 장로로, 통장을 권사로 총장과 반장을 집사로 그 명칭을 바꾸었다.

이 총회장은 교단 부흥을 위해 가장 시급한 교역자 양성을 위해 고등성경학교를 강경에 설립하고 전국 각지에서 신실한 믿음을 가진 젊은 일꾼들을 모아 훈련하기로 결의하였다. 전국에서 믿음을 가진 젊은이들 52명이 모집되었다. 이들에게 성경과 목회 전반에 걸친 교육을 시작했다. 당시 교수진으로 원장 이종덕 목사를 비롯하여 한기춘, 김용해, 장일수 등의 목사들과 음악지도교사 이건창 선생이 봉사했다.

제39회 강경 총회

이 총회장은 교단 발전을 위해 계속 심혈을 기울였다. 1947년 「복음찬미」 제7판 1천부를 출간하여 교회에 배부하였다. 1949년 강경총회에서는 종전까지 불려지던 교단의 명칭을 동아기독교에서 대한기독교침례교회로 명칭을 바꿨다. 동시에 미국 남침례회 외국선교부와 제휴할 것을 총회에 제안하여 통과했다.

이러한 변화는 침례교회가 일반사회에서나 타교파에서도 공인하는 계기를 만들었다. 미국의 남침례교와 제휴함으로써 세계 속에서 우리나라 침례교회가 그리스도 교회로 공인을 받을 수 있는 터전을 마련하게 된 것이다. 1949년 8월 말경 미국남침례교 외국선교부에서는 동양 총무인 꼬딘 박사와 일본에 주둔하고 있던 도-죠 박사를 한국에 파송하여 이 총회장과 연석회의를 갖고 제휴되었음을 선포했다.

1950년 한국전쟁이 있던 해에 존 아버내티 선교사 부부가 한국 선교사로 정식 파송되었다. 내한한 이들이 한국에 일 년 여간 머물면서 침례 교단을 관찰하였다. 교리와 신조 그리고 복음의 정통성 등을 세밀히 연구한 이들은 한국 침례교가 그리스도 교회로 조금도 부족함이 없는 건전한 교리와 복음을 전하고 있다는 것을 확인했다. 이에 남침례교는 한국 침례교회와 선교사역의 동반자로 인정하고 함께하기로 결정하였다.

이 당시 한국을 시찰하고 미국으로 건너간 꼬딘 박사의 증언을 바탕으로 "한국에 잃어버렸던 침례교인 만명을 찾았다"는 제하의 기사가 미국 남침례교 기관지에 게재된 바 있다.

한국전쟁과 이 목사의 순교

─── 1950년 6월 25일 고요한 주일날 새벽. 북한 공산당들이 남침을 감행했다. 6·25 한국전쟁이라는 동족상잔의 비극이 이 땅에 일어났다. 서울을 빼앗긴 정부는 부산으로 옮겨갔고, 선교부는 일본 혹은 필리핀의 마닐라로 급히 옮겨갔다. 우리 국민의 대다수도 남으로 피난을 떠났다. 교역자들도 정든 교회를 떠나 피난을 가면서 많은 교회가 텅비게 되었다.

해방 후, 혼신의 힘을 다해 일으켰던 국토는 초토화되었다. 남한의 1/3이 파괴되었고 수도 서울 70퍼센트가 무너져 내렸다. 국민들은 전쟁의 소용돌이 속에서 총탄에 맞아 죽기도 하고 굶어서 죽기도 하였다. 한반도에서 역사가 시작되고 난 후 일어난 가장 비참하고 파괴력 높은 전쟁이었다.

전쟁 중에도 교회를 떠날 수 없다며 한사코 교회에 남아 예배를 인도하던 이종덕 목사는 9월 28일 서울이 수복되던 밤에 교회에서 자다가 옆집에 살던 김요한 집사와 함께 공산당에게 끌려갔다. 이때 이미 순교를 각오한 이종덕 목사는 손목에 차고 있던 시계를 사모에게 주면서 "하늘나라에서 만납시다"라는 말을 남기고 순한 양처럼 공산당에게 끌려갔다.

이 목사는 같이 가던 김요한 집사를 기회를 만들어 피할 수 있도록 했다. 1950년 9월 28일 공산당들에게 끌려간 이 목사는 곧바로 총살당하고 숭고한 피를 복음화되고자 하는 이 땅에 뿌렸다.

충남 공주 신영에서 태어난 이종덕 목사는 이땅의 방방곡곡에 하나님의 복음을 전하였고 만주 일대에까지 사역을 확장시키면서

당시 우리 전도인들의 모습. 김 교사가 순교한 3년 뒤인 1922년 노상묵 교사와 간도전도대·로서아 신·구당 정치싸움으로 신당이 승리. 그로 인해 공산당혁명이 시작되어 로서아 땅에는 전도의 길이 막히면서 기성교회에도 말할 수 없는 핍박이 가해졌으나 우리 전도대들의 사명감은 더욱 불타오르고 있었다.

복음사역에 지대한 공적을 남겼다. 역대 감목과 총회장으로 시무하면서 일제에 짓밟혔던 교회를 복원하고 공산당에 당당히 맞서서 싸우면서 교단 발전에 심혈을 기울였다. 정치적으로 능력을 발휘해 교단을 안정시켰고 복음의 순수성을 지키면서 하나님의 사역을 훌륭히 감당하였다.

한때 침례 교단의 모든 교역자들이 검거를 당하여 함흥 감옥에서 수난을 당할 때 함께 고난 당하지 못했던 걸 유감으로 생각하면서 눈물을 흘리던 이 목사는 끝내 순교하기를 열망하다가 공산당의 총부리를 피하지 않고 금강 연변 갈밭으로 끌려가 총살당하면서 66세의 생을 마감했다. 미망인과 슬하에 1남 3녀를 남겼다.

이 땅에 섬김의 본을 남긴 침례교의 개척자
장기영 감로

장기영 감로

대한기독교회의 초대 감로로 안수를 받은 장기영 감로는 강경·공주지방에서 선교활동을 하던 스테드만(F. W. Steadman) 선교사의 오른팔 스테드만 선교사에게 침례를 받은 장기영은 철저한 십일조를 지키는 모범적인 신앙인이었고, 주의 종은 하나님의 대변인이라 하여 절대 복종할 줄 아는 실천적인 지도자였다. 아들(장석천 목사), 손자(장일수 목사)들이 뒤를 이어 본 교단의 중추적인 인물들로 활약을 해 온 것은 그의 신앙을 이어 받은 좋은 본보기일 것이다.

─── 장기영(張基永) 감로는 1859년 10월 24일 충남 부여군 임천면 칠산리에서 장치환 씨의 아들로 태어났다. 41세 되던 1901년 늦은 나이에 당숙이 되는 장교환 씨의 전도를 받고 예수 그리스도를 영접하여 교회에 다니기 시작하였다.

교회에서 신실하게 신앙생활을 하던 장기영은 미국 북침례교에서 선교사로 파송되어 한국에서 활동하던 스테드만 선교사에게 1902년 3월 16일 침례를 받았다. 그해 10월부터 전도하기 시작하여 전국을 돌며 하나님의 복음을 전하는 데 진력하였다. 4년 여 동안 하나님의 복음을 전국 방방곡곡에 전하던 중 1906년 10월 6일에 개최된 대한기독교의 창립총회에서 홍봉춘 씨와 같이 초대 감로로 안수를 받았다. 이들은 초창기 한국 침례교회를 이땅에 뿌리내리는 데 큰 역할을 한 개척자들이다.

이 당시 기독교가 전도하는 데는 어려운 문제들이 많았다. 특히 전통적으로 내려오면서 민중 신앙으로 자리잡은 유교적 봉건주의 사상은 복음을 전하는 데 큰 걸림돌이었다. 술을 금하는 문제라든지 조상들의 제사를 금하는 문제들은 민중들에게는 받아들일 수 없는 난문제 중의 하나였다.

가장 가까이에서 생활하던 가족들이 장기영 성도에게는 가장 넘기 어려운 벽이었다. 집안 친척들의 혹독한 핍박이 계속되었지만, 이런 난관을 하나씩 하나씩 극복하면서 믿음으로 승리하는 생활을 하였다. 하나님의 특별하신 지혜와 성령의 인도하심이 가장 큰 힘이 되었다. 늘 기도하면서 하나님을 찬양하는 생활을 삶속에서 실천하면서 가족들에게 신뢰감을 주었기 때문에 결국 가족들도 장기영 성도의 뜻을 쉽게 꺾을 수는 없었을 것이다.

특히 장기영 성도는 철저한 십일조생활로 교우들의 본이 되었다. 가정에서 일어나는 크고 작은 일들을 교회의 목사와 상의하고 함께 기도하면서 주님의 뜻대로 살려고 애쓰고 노력했다. 이런 과정에서 담임 목사의 말씀은 무엇이든지 순종하는 미덕을 발휘하였다. 그러기에 그의 아름다운 신앙은 많은 열매를 맺었다. 아들이 되는 장석천 목사와 손자 장일수 목사 등 많은 후손들이 주님을 섬기는 목회자로 봉사했던 것이다.

초대 신자로서 활약한 장 감로

─── 1901년 장기영 성도가 예수 그리스도를 구주로 영접하고 교

회생활을 시작할 무렵 이땅에서는 침례교회가 처음 시작된 해였다. 미국 보스톤 클라렌돈 침례교회의 엘라씽 기념 선교회에서는 한국에 선교사를 파송하기로 결의하였다. 이때 파울링 목사와 스테드만 선교사 부부와 맥킬 여사 등 4명이 선교사로서 한국 땅을 처음 밟았다. 이들은 충남 공주와 강경에서 살면서 이땅에 침례교회의 복음을 전하기 시작했다. 처음 전도된 이들은 지병석, 홍국진, 김치화, 고래수 등으로 이들이 복음을 받아들이고 함께 예배를 드렸다.

　　　　이들을 중심으로 강경과 공주 일대에 전도활동을 펼치면서 칠산에 사는 장교환, 장기영과 그의 부인 나오미 그리고 이화춘, 이화실 자매가 교회에 들어왔다. 파울링 목사가 먼저 귀국을 하였고, 남은 3인의 선교사들이 복음을 전할 때 큰 어려움이 있었다. 다른 교파의 선교사들이 전도구역을 나누었는데 침례교회는 전도구역을 할당해주지

1916년 경상도 새원에서 개최된 제11회 대화회. 이 대화회는 장기영 감로가 마지막으로 참석하고 이듬해인 1917년 12월 7일 향년 58세를 일기로 소천하였다. 또한 이때부터 한·일 합방 이후 기독교 박해의 막을 열게 됐는데 종교법안 선포 및 포교계를 제출하라는 명령이 내려지기도 하였으나 침례 교단은 이를 거부하였다.

않은 것이다.

그래서 침례선교부는 한국 선교에 뜻을 이루지 못하고 일본으로 선교지를 옮길 계획을 세우게 되었고 1901년 함경도 원산에서 선교하고 있던 펜윅 선교사에게 강경과 공주지역 선교를 맡기기로 하였다. 1902년 일본으로 옮기게 되었다는 것을 미국 본토에 알리고 이들 3인은 일본으로 건너갔다.

캐나다 토론토에서 내한한 펜윅 선교사에게 모든 선교지의 소유권을 이양했다. 충남지방 선교사역을 인수받은 펜윅 선교사는 곧 1902년 교회들을 소집하고 강경에서 대사경회를 인도하였다. 당시 은혜를 받고 예수 그리스도를 영접한 성도들이 많았는데 장기영 성도도 이때 큰 은혜를 받고 전도인으로 사명을 받아 전라북도 일대를 순회하면서 전도하였다.

장기영 성도의 가정은 부유하여 물질로도 봉사를 많이 했다. 교통수단이 여의치 않았던 그 당시 선교를 위해 교회에 선박을 사서 기증했다. 가난한 교인들을 돕기 위해 산을 공동으로 구입하여 매장지로 사용하게 했다. 이 산은 지금도 칠산교회 소유로 보존되어 있다.

장기영 성도는 하나님의 일에 힘쓰는 교역자들을 하나님의 대변자로 알고 한마음으로 섬겼다. 또한 자신에게 일어나는 모든 일을 목회자와 의논하여 처리했다. 신명균 목사가 순회차 방문했을 때 장기영 성도는 아들의 결혼을 의논했다. 신 목사는 "홍봉춘 형제의 딸과 혼인하게 하시오" 하고 권하자 곧 승낙하고 신 목사가 집을 떠나기 전 결혼식을 거행했다.

제사 문제

─── 기독교가 우리나라에서 복음을 전할 때 가장 큰 장벽은 제사 문제였다. 개신교보다 일찍 들어온 천주교에서는 제사 문제를 금지하지 않았다. 그러나 개신교에서는 제사를 엄격하게 금지하였다. 신앙생활을 하는 교인들에게는 가장 큰 장벽이 될 수밖에 없었다. 5백 년이나 이어 내려온 조상에게 드리는 제사를 금하는 종교에 대해 그 당시 사회에서는 큰 충격이었으며 엄청난 파문을 일으키고도 남았다. 21세기에 사는 지금도 제사 문제 때문에 가정에서 핍박을 받는 교인들이 많은데 그 당시에는 어떤 상황이었을지 가히 짐작하고도 남음이 있다.

그렇기 때문에 예수 그리스도를 구주로 고백하고 교회에 나오게 되는 교인들은 하나같이 제사 문제로 가족 간은 물론 문중에서 추방당하는 예까지 있었다.

장 감로도 예외가 될 수 없었다. 제사에 불참할 때마다 심한 핍박을 받았으며 문중에서는 그를 추방하여 버렸다. 하루 이틀도 아니고 몇 십 년 동안 핍박을 당해 이 일로 인해 병을 얻게 되었고 급기야는 1917년 12월 7일 향년 58세에 소천하게 된 것이다. 이러한 제사 문제는 오늘날에도 신앙생활을 하는 교인들에게 어려운 문제로 남아 있다. 추도식으로 제사를 대신하자는 제안에 따라 제삿날과 명절에 추도예배를 드리고 있으나 우리나라 전통의례와는 다소 어긋나는 관계로 난제로 계속 남아 있다.

정의감이 투철한 장 감로

─────── 장기영 감로는 정의감이 투철한 분으로 알려졌다. 평소에 불의나 부정한 일을 보면 그냥 지나가는 법이 없었다. 칠산 앞 금강 한복판에 있는 조그만한 갈밭섬이 있었다. 펜윅 선교사가 동아 기독대 전도사를 위해 기증한 것이었는데 신명균 씨의 이름으로 등기가 되어 있다는 이유로 팔아 넘기려고 하는 것을 발견하였다. 그래서 이의를 제기하며 부당성을 지적하는 동시에 투쟁하다가 이종덕 목사와 함께 경찰에 연행되어 감옥에 갇히게 되었다. 물론 사건은 제대로 정리가 되면서 풀려나왔다.

위에서 언급한 "갈밭섬"은 충남 부여군 임천면 칠산리 821번지 소재, 잡종지 63,705평인데 이 섬에서 매년 갈대 수확이 적지 않은 소득이었다. 이 섬을 매입한 펜윅 선교사는 그당시 교단에 대표격으로 활약하던 신명균(申明均) 목사의 명의로 등기 이전을 했었다. 그러나 펜윅 감목이 제2대 감목을 이종덕 목사에게 함으로 이에 불만을 품고 반기를 든 신 목사는 결국 기호(幾湖)와 호남(湖南) 일대의 교회들을 선동하여 조합(組合) 기독교회를 조직하고 본 교단을 이탈했다. 그리고 자기 명의로 되어 있는 "갈밭섬"을 자기 것으로 이용하려다가 본 교단으로부터 발각되어 마침내 법정소송까지 가게 되었다. 그러나 법정 판결로 본 교단이 승소하여 당시에 본 교단 감목인 이종덕 목사와 전치규 목사와 장기영 감로 3인의 명으로 1917년 5월 15일자로 등기 이전이 완료되었다.

이와 같이 매사에 공과 사를 철저히 분별하여 처리하는 동시에 부정과 불의는 절대로 용납을 못하는 곧은 성격을 가지고 있었다.

이러한 성격은 그를 믿음생활을 철저히 하여 주일에 예배를 드리는 것과 십일조를 드리는 것, 그리고 기도하고 말씀을 연구하는 데도 조금도 게을리 하지 않는 신실한 그리스도인이 되게 하였다.

주님의 사랑과 겸손을 몸소 실천한 침례교회의 기둥
박노기 목사

박노기 목사

로사아 선교사로 파송을 받고 개척지로 향하던 중 보시엘해 모커우 지점에서 풍랑으로 인해 순교했던 박노기 목사. 그는 초기, 본 교단의 굳건한 초석이었다. 21세의 젊은 나이로 입교, 36세까지 온 젊음을 오로지 전도에만 힘썼던 그는 인자함과 겸손함의 덕행을 겸비한 목회자였다. 우리 후손들에게 사표가 될 만한 너무도 훌륭한 인물이었다.

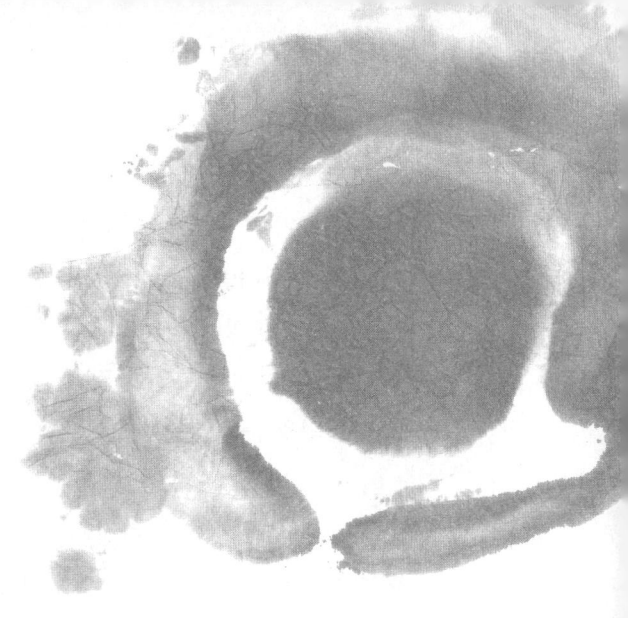

─── 박노기(朴魯琦)는 1882년 충청남도 공주군 신영리에서 출생했다. 1903년 전도인들에게 복음을 듣고 개종하여 예수를 믿기 시작했다. 교회에서 예배를 드리기 시작하면서 은혜를 받고 이웃 사람들에게 복음을 전하기 시작했다. 인근 마을을 돌며 복음을 전하던 박노기는 1906년 전도사 직분을 받은 뒤, 고향을 떠나 경상도 밀양에서 복음을 전했다. 1909년 교사 직분을 받고 더욱 열심히 하나님의 복음을 전하던 박노기는 1911년 공주에서 열렸던 대화회에서 목사 안수를 받았다.

목사 안수를 받은 후 순회 목사로 경상도 등 전국의 교회를 돌며 성도들을 돌보고 복음을 전하는 일에 충성을 다했다. 1913년 김재형, 최성업 전도사와 함께 원산에 들어와 성경을 연구하고 기도하며 인근에 있는 교회들을 돌보았다.

박노기 목사는 예수 그리스도의 사랑과 겸손을 배우고 그대로 실천하기 위해 노력한 모범적인 그리스도인이었다. 자기를 주장하는 것보다 상대방의 이야기 듣는 일을 즐겨했고 이웃을 내 몸과 같이 사랑하고 민족의 아픔을 내 아픔으로 여기면서 복음만이 이 민족에게 희망을 줄 수 있는 유일한 길이라는 사실을 깨닫고 주의 종이 되어 평생 주님의 복음을 전하다가 순교하였다.

박노기 목사는 사회에도 널리 알려진 선비였다. 점잖고 고상한 인품과 높은 학문을 가지고 품위 있는 삶을 실천하여 인근 마을의 많은 사람들에게 존경을 받았다. 이 같은 인품은 오늘날 목회자들에게 꼭 필요한 목회자상이다.

유교에서 기독교로

─── 박노기는 대대로 이어오던 전통적인 유교 가정에서 태어났다. 유교의 전통적인 경전인 한문을 어렸을 때부터 배웠다. 한학을 공부한 박노기가 20세가 되었을 때는 지덕을 겸비한 젊은 선비가 되었다. 서당에서 학생들을 가르치는 훈장(한문 선생)으로 어린 학동들을 가르치면서 배움을 삶 속에서 실천하는 덕망이 있는 젊은 학자로 주민들에게 존경받았다.

그러던 그가 어느 날 기독교인을 만나 복음을 듣게 되었다. 새로운 진리에 호기심을 많이 가지고 있던 차에 새로운 복음을 듣게 된 박노기는 교회에 다니게 되었고, 얼마 안돼 예수 그리스도를 나의 주님, 나의 하나님으로 고백하기에 이르렀다. 예수 그리스도의 복음을 가슴에 깊이 간직하고 그리스도의 진리를 공부하던 박노기는 자신의 삶속에 기쁨이 넘쳐흐르는 것을 발견하고 하나님의 크신 은혜를 체험하였다.

본래 박노기는 덕행을 겸비한 사람이었으므로 하나님의 깊은 은혜를 체험하자 교회생활에도 헌신적이었다. 성실하고 진실하게 행동하면서 믿음은 날로 성장하여 같은 교인들은 물론 그를 아는 목회자들로부터 하나님의 일꾼이 되라는 권면을 많이 받게 되었다.

그러나 박노기가 하나님의 일꾼으로 일하기 위해서는 몇가지 난관이 기다리고 있었다. 서당에서 훈장으로 학동들을 가르치면서 가난한 가정을 이끌어 오던 터라 하나님의 일꾼으로 공부를 하기 시작하면 가정을 누군가에게 맡겨야 했다.

목회자로 헌신하기 위해 오랫동안 하나님의 지혜를 구하는 기도를 했다. 그리고 주의 일을 하는 사람들과 교제하면서 하나님께 맡기고 주님을 따라 나선 신앙의 선배들을 많이 만나게 되었다. 박노기는 주님께 일생을 드리기로 결단하고 주님의 일꾼이 되기 위한 교육을 받기 시작했다.

인자함과 겸손한 그의 성품

─── 박노기 목사는 초창기에 개척자의 역할을 훌륭히 하면서 초석을 든든히 놓은 목회자이다. 복음이 전해지기 시작하던 초창기에 전국을 돌며 하나님의 복음을 전하고 전국 곳곳에 교회를 세우면서 침례교회의 지경을 넓혔던 그의 공로는 침례교회사에서는 빼놓을 수 없는 일이다.

높은 학문과 오랜 경륜은 우리나라 사람들이 흠모하는 덕이었다. 이러한 훌륭한 품격은 이웃에게 본이 되어 박노기 목사가 전하는 복음에 힘을 실어 주었다. 이러한 그의 성품은 복음을 가지고 찾아가는 마을에서도 나타났다. 1906년 전도사 직분을 받고 산 넘고 들을 건너 복음을 가지고 낯선 마을에 들어가면 그의 인품에 매료된 많은 사람들이 복음의 진실함에 빠져 교회로 들어왔다. 마을 사람들 중 몇 명이 예수 그리스도를 영접하면 사랑방에 모여 예배를 드리고 기도를 했다. 그리고 그곳에는 교회가 세워졌다.

이러한 노력으로 경북, 상주, 포항, 울진 그리고 울릉도에까지 교회가 세워지게 되었다. 박노기 목사에 의해 주님을 영접한 교인들이 헤아릴 수 없이 많았다. 자연히 이러한 지역에는 교회들이 개척되었다. 이것은 초창기 침례교회가 이 땅에 뿌리를 내리는 데 큰 힘이 되었다.

가족을 버리고 전국을 떠돌며 하나님의 일꾼으로 일하는 사이 그의 가정은 부인이 맡았다. 삯바느질과 품앗이를 하며 어려운 살림을 하면서도 부인은 늘 남편인 박노기 목사를 자랑스럽게 생각했다. 자녀들에게도 아버지가 하나님의 일꾼으로 일한다는 걸 자부심을 가지도록 가르쳤다.

어느 날 조카가 갑자기 죽었다. 이때 홀로된 조카 부인을 박노기 목사가 예수님께로 인도했다. 부인은 얼마지나지 않아 소명을 받고 하나님의 복음을 전하는 주님의 일꾼으로 일하게 되었다. 그 부인이 김노득이라는 한국 최초의 전도부인이다. 그녀는 생애를 주님께 드렸다. 때를 얻든지 못 얻든지 전파하라는 주님의 말씀에 큰 은혜를 받은 그녀는 복음에 대한 열정이 대단했다. 하루도 쉬지 않고 전국 곳곳을 누비며 전도했다. 이러한 그녀의 헌신은 우리 교단의 초대 부흥에 큰 힘이 되었고 또한 많은 일화를 남기기도 했다.

해상에서 순교한 박 목사

─── 1918년 미국의 루스벨트 대통령은 독트린 정책을 발표했다. 식민지에 억눌려 있던 많은 나라들은 미국의 정책에 힘입어 독립을 요구하는 투쟁을 벌였다. 우리나라도 이에 자극을 받아 독립운동을 급격하게 벌이기 시작했다. 일본의 탄압이 극에 달해 민중들의 분노가 폭발한 결과이기도 했다. 민중들은 전국 각처에서 민중봉기를 일으켰다. 이에 일제는 무자비한 탄압을 강행하였다.

더구나 전쟁을 위해 곡물을 강탈해 갔다. 젊은이들을 강제로 전쟁터와 광산으로 끌고 갔다. 젊은 여인들을 전쟁터로 보내 일본군의 위안부로 삼았다. 우리 국민은 불안함과 공포의 나날을 보낼 수밖에 없었다.

우리 침례 교단은 이처럼 혼란한 시대를 지혜롭게 보내기 위해 대화회를 소집하지 않고 각 지방의 목회자와 감로를 중심으로 교회를 보존하고 교인들을 보살피고 사무를 처리했다.

1918년 박노기 목사는 러시아 선교사로 파송을 받았다. 김희서 교사(김장배 목사 아버지)와 전영태 총찰, 최웅선 감로(최성업 목사 아버지)와 함께 파송을 받았다. 이들을 수행하는 제직들과 함께 러시아 수청과 연추지방에 복음을 전하기 위해 배를 탔다.

이들이 탄 배는 러시아를 향해 항해했다. 순풍이 불어 순조롭게 항해는 계속되었다. 이렇게 항해를 계속하던 배가 보시엘해 모커우 해역에 들어가자 갑자기 풍랑이 몰려오기 시작했다. 유라굴로의 풍랑처럼 몰아쳐온 파도는 배를 순식간에 집어 삼켰다. 배는 산산이 부서지고 배에 타고 있던 사람들은 모두 파도 속으로 묻혀 버렸다.

배를 타고 항해하던 선교사들은 목적지에 도착하기도 전에 풍랑에 휩쓸렸다. 광풍에 휩싸인 바다는 노도와 같이 배와 함께 선교사들을 바다에 잠기게 만들었다. 초대교회 순교자들의 죽음이 예수 그리스도의 복음을 세계에 전하는 힘이 되었던 것처럼 넓은 바다에서 순교한 이들은 우리나라에 복음이 전해지는 데 큰 능력으로 지금도 모든 교회에 면면히 흐르고 있다.

러시아의 수청과 연추교회에서는 선교사들을 맞이할 준비를 하던 중 해상에서의 순교의 소식을 접하고 슬픔에 잠기게 되었다. 국내의 최성업 전도사는 몇몇 청년들과 함께 러시아 해상에 가서 순교한 선교사들을 위해 순교자의 묘를 만들었다. 이 같은 소문이 러시아 지방에

펜윅 선교사의 성경공부반

알려지자 주민들은 하나같이 슬퍼하면서 "러시아의 거주민들을 위해서 전도하러 오다가 희생되었으니 우리들도 기독교인이 되어서 그들의 순교의 희생에 만분의 일이라도 보답하자"고 하면서 교회에 출석하는 사람들이 많아 큰 부흥을 이루었다고 전한다.

당시 그곳 여론에서는 "네 명의 선교사가 힘써서 전도했더라도 이처럼 많은 교인을 얻기는 어려웠을 것이라"고 할 만큼 많은 사람들이 교회에 들어와 예수 그리스도를 믿고 이들의 순교를 헛되게 하지 않았다. 박노기 목사는 박원규 목사와 두 딸을 두었다.

풍랑 속에 순교의 꽃을 피운
김희서 교사

김희서 교사

시문에 능통했던 김희서 교사는 본 교단이 낳은 대전도자였다. 충남북 일대는 물로, 간도성을 중심으로 남북 만주에서 전도에 전력을 다했던 김희서. 끝내, 그는 러시아 선교사로 파송을 받고 가던중 보시엘해, 모커우 지점에서 45세의 한창 나이로 순교했다.

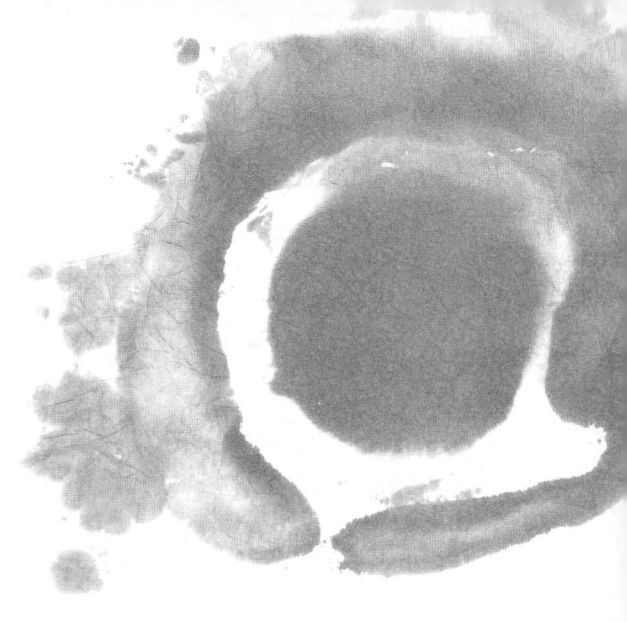

─── 김희서(金希西)는 1873년 10월 20일 충청남도 부여군 양화면 원당리에서 아버지 김광식 씨의 다섯 번째 아들로 태어났다. 그가 22세 되던 1895년 이름 모를 전도인에게서 복음을 듣고 예수님을 구주로 영접하였다. 이는 우리나라에 복음이 전파된 지 10년도 안 된 이른 시기였다.

아직 그가 사는 마을에는 교회가 없었다. 그래서 멀리 전북 익산군 용안면 난포리에 있던 침례교회에서 주일 예배에 참석했다. 이때 하나님께 예배하는 즐거움을 알게 된 김희서는 신실한 신앙인으로 성경을 배우고 교회의 가르침대로 매일 기도했다.

어려서 한학을 공부하여 한학에 조예가 깊었던 김희서는 인근의 주민들에게 한학자로 알려져 있었다. 그래서 그는 한문 성경을 보았다. 이때는 성경이 한글로 번역되지 않았었다. 그의 후손인 김연배는 김희서가 보던 한문 성경을 아직도 보관하고 있다. 성경을 읽고 묵상하면서 하나님의 진리를 깨닫고 기쁜 마음으로 침례를 받았다. 그리고 전도인으로 사명을 받은 후 충북 단양과 제천지방을 중심으로 노방에서 전도했다.

1908년 충남 부여군 임천면 주곡리로 이사했다. 인근에는 칠산교회가 있었다. 그 교회에 출석하면서 많은 교우들을 만났다. 칠산교회 교우들은 김희서가 진솔하게 신앙생활하는 것을 보고 귀하게 여겼다. 그래서 전도인으로 살아 갈 수 있도록 적극적으로 도와주었다. 이렇게 교우들의 전폭적인 지원을 받은 그는 많은 지역을 돌며 전도했고, 많은 사람들을 주께로 인도하였다.

1915년 목사 후보인 교사 직분을 받았다. 교사 직분을 받은 김희서는 함경북도 전 지역은 물론 간도성까지 다니며 널리 복음을 전했다. 지역을 더 넓혀 만주까지 가서 복음을 전하던 중 시베리아 선교의 사명을 받았다. 동료 네 명과 함께 국경을 넘어 배를 타고 시베리아로 가기 위해 보시엘 해역 모커우라는 지점까지 항해했다.

보시엘 해역에 들어서자 역풍이 불어와 순조롭게 항해했다. 그러나 모커우 해역에 들어서자 순식간에 불어온 바람이 이들이 타고 있던 배를 삼켜버렸다. 이날이 공교롭게도 김희서의 만 45세 생일날이었다. 이 날 그는 광풍에 휩싸여 목숨을 잃었다. 예수 그리스도의 복음을 가슴에 품고 전도인으로 13년을 전국을 돌며 수많은 영혼에게 복음을 전하다가 시베리아로 가는 바다에서 순교한 것이다.

지금도 그의 자녀들은 10월 20일인 이 날을 생일과 순교일로 정하고 예배를 드리고 있다. 자녀들 중 장남 김연배는 감로로, 4남 김장배는 목사가 되어 주님을 위해 헌신된 삶을 살았다.

한학자로서의 김희서

─── 김희서는 총명함을 타고났다. 어려서부터 서당에서 한문을 공부한 김희서는 한 가지를 가르치면 몇 가지를 깨우쳐 훈장 선생님의 칭찬을 듣곤 했다. 그래서 인근 마을에는 신동이라고 소문이 났다. 그래서 부모는 총명한 그가 계속 공부하도록 배려했다. 가정에 어려운 일이 계속되면서 가세가 매우 어려움에 처했을 때 다른 형제들은 가계를 돕도록 했으나 김희서만은 공부를 계속하도록 한 것이다. 이렇게 열심히 한학을 공부한 그는 고상한 선비로서의 품격을 갖추었고 인근 주민들의 존경을 한몸에 받았다.

특히 그는 시문에 능숙하였다. 당시 임천고을 원님이 향연을 베풀 때면 어김없이 초대를 받았다. 이때 한시를 지어 모인 사람들을 경탄케 하였다고 전해진다. 더구나 매사에 명석한 판단력을 가지고 있었으며 정의감도 투철하여 권세나 세도에 굴하지 않는 곧은 성품을 가졌던 것으로도 유명했다.

헐벗고 굶주리는 향촌의 주민들과 함께 아파하고 걱정하면서 이들의 정신적인 지도자로 추앙받았다. 그래서인지 이 당시 세도가 당당하던 양반집 사람들도 김희서에게는 함부로 대하지 않았을 뿐만 아니라 그의 말을 경청하여 일을 처리하였다고 한다.

선구 전도자로서 김희서

─── "형제들아 우리가 아시아에서 당한 환난을 너희가 모르기를

원하지 아니하노니 힘에 겹도록 심한 고난을 당하여 살 소망까지 끊어지고 우리는 우리 자신이 사형선고를 받은 줄 알았으니 이는 우리로 자기를 의지하지 말고 오직 죽은 자를 다시 살리시는 하나님만 의지하게 하심이라"(고후 1:8-9). 이 성경말씀은 김희서 교사가 항상 묵상하면서 실천하고자 하는 신앙의 신조였다.

당시 전도인으로 임명되는 목사나 교사들은 거의 무보수로 일했다. 매월 여비라는 명목으로 10원씩을 총부에서 지급했지만 전국을 누비며 전도 활동을 하는 이들에게 턱없이 부족했다. 이마저도 5원은 현금이고 5원은 펜윅 선교사가 발행하는 「만민 좋은 기별」이라는 책으로 받았다. 5원에 상당하는 250권의 책을 등에 지고 짚신을 신고 전국을 돌며 복음을 전했다. 이러한 행장이야말로 예수님이 70인의 제자들을 파송할 때의 모습과 똑같았으며 사도 바울 선생이 복음을 전하는 것을 닮은 것이었다.

이들은 송화가루를 물에 타서 마시는 것으로 한끼 식사를 대신했다. 송화가루는 봄에 소나무에서 채취한다. 이것이 한끼 식사일 때에는 문제가 발생하지 않는다. 그러나 항상 송화가루로 식사를 대신했던 전도인들 중에는 영양실조에 걸려 생명의 위협을 받는 이들도 적지 않았다.

하루에 백여 리를 걷는 데서 오는 피곤함과 잘 먹지 못하는 굶주림은 복음을 전하던 당시의 전도자들에게 어떤 것보다 견디기 힘든 고통이었다. 그런데다 일제의 종교 탄압은 날이 갈수록 더해져 고난은 배가 되었다.

김희서 교사는 일본정부의 종교정책에 항의했다. 종교의 자유를 보장한다고 하면서 교회를 탄압하는 정책의 잘못을 지적하며 반대 투쟁을 벌이다가 구속되어 옥고를 치뤘다. 그러나 자신의 소신을 굽히지 않고 옥중에서도 투쟁을 계속했다. 깊은 옥중에서 베드로를 구원하신 주님은 김희서 교사를 보호하였다. 옥에서 풀려나자 다시 전국을 맨발로 돌며 하나님의 복음 전하는 일을 계속했다.

장렬한 순교

─── "나와 복음을 위하여 집이나 형제나 자매나 어머니나 아버지나 자식이나 전토를 버린 자는 현세에 있어 집과 형제와 자매와 어머니와 자식과 전토를 백 배나 받되 박해를 겸하여 받고 내세에 영생을 받지 못할 자가 없느니라"(막 10:29-30)는 말씀을 굳게 믿고 가정과 처자를 떠나 오직 전도의 사역에 충성을 다하였다.

1918년 김 교사는 시베리아로 가서 복음을 전하라는 사명을 받게 되었다. 이 사명을 완수하기 위해 오랫동안 기도하고 준비를 했다. 이때 침례 교단은 국내뿐만 아니라 만주와 러시아 등지에 선교사를 파송하여 하나님의 복음을 전했다. 땅끝까지 복음을 전하라시는 주님의 말씀은 전 세계를 포함하는 것이므로 이 말씀에 따라 시베리아와 만주 등지에도 선교사를 보내 복음을 전했다. 그 결과 만주에 5개 구역 시베리아에 2개 구역을 포함하여 40여 개 교회가 세워졌다.

한일합방 직후였기 때문에 많은 독립투사들과 애국지사들이 소련과 만주 등에 망명하여 거주하고 있었다. 이들에게 복음을 전하기에 가장 적절한 시기였으므로 이렇게 좋은 시기를 놓치지 않으려는 교단의 방침에 따라 시베리아에 파송되었던 것이다.

김 교사를 비롯하여 박노기 목사, 최응선 감로, 전영태 총찰 등 4인이 전도의 사명을 가지고 떠나게 되었다. 이들은 우선 경흥에서 국경을 넘어 동 시베리아로 발길을 재촉했다. 김 교사는 이번 전도여행을 마치고 나면 목사 안수를 받기로 되어 있었기 때문에 뜻깊은 전도여행이었다. 꿈과 희망에 부푼 김 교사 일행은 힘차게 역경을 극복하고 시베리아 연추와 수청 두 구역을 향해 배를 타고 항해를 시작하였다.

수청에서 시작된 항해는 순조로웠다. 보배로운 주님의 복음을 싣고 불어오는 바람에 배는 순조롭게 항해했다. 이들의 배가 보시엘해역에 들어서서 모카우 지역을 지나고 있을 때 갑자기 돌풍이 불어오기 시작했다. 심하게 흔들리는 배에서 서로를 의지하면서 풍랑과 싸웠지만 돌풍은 강했고 배는 작았다. 순식간에 선박은 침몰되고 말았다.

하나님의 사명을 안고 시베리아 정복의 큰 꿈을 간직한 채 강풍과의 치열한 싸움도 헛되이 장렬한 순교를 당하고 말았다. 이 소식을 들은 모든 교회와 유가족들은 놀라지 않을 수 없었다. 특히 미망인 강성재 여사는 말로 할 수 없는 큰 슬픔에 빠지고 말았다.

그녀는 말하기를 "이번 전도여행을 떠날 때 왠지 세 살 난 막내아들(현 김장배 목사)를 꼬옥 안고 한참이나 애석해 하더니 이것이 영원한 이별이 될 줄은 몰랐다"라고 하면서 눈물을 흘렸다고 한다. 그러나 강성재 여사는 주님의 은혜 가운데 가정에 책임을 다하기 위해 열심히 살았다. 나약한 여성으로서 가정과 자녀들을 위해 젊음을 불살라 슬하에 4남 1녀를 누구에게도 뒤지지 않을 만큼 훌륭하게 키웠다.

김희서 교사의 자녀들은 교회에서 봉사하는 목사로 또는 교회의 훌륭한 일꾼으로 성장하여 섬기는 교회에서 주님을 위해 헌신하고 있다. 이것은 모두 한 여인이 한 알의 밀알처럼 자신을 희생함으로 이루어진 결과이며 주님을 위해 순교하신 김희서 교사의 순교정신을 이어온 결실이라고 말할 수 있다.

생명의 면류관을 밝힌 감옥 순교자
전치규 목사

전치규 목사

펜윅 선교사를 스승으로 모시고 6년간 성경을 사사한, 전 목사 그는 스승이 직접 번역한 성경을 붓으로 대여섯 차례나 기록했던 인내심이 강한 분이었다. 제3대 감목으로 10년간 본 교단을 이끌어 오면서 구역별로 책임목사 파송제 실시 등 선교사역에 획기적인 전기를 이룩하였다. 결국 형무소에서 66세를 일기로 순교를 당한 그의 신앙은 우리들의 사표요, 긍지이기도 하다.

─── 1888년 1월 5일 울진군 근남면 행곡리에서는 건강하고 예쁜 아이가 한 명 태어났다. 지금은 경상북도이지만 이때는 강원도에 속한 조그만 동리였다. 남자 아이가 태어나자 아버지는 붉은 고추가 주렁주렁 달린 금줄을 사립문에 걸었다. 동리 사람들이 금줄을 보고 사내아이가 태어난 것을 알고 모두들 즐거워했다.

전치규(田穉珪)는 자라면서부터 동리 사람들은 물론 이웃 마을에까지 소문난 착한 아이였다. 행동이 바르고 정결하고 티없이 맑고 선한 얼굴 모습은 정말 사랑스럽기 짝이 없었다. 당시 유일한 교육기관이던 인근의 서당에서 한문을 수학했다.

한문 공부를 시작한 전치규는 공부하는 걸 즐거워했다. 명석한 머리와 근면성실한 성품은 서당에서도 빛을 발하기 시작했다. 한문을 하면서 청소년이 된 전치규는 서당에서 학생들을 가르치는 선생이 되었다. 우리나라 고유의 풍습인 시화회가 열리면 어김없이 참석하여 아름다운 시문을 지어 사람들을 놀라게 했다.

22세 되던 1910년. 이름을 알 수 없는 전도인에게서 복음을 듣고 기독교로 개종하였다. 기독교로 개종한 전치규는 성경을 공부하기 위해 원산으로 갔다. 펜윅 선교사가 운영하고 있던 성경학교에서 성경과 신학을 6년간 공부하고 복음 전도자가 갖추어야 할 소양을 갖추었다.

1916년 9월 목사 안수를 받기까지 전국을 돌며 교회를 돌보고 복음 전도인으로 사역했다. 강원도 일원의 교회를 순회하며 말씀을 가르치고 때론 노방에서 복음을 선포하며 8년간 사역하였다. 1924년 제3대 감목으로 취임하여 10년간 교단의 발전을 위해 헌신적으로 봉사했다. 기독교 박해가 가장 극심했던 일제말기 교단을 이끌면서 수없이 많은 어려움과 역경을 헤치면서 교단을 보호하고 발전시키는 데 진력을 다하였다.

1934년 은퇴하게 되자 감목직을 사임하고 원로회원이 되었다. 원로회원으로 모든 직에서 은퇴했지만 복음을 전하는 일은 사임하지 않았다. 그는 평생 만나는 사람들에게 하나님의 복음을 말했다. 교단을 위해서도 몸을 사리지 않고 열심히 일했다. 1945년 해방을 몇달 앞두고 일제에 거세게 항의하다가 옥에 갇혀 혹독한 고문을 이기지 못하고 순교했다.

일제말기 일제의 혹독한 박해로 숱한 고난 속에서도 오직 주님의 말씀을 선포하고 불의와는 절대 타협할 줄 몰랐던 전치규 목사는 굽힐 줄 모르는 강직함으로 옥중에서 57세의 짧은 생애를 마치고 주님의 품에 안겼다.

생활관

─── 전치규 목사는 어렸을 때부터 남달리 강직한 성품을 타고났다. 이러한 성품에 성경을 공부하여 복음적인 사상의 영향을 받자 온유하고 겸손함까지 겸비한 훌륭한 인품을 가지게 되었다. 그리스도의 성품을 닮으라고 권고하는 주님의 말씀에 걸맞는 부족함이 없는 예수님의 일꾼이 되었다. 펜윅 선교사가 운영하는 성경학교에서도 그의 성실함과 온유함은 동료들은 물론 펜윅 선교사도 인정할 만큼 훌륭했다. 그와 함께 일했던 모든 분들이 그를 향한 사랑을 아끼지 않았고 그와 같이 일하는 것을 자랑으로 여겼다고 증언했다.

가정에서 전치규 목사는 엄격한 자녀교육으로도 유명했다. 가훈을 정하고 한치도 흔들림 없이 자녀들을 양육했다.

첫째로 너희들은 먹고 입고 쓸만 하거든 더 이상 바라지 말라.

둘째로 사회생활에 있어 이해관계로 인해 문제가 생기거든 언제든지 손해를 보는 편에서 해결하라.

부산침례교회 안수집사였던 그의 아들 전인철 집사에게 편지를 보내 "너는 절대로 뒷거래를 하지 말 것이며 저울 눈금을 속이지 말라"고 당부하였다. 이는 평소에 전 목사의 생활철학으로 실천하였던 것으로 아들에게도 이러한 삶을 권유하였던 것이다.

한번은 펜윅 선교사가 공부하는 학생들에게 무를 주면서 "이것을 밭에 나가 거꾸로 심으라"고 했다. 모든 학생들이 무를 거꾸로 심는 것은 잘못이라고 생각하여 바로 심었는데 전치규 목사는 선생님 말씀에 순종하여 거꾸로 심었다. 후에 이 사실을 알게 된 펜윅 선교사는 학생들에게 하나님의 종은 주님의 말씀에 이렇게 순종해야 한다고 가르쳤다고 한다.

10년간 감목정치

────── 1924년 제19회 대화회가 울진에 있는 행곡 교회에서 개최되었다. 이 회의에서 전 목사는 제3대 감목으로 취임했다. 전 목사가 감목으로 추대되었던 1924년대는 일제의 탄압이 본격화되기 시작한 해였다. 일본은 한국을 속국으로 만들기 위해 문화와 언어말살 정책을 강행하기 시작했다. 이때 일제는 기독교 세력을 눈엣 가시처럼 여겼다. 그래서 교회를 먼저 없애려는 계책을 꾸미고 모든 교회를 통합하는 등의 갖은 박해를 가했다.

그러나 교회는 박해를 당할수록 점점 더 강해졌다. 더구나 교회는 점점 더 부흥되어 교세는 날로 커져갔다. 물론 전도인들이 전국을 돌며 복음을 전하고 가난한 자, 억눌린 자들을 위한 봉사활동이 활발했기 때문에 일어난 부흥이었다. 특이한 것은 일제의 극심한 탄압에 조금도 수그러들지 않고 교회는 점점 부흥되었다는 것이다. 기독교가 로마의 탄압에도 굴하지 않고 세계에 복음을 전했던 것처럼 한국 땅에서도 순교자들이 늘어날수록 복음을 더 넓게 더 깊게 더 높게 전파되어 이 땅 곳곳 하늘 높이 십자가가 서기 시작한 것이다.

전 감목은 원로회를 조직하여 은퇴한 지도자들을 모아 교회의 단합을 촉진했다. 펜윅 선교사와 증경감독이었던 이종덕 목사를 추대하여 함께 복음사역과 교인들의 교육을 담당하게 하였다. 전도지역을 대폭 확장하고 구역마다 책임 목사를 파송하여 전국 방방곡곡에서 선교에 진력하도록 힘썼다.

　　　　당시 간도구역에 이종근 목사를 파송하고, 포항, 울진, 울도 등 3개 구역에 백남조 목사를 파송하고, 강경지역에 김용해 목사, 예천, 제천구역에 노재천 목사를 보냈다. 만주구역의 하나인 왕청구역에 신성균 목사를 파송하여 만주 선교에도 박차를 가하게 하였다. 이래서 파송된 전도인이 124명이었다.

　　　　침례교는 넓은 지역에서 전도사업을 펼칠 수 있도록 조직적으로 재정비했다. 이때 목사 또는 전도인들 중 많은 분들이 순교를 당했다. 1925년 9월 만주 땅 길림성에서 교회를 개척하고 복음전도에 활약하던 김상준 교사를 비롯하여 안성찬, 이창희, 박문기, 김이주, 윤학영 씨 등 6명이 순교하였다. 몽고에서 선교하던 이현태 교사도 순교하였고 이외에도 이름없이 주님의 복음을 들고 전국을 돌며 복음을 전하

1924년 전치규 감목과 임강구역 전도대(윗줄 전 감목)·각 구역에 전도책임자를 임명하고 보다 조직적이고 능률적인 전도활동을 했고 그가 제3대 감목으로 취임하던 때부터(1924) 일본이 한국기독교에 대한 본격적인 탄압을 감행했다.

다가 순교한 사람들이 많았다.

놀라운 것은 이들의 순교소식이 교회에 전해지면 각 교회는 은혜가 충만하여 목숨을 조금도 아깝게 여기지 않고 신앙을 지켰고 복음을 전했다. 스데반이 돌에 맞아 죽자 세계 각지로 흩어져 하나님의 복음을 전했던 초대교회의 상황이 전국에서 재현되고 있었던 것이다.

이러한 부흥 운동은 일본을 비롯하여 시베리아, 만주 등에서 암약하고 있던 공산주의자들을 자극하는 결과를 초래하였다. 공산주의의 만행은 전도자들을 살해하거나 교회에 불을 지르기도 하여 일제의 박해와 더불어 교회는 점점 더 큰 고난 속으로 빠져 갔다. 이러한 중에도 우리의 선배 신앙인들은 죽으면 죽으리라는 신앙을 가지고 있었다.

전 감목은 박해를 받고 고국을 떠나 만주와 시베리아 등지로 옮겨간 교회 식구들을 흩어지지 않도록 모아 조직을 정비했다. 함께 뭉친 이들은 복음을 전했다. 만주 등지에서 숱한 고난과 싸우며 복음을 전했던 이들의 간증은 교인들에게 엄청난 은혜를 끼쳤다. 침례교는 대화회를 개최할 때마다 회무는 간단하게 처리하고 이들의 간증을 듣는 시간을 가졌다. 이들이 전하는 보고 형식의 간증은 모든 성도들에게 놀라운 은혜를 체험하게 했다. 또한 이들이 보고하는 전도의 열매들은 너무도 값진 것들이었다. 이러한 간증 형식의 대화회는 전도열을 십분 상승시켰다.

이 당시 시베리아 해삼위 지방에만 47개의 교회가 개척되었다. 특히 1932년 만주 간도지방에서는 공산당의 봉기로 박해가 극심하여 많은 교인들이 살해되었다. 이해 10월 14일 종성 교회에 습격한 공산주의자들에 의해 김영국 감로와 김영진 목사가 순교를 당하였다. 그러나 이들은 복음 전하는 일을 쉬지 않았다.

　　　　이 같은 일련의 사건들이 교회에 전해지자 전도의 불길은 가일층 상승되어 각처에서 부흥의 불길이 활활 타 올랐다. 전 감목은 해외에 있는 교회와 성도들을 위해 전국 교회를 통해 구호금을 모아 그들의 생활을 돕는 데 힘썼다.

전 목사의 순교와 업적

──── 전치규 목사는 성경을 번역하는 일을 했다. 당시 한문 성경을 번역해서 사용하고 있었기 때문에 한문이 많이 섞여 있어서 일반 성도들은 한문이 많이 섞여 있는 성경을 보는 데 많은 어려움이 있었다. 그래서 펜윅 선교사는 성경을 번역하기로 했다. 순수한 우리말로 번역된 성경이 필요했기 때문에 성경번역 사역을 시작했다. 펜윅 선교사가 우리말로 번역을 하면 우리말로 어휘를 다듬는 일을 전치규 목사가 감당했다.

　　　　번역된 성경을 기록하는 일도 결코 쉬운 일이 아니다. 지금처럼 컴퓨터가 있거나 하다못해 타자기라도 있으면 훨씬 쉬웠을 것이다. 그러나 이때는 먹을 갈아 붓으로 썼다. 한 번 쓴 것을 다시 교정을 보고 나면 고친 부분이 많아 다시 써야 했다. 이렇게 5~6번 다시 기록해야 했다. 성경을 한 번 쓰는 데도 며칠의 시간이 필요했다. 밤을 새는 건 다반사였으며 손이 부르틀 정도로 붓을 들고 기록해야만 했다.

　　　　이렇게 해서 나온 성경이 원산번역본이다. 신약성경을 다 번역해 한권의 책으로 엮었다. 번역본과 함께 256페이지 복음찬미도 발간되었다. 수많은 날들을 뜬 눈으로 밤을 밝히면서 이루어낸 결실에 감사와 감격이 넘쳤다.

　　　　이렇게 번역에 온힘을 쏟고 있을 때도 결코 게을리 할 수 없는 것은 복음을 전하는 것이었다. 바쁜 중에도 조금만 시간이 나면 거리와 마을을 전전하며 복음을 전했다. "믿는 자가 전도하는 일은 하나님의 지상명령이며 사명이다"라고 하면서 "전도를 하면 자신의 신앙성장에도 깊은 관계가 있다"고 생각하고 고달픈 몸을 이끌고 전도하는 그의 모습은 작은 예수 같았다.

　　　　한편, 일본은 1941년 12월 8일 미국에 선전포고를 하고 곧바로 진주만을 폭격하고 태평양전쟁을 일으켰다. 소위 태평양전쟁을 시작한 일본은 인간으로서는 할 수 없는 만행을 저지르기 시작했다. 추수한 곡물은 모두 세금 명목으로 거두어 갔고 놋그릇이나 구리 등을 모조리 빼앗아 갔다.

　　　　1942년 교회 탄압은 본격적으로 시작됐다. 6월 11일 일본 헌병대는 일본을 거역하는 전치규 목사, 김영관 목사를 비롯해 침례 교단의 지도자 32명을 검거하여 옥에 가두어 버렸다. 검사국에 송치된 이들은 오까다 검사에 의해 혹독한 고문을 받아야만 했다. 일 년간 혹독한 고문에 시달리던 이들은 1943년 5월 32인 모두 함흥형무소로 옮겨 차가운 옥에 갇혔다. 옥에 갇혀 재판을 받을 때까지도 고문을 계속하는 악행을 저질렀다.

　　　　푸른색 죄수복을 입은 32명의 목회자들은 고문의 후유증과 영양실조까지 겹쳐 보기 흉한 몰골로 변했다. 이들을 밧줄로 엮어 일본 짚신인 오라지를 신겨 거리로 끌고 다니며 갖은 욕설을 하며 발길질을 했다. 노약했던 목사들은 넘어지고 쓰러지면서 기진맥진하여 일어서지도 못하고 질질 끌려다니며 재판을 받았다.

　　　더욱이 형무소 감방에서 수감 중인 다른 죄수들과 간수들이 자행하는 수모는 말과 글로는 형언키가 어려운 정도로 포악하고 잔인했다고 한다. 1944년 2월 13일 전치규 목사는 혹독한 고문을 견디지 못하고 형무소에서 고요히 잠들었다. 약해질 때로 약해진 몸에 매일 가해지는 일본 헌병대의 고문을 이기지 못하고 쓰러진 것이다. 1888년 1월 5일 울진 행곡에서 태어나 57년의 삶을 마감하고 하나님 품에 안긴 것이다.

　　　어릴 때부터 올곧은 성격으로 인근 마을 사람들의 신망을 한 몸에 받고 한학을 공부했으며 6년간 펜윅 선교사의 성경학교에서 신학을 공부했다. 이후 목사 안수를 받고 8년 뒤인 1924년 침례교회 감목으로 취임하여 10년간 교단의 발전을 위해 심혈을 기울였으며 하나님께 받은 사명을 한껏 감당하다가 57세의 삶을 마감한 전치규 목사는 원산에 안치되었다.

　　　선한 싸움을 싸우고 달려갈 길을 마친 바울 선생에게 생명의 면류관이 주어졌던 것처럼 이땅에서 승리의 우렁찬 찬가를 길게 울리신 전치규 목사는 하늘에서 생명의 면류관을 받을 것이다. 침례교회가 지금처럼 견실하게 성장할 수 있는 것은 전치규 목사를 비롯하여 많은 선열들의 순교의 피가 바탕이 되었음은 두말할 나위가 없다. 이들의 고귀한 순교 정신을 이어 받아 주님의 복음을 이 땅에 전하고 또한 주님을 닮아가는 작은 예수로서의 사명을 감당하는 교회와 성도들이 되어야 할 것이다.

　　　1944년 5월 15일에 이상필 감로외 22인 목사들은 다행히 기

1929년 시베리아 지역의 공산당에게 추방되어 함북, 웅기지방으로 피난해 오는 교인들을 원산, 총부에서는 이들의 수용을 위해 각 교회에 광고, 구호운동을 전개하여 기독교의 사랑으로 반겨주었다.(한봉관 교사가 원산 총부에 서한보고로 이루어졌음.)

소유예 처분으로 출옥하였지만, 이종근 감목, 노재천 목사, 김영관 목사, 백남조 목사, 장석천 목사, 박기영 목사, 신성균 목사, 박성도 목사 8인은 예심에 회부되어 계속 영어생활(囹圄生活)을 해야만 했다.

한편, 이와 함께 함흥재판소 법정에서는 1944년 5월 10일부로 침례 교단에 대한 "교단 해체령"이 내려졌고, 이에 따라 각처에 산재해 있던 침례 교회들은 집회금지는 물론 교회에서 아침마다 울리는 종도 강제로 빼앗아 갔다. 예배당은 매각하여 국방헌금으로 보내라는 명령 아닌 명령이 내려졌다.

교회가 팔려 없어지고 예배를 드릴 터전을 잃어버린 교인들은 이집 저집을 배회하며 예배를 드렸다. 몰래 숨어서 예배를 드리는 날이면 눈물이 마르지 않았고 밤을 지새우는 기도소리는 끊이지 않았다. 모두 숨죽여 가면서 시간을 보내던 이들에게 1945년 일본의 패망으로 독립을 맞이할 수 있었다. 교회는 이렇게 고난의 언덕을 넘어 오늘 우리들에게 전해진 것이다.

순교자의 형제로 핍박 속에 열매맺은 신앙의 꽃
김영관 목사

김영관 목사

황궁요해, 신사참배 거부문서를 전국 교회에 배포, 신앙의 지조를 지키자고 부르 짖다가 옥고를 치루었던 김영관 목사.
두 분 형님들이 공산당들에게 참상의 순교를 당했으나, 오히려 이를 전국 교회를 순회하면서 간증하며 복음 전도에 온 힘을 다했다. 제4대 감목으로 본 교단을 이끌어온 것은 그의 주를 향한 불타는 신앙심이었고 본 교단을 아끼는 마음이었음을 그의 생애는 대변하고 있다.

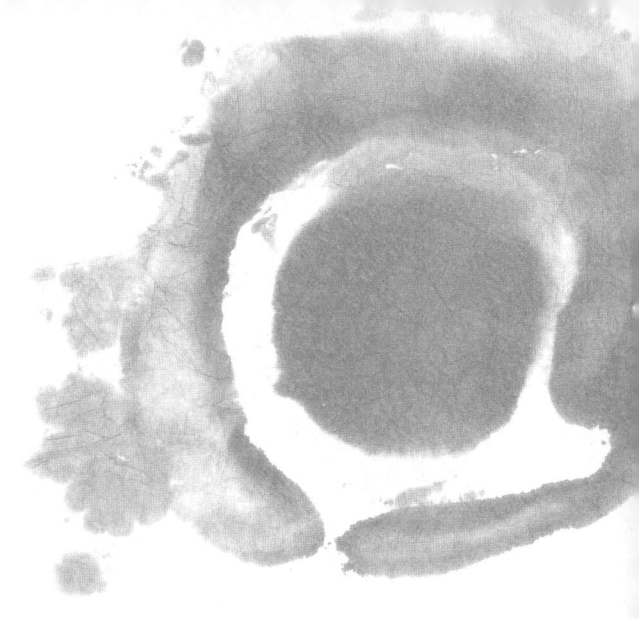

─── 김영관(金榮官) 목사는 1896년 우리나라의 맨 북쪽 지방인 함경북도 종성골에서 출생했다. 영국, 영진, 영익 4형제 중 막내로 온 가족이 예수를 믿는 독실한 가정에서 태어났다.

믿음의 가정에서 성장하면서 자연스럽게 교회를 다니게 되었다. 부모님들의 신실한 믿음을 본받아 교회생활을 시작했다. 그래서 성경을 공부하는 것과 전도하는 것 모두 자연스럽게 몸에 배었다. 당시 기독교인들은 목숨을 걸고 복음을 전해야만 했다. 워낙 어려운 시기에 믿음을 지켜야 했던 이들은 초대교회 교인들과 별 다름 없는 상황인 고난과 환난 속에서 믿음을 지키고 또 전해야만 했다. 이러한 환경에서 김영관은 교회에서 배운 대로 실천하는 모범적인 그리스도인으로 성장했다.

1924년 울진의 행곡 교회에서 열린 19회 대화회에서 김용재, 신성균, 박기양 등과 함께 목사 안수를 받고 처음으로 파송된 곳이 만주 왕청구역이었다. 파송을 받아 왕청구역에 속한 교회를 돌보고 주민들에게 복음을 전하는 목회자의 생활을 시작한 것이다.

10년간 이곳에서 헌신적으로 봉사하던 김영관 목사는 1934년 3월 8일 개최되었던 대화회에서 침례교 4대 감목으로 추대되어 취임했다. 당시 감목 후보로 다른 목사가 유력했었는데 예상을 뒤엎고 김영관 목사가 감목에 임명된 것은 이변이었다. 2년 전, 두 형님인 김영국 감로와 김영진 목사가 순교하여 그 이름이 전국에 있는 교회에 널리 알려지게 되었고, 10년간의 교회사역에 성실성과 능력이 인정되어 감목에 추대된 것이다.

공산당들에 의해 순교한 김영국 감로와 김영진 목사의 묘를 찾아온 교우들

1933년 임강구역 제1차 당회(堂會). 이때는 본 교단 명칭을 동아기독대라 칭했다 대(隊)란 양무리를 뜻함.

두 형의 순교를 증거하는 김 목사

─── 1932년 10월 14일 밤. 공산당 30여 명이 만주에 위치한 종성동교회에 침입했다. 이 당시 만주의 간도지방을 중심으로 공산당이 세력을 키우고 있었다. 공산당원들은 부락민들을 모두 교회에 모이게 했다. 이들은 민중을 살해하고 특히 교회를 불태우고 교인들을 죽이는 등 박해를 가했다.

그들은 교회 마룻바닥에 부락민들과 교인들을 따로 분류하여 앉혔다. 그리고 교인들에게 "죽어도 예수를 믿을 사람 있으면 나오라"고 큰 소리로 협박하자 사람들은 웅성거리기 시작했다. "지금이라도 믿음을 버리겠다고 말하면 살려 주겠다"고 다시 큰 소리로 협박하자 몇 명의 교인들이 "우리들은 죽어도 믿는다"며 흔들리지 않았다. 그러자 공산당원들은 믿음을 지키겠다고 나선 교인들을 향하여 온갖 위협적인 말로 협박했다.

이때 교인들의 권유로 잠시 몸을 피해 있던 김영국 감로와 김영진 목사가 그들 앞에 당당히 나섰다. 두 사람은 하나님의 복음을 전하기 시작했다. 강하고 담대하게 하나님의 복음을 전하는 그들의 얼굴은 결연한 빛이 역력했다. 간곡한 하나님의 복음을 듣던 공산당원들은 조금 흔들리는 듯했다. 그러나 그들 중 한 명이 포악한 욕설을 퍼부으면서 두 형제를 마당으로 끌고 나가 몽둥이로 두들겨 패기 시작했다. 피투성이가 된 형제는 스데반이 순교하던 때처럼 조금도 굴하지 않고 태연하게 고난을 견디었다. 얼마 지나지 않아 모진 매를 견디지 못한 두 사람은 쓰러지고 말았다. 이 모습을 눈물로 지켜보던 교인들이 방으로 옮겼으나 그들은 누운 채로 하늘을 향해 기도하는 모습으로 순교했다. 이 순간을 바라보던 모든 교인들은 많은 눈물을 흘렸다.

아직 화가 풀리지 않은 공산당원들은 정춘보라는 믿음의 형제를 총으로 쏘아 죽이고 교회 벽에 "예수 교인은 모조리 죽인다"라는 글씨를 크게 써 놓았다. 교회를 난잡하게 어지럽힌 이들은 이규현 총장을 납치하고는 이내 사라졌다.

이때 김영관 목사는 왕청구역에서 순회전도를 하려고 교회를 비웠기에 죽음을 면할 수 있었다. 그후 교단에서는 이들의 순교를 위로하기 위해 찬양대를 왕청구역에 파견하였다. 순교자의 형제인 김영관 목사는 이때 간증회를 겸한 사경회를 개최하였다. 집회에 참석한 모든 교인들이 숭고한 순교의 피를 흘린 두 형제의 이야기를 듣고 넘치는 은혜와 하나님의 복음을 지켜야 한다는 순교자적 사명감을 다짐하였다.

총회에서는 김영관 목사와 함께하는 사경회를 전국적으로
실시하여 신앙을 고취하는 한편, 공산주의자들에 대해 경각심을 갖도
록 당부하였다. 형제의 순교 소식을 전하는 김영관 목사의 간증을 듣고
신앙의 불길이 전국 교회에서 크게 일어났다.

신사참배 거부로 일제에 항거

──── 1934년 4대 감목으로 취임한 김영관 목사는 일본의 노골적
인 기독교 탄압을 받아야만 했다. 일본은 본격적으로 한국 민족에게 황
궁요배와 신사참배를 강요하기 시작했다. 민족정신을 빼앗기 위해 제
일 먼저 한민족의 문화를 짓밟았다. 학교에서는 우리말을 배우지 못하
게 했으며 평소에도 우리말을 못쓰게 하고 일본어를 쓰도록 했다. 일본
인으로 탈바꿈시키기 위해 갖은 정책을 만들어 우리 민족을 회유했다.
그러나 우리 민족과 교회는 이에 당당히 맞서면서 문화와 우리말을 지
켜냈다.

　　　　　일제는 특히 신사참배를 강요했다. 교회는 하나님 이외의 다
른 신을 섬기지 말라는 주님의 계명에 위배되는 신사참배에 대해 강력
하게 반발했다. 그러나 모든 교회를 하나의 단체로 묶고 신사참배를 강
요하자 교회들이 이에 동참했다. 그러나 김 감목을 중심으로 굳게 뭉친
침례교회만은 신사참배에 참여하지 않았다. 김 감목은 일제의 계획을
미리 파악하여 각 교회에 황궁요배나 신사참배는 절대로 해서는 안 된
다는 것을 가르치도록 공문을 발송했다. 이러한 교단의 강력한 뜻과 하
나님의 말씀을 생명을 다해 지키는 성도들의 굳은 절개로 일제의 만행

에도 불구하고 침례 교단은 신사참배에 응하지 않았다.

　　　　이때 교회에 발송된 공문이 함경북도 웅기 교회에서 일본의 한 관헌에 의해 발견되었다. 일제는 김영관 감목을 비롯해 총무 일을 보던 백남조 목사외 이종덕 목사, 전치규 목사, 노재천 목사 등 5인을 원산경찰서로 끌고 갔다. 이곳에 3개월 동안 묶어 놓고 회유와 악랄한 고문을 자행했으나 이에 굴하지 않자 재판에 회부하여 5개월간 옥고를 치루게 했다.

무보수로 일하는 전도인들

──── 1935년 12월 6일 본 교단의 창설자요 지도자였던 펜윅 선교사가 소천했다. 어려운 시기에 중요한 지도자를 잃은 교회는 큰 슬픔에 잠기게 되었다. 동료 지도자들은 물론 많은 교우들도 함께 눈물을 흘리며 슬퍼했다. 더구나 김영관 감목에게 펜윅 선교사는 남다르게 의미 있는 분이었다. 6년 여 동안 펜윅 선교사에게서 성경을 배웠고 어려울 때 늘 용기와 힘이 되어 주신 분이었다.

　　　　그러나 교회가 슬픔에만 빠져 있을 수는 없었다. 펜윅 선교사가 이 땅에서 하고자 하는 일을 계속하는 것이 진정으로 그를 추모하는 것이었다. 어려운 일이 닥쳐 올 때마다 의연히 일을 수습하던 펜윅 선교사를 기억하며 교회들은 더욱 힘을 내서 기도하고 전도인들은 전국 방방곡곡에 하나님의 복음이 메아리 되어 울리게 하는 데 온 힘을 다하였다.

　　　　김영관 감목은 지도자를 잃고 슬퍼하고 있는 목회자들과 교우들을 위로하면서 교단을 더욱 힘있게 끌고 나가기 위해 힘을 쏟았다. 이리하여 전국 각지에서 새로운 소명을 받은 일꾼들이 순교적인 사명감을 가지고 일어나서 하나님의 복음을 전하였다.

펜윅 선교사는 복음을 전하기 위해 교회에서 일하는 일꾼들에게 본국에서 보내오는 선교비를 조금씩 나누어 주어 그들이 계속 일할 수 있었다. 그러나 펜윅 선교사가 소천하자 이마저도 끊어지게 되어 총부를 유지하기에도 힘겨웠다.

그러나 조금씩 나누어 쓰던 여비조차 받지 못한 전도인들은 더 큰 사명감에 불타올랐다. 그 모습이 마치 행군하는 병사와도 같이 씩씩하고 늠름했다. 그들은 전국을 순회하다가 기진맥진하여 쓰러지기도 했다. 추운 겨울 험산을 넘어야 했지만 이들은 이러한 고난을 마다하지 않았다. 산과 물을 건너 시골 벽지를 찾아 하루에 7-8십리를 걸어다니는 건 예사였다. 전도인들은 하나님의 말씀으로 스스로 위로하고 격려도 하고 찬송을 부르면서 하나님의 복음을 전하는 데 온 힘을 쏟았다.

이러한 우리나라 초대교회 순회 전도인들의 헌신적인 봉사는 복음이 전국으로 확산되는 데 크게 기여했으며 오늘의 교회를 이루는 초석이 되었다.

1939년 3월 임원회를 소집하고 비상 시국 대책을 논의한 김영관 감목은 감목직을 사임하고 순회 목사로서 북한 지역에서 하나님의 복음을 전하고 교회를 돌보며 그에게 주어진 하나님의 사명을 감당했다.

그러나 1942년 6월 11일 또다시 헌병대에 의해 옥에 갇히게 되었다. 일본 경찰들은 아침부터 저녁까지 온갖 고문을 일삼았다. 물고문과 몽둥이로 두들겨 패는 일들이 매일 계속되었다. 음식은 생명을 겨우 연장할 정도의 양만큼만 주었다.

이러한 고문은 김영관 목사를 극도로 쇠약하게 만들었다. 거의 죽게 되어서야 병 보석으로 1944년 2월 15일 해방되기 일 년 여를 남겨 놓고 옥에서 풀려나왔다. 그의 몰골은 처참하기 그지 없었다. 그의 얼굴을 사람들이 잘 알아 볼 수 없었고 걸음도 제대로 걸을 수가 없었다.

그러나 일본 헌병들은 1944년 8월 8일 재수감하였다가 한 달 후에 집행유예로 풀어주었다. 풀려난 후 그의 고향인 함북 종성에서 요양하다가 그 이듬해 조국은 해방을 맞았다. 그러나 국민들의 기쁨이 가시기도 전에 남북이 갈리면서 사람들이 오고 갈 수 없게 되었다. 조국은 두 동강으로 끊어지고 공산 주의와 민주진영이 첨예하게 대립하면서 50여 년이 지난 지금까지 김영관 목사의 소식은 알 길이 없다.

근간에 중국 여행이 자유롭게 됨에 따라 중국 내지와 북한 소식까지 듣게 되었다. 뿐만 아니라 중국 조선족들이 한국에 자주 방문하게 되면서 교계 소식을 접하게 되었다. 이들을 통하여 우리가 알기 원했던 김영관 목사의 소식을 듣게 되었다. 김 목사는 북한에 있으면서 남아있는 교회와 신자들을 지키고 있었으나 그것마저도 공산치하에서 여의치 않았다.

결국 교회당은 문을 닫았고 교인들은 뿔뿔이 흩어졌다. 인간적으로는 아무 일도 할 수 없는 지경에 이르렀다. 다만 개개인이 신앙을 지켜 나아가는 길밖에 별 도리가 없었다. 김 목사의 죽으면 죽으리라는 신앙으로 흔들리지 않고 살아가는 모습이 인근 지역 사람들에게 인정을 받은 것이다. 이런 삶에 공산당 간부들도 감복이 되어 목사님의 원하시는 것이 무엇이냐고 물었을 때에 김 목사는 성경을 자유롭게 볼 수 있기를 원한다고 했다. 그 간부는 당신에게만 성경을 볼 자유를 주겠다고 하고 이를 허락했다는 것이다. 그래서 김 목사는 공산 치하에서 평생 자유롭게 성경을 볼 수 있는 특권을 받았다.

꿋꿋이 침례신앙을 지킨 의지의 항해사
이종근 목사

이종근 목사

태평양 전쟁의 파도와 함께 본 교단의 제5대 감목으로 취임한 이종근 목사. 그는 신앙의 의지로 전쟁의 거센 풍랑에서 키를 움켜쥐고 본 교단을 이끌어 오는데 사력을 다해 왔다. 결국 자신은 물론 본 교단의 33인의 지도자들이 옥고를 치루어야만 했고 그로 인해 한국 교회사에 찬란한 순교사의 꽃이 피게 된 것이다. 38선으로 인해 그의 행적을 알 수는 없으나 그는 공산당에 의해 순교를 당했을 것이라고 추측되기도 한다.

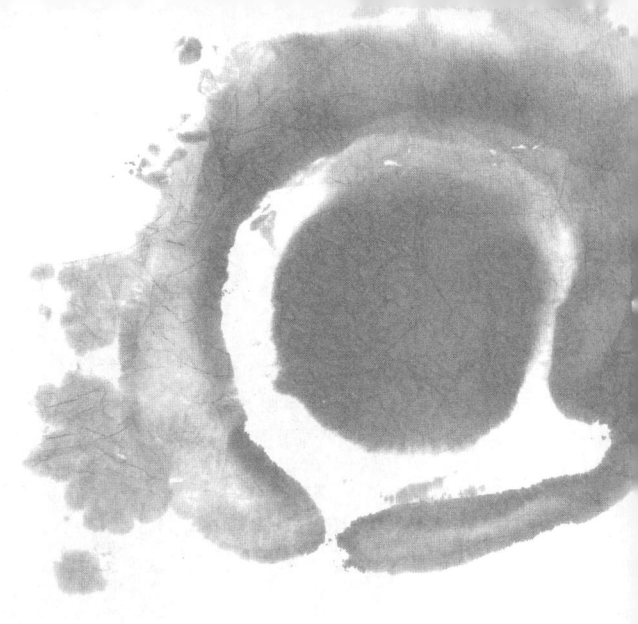

─── 이종근(李鍾根) 목사는 1891년 함경북도 회령에서 출생했다. 아버지는 한학자이며 선비였다. 5형제 중 맏아들로 태어난 이종근 목사는 고향을 떠나 북만주 소란테마란 곳에서 자랐다. 어려서부터 의지가 굳건했다. 무엇이든지 결심하면 꼭 하고야 마는 성격을 가지고 있어 마을 어른들이나 친구들로부터 "의지의 사나이"라는 별명을 갖게 되었다.

1908년 청소년 시기였던 17세 때 이름 모를 전도인에 의해 복음을 듣고 개종하여 교회에 들어왔다. 성격대로 교회생활을 성실하고 진실되게 했다. 하나님의 말씀을 배우고 기도했으며 또한 이웃에게 복음을 전했다. 얼마되지 않아 전도인의 소명을 받고 만주 서간도인 양무촌 안현으로 가서 복음을 전했다.

3·1운동이 일어난 해인 1919년 종성동에서 열린 대화회에서 문규석, 손상열, 김용제 등과 교사 직분을 받았다. 교사 직분을 받으

왼쪽에서 문규석, 김영관, 이종근, 박기양 목사

면 구역에 따라 전도지를 배정받는다. 문규석은 파견된 지역에서 목사를 보좌하면서 본격적으로 전도활동을 시작했다.

28세 혈기 왕성한 나이에 하나님의 복음을 위해 헌신적인 삶을 살던 그는 1922년 함북 경흥 교회에서 개최된 제17회 대화회에서 목사로 안수를 받고 경흥지방에서 사역했다. 1940년 49세의 나이로 제5대 감목으로 피선되어 교단의 총책임자로 일했다.

1940년 태평양전쟁의 시작을 알리는 전운이 감돌았다. 사회는 군대일색으로 빠르게 변해갔다. 일제는 전쟁을 위해 광분하면서 교회를 핍박했지만 이종근 감목이 지도자로 있던 침례교회만은 꿋꿋이 신앙의 절개를 지켰다. 이때 침례 교단은 많은 고난을 겪었다. 그러나 고난 속에서도 좌로나 우로나 치우치지 않고 믿음의 절개를 지켜 오늘의 한국 교회를 이룬 것이다. 순교자적 사명감으로 신앙의 절개를 지킨 신앙의 선진들이 흘린 피와 땀과 눈물 위에 교회가 세워졌기 때문이다. 가장 힘든 시기에 교단을 굳건히 지킨 이종근 감목의 지도자적 역량과 올곧은 신앙의 힘으로 고난을 헤쳐나온 것이라고 그를 지켜본 동료 목사들은 입을 모았다.

원산 사건과 이 목사

─── 미국에 선전포고를 한 일본은 아시아의 점령지역에 있는 모든 나라와 교회에 탄압을 가하기 시작했다. 전쟁에서 이기기 위해 전쟁 물자를 확보하고 점령지역을 효과적으로 다스리기 위해 강한 압박을 가하기 시작한 것이다. 특히 한반도를 영구히 점령하기 위해 문화 말살정책을 펼치는 데 가장 큰 장애물이 교회라고 생각하여 교회를 핍박했다. 어느 시대 어느 나라든 있는 일이지만 침례 교단에도 그릇된 감정을 품은 사람들이 있었다. 이들은 일제의 앞잡이로 나서서 교단에 압력을 가하는 데 일조를 했다. 그러나 교회는 박해가 심하면 심할수록 더 강해지고 당당히 맞섰다. 이들은 교단 본부를 수색하여 성경책과 복음찬미(찬송가)와 문서 일체를 압수해 갔다.

1941년 원산 총부에 우태호가 찾아왔다. 그는 미국의 침례신학교에서 신학을 공부했다면서 본 교단에서 교역할 수 있게 해 달라는 것이었다. 그러나 감목이었던 이종근 목사를 비롯한 교단측 교역자들이 신원이 확실하지 않은 사람을 허락할 수 없어 거절했다.

그러자 그는 교단에서 사용하는 신약성경과 복음찬미 각 한 권씩을 가지고 서울로 갔다. 이후 장로교회 출판권을 가지고 있는 오문

환과 공모하여 총독부 경무국에 신약성경과 복음찬미를 불온문서로 신고하였다. 일본 경찰은 교단을 해체할 좋은 기회로 생각하고 경찰을 보내 총부에 보관하고 있던 성경 6500부와 찬미가 등 문서 일체를 압수했다.

그후 이들은 여러 방면으로 수사망을 가동하여 침례 교단을 훼파하기 위한 단서를 찾으려고 혈안이 되었다. 복음찬미 가사에 써있는 예수님 보혈과 강림에 대해 집요하게 물고 늘어졌다. 특히 복음찬미 7장에 기록된 가사 "대왕님 예수씨 보혈"을 문제삼았다. 이러한 친일파의 고발로 인해 침례 교단이 받은 박해는 이루 말로 할 수 없을 정도였다.

결국 1942년 6월 10일 원산의 일본 헌병대는 총부를 재수색하는 동시에 이종근 감목을 구속하고 그들이 원하는 대로 억압과 심문을 감행했다. 이들이 주장한 내용은 아래와 같이 여섯 가지이다.

〈문1〉 예수 재림시는 그 지위가 어떠한가?
〈답〉 만왕의 왕으로 왕국을 건설하고 등극하신다.
〈문2〉 천년왕국을 건설하면 일본도 그 통치에 들어가는가?
〈답〉 그렇다.
〈문3〉 일본 천황폐하도 불신 시는 멸망하는가?
〈답〉 성경에 그렇게 명기되어 있다.
〈문4〉 그 때는 일본도 망하고 천황도 예수 통치하에 들어 가는가?
〈답〉 전 세계가 통일되는 동시에 예수님 아래에 있을 수밖에 없다.
〈문5〉 국체 명칭에 위반이면 불경죄를 범하는 것을 모르는가?
〈답〉 신앙양심에 답하는 바다.
〈문6〉 단체 대표인 감목이 그렇게 답변할 때는 간부는 물론이고 전 교단의 지도자들은 동일한 신조로 지도하고 있는 것이 아닌가?
〈답〉 동일한 성경으로 동일한 신앙을 소유하는 것이 합치되는 이론일 것이다.

이러한 질문에 대해 평소에도 의지가 굳기로 소문난 이 감목은 성경 말씀을 근거로 추호도 동요 없이 침착하게 대항했다. 이 감목의 답변은 잘못된 것이 없었지만 이들은 더 크게 격분했다. 다음 날 일본인들은 전국의 교단 지도자들은 물론 교역자들을 체포하였다.

전치규 안사를 위시해서 김영관 목사 등 구속된 지도자들은 다음과 같다. 전북 익산 김용해 목사, 경북 상주 노재천 목사, 경북 예천 박기양 목사, 경북 점촌 신성균 목사, 이덕상 교사, 김주언 감로, 전북 용안 이상필 감로, 충남 예산 이덕여 감로, 충남 임천 장석천 목사, 김만근 감로, 경북 광천 백남조 목사, 경북 영일 정효준 감로, 경북 조사리 박병식 감로, 경북 영양 박두하 감로, 경북 울도(울릉도) 김용해 감로, 강원 울진 문규석 목사, 전병무 감로, 문재무 감로, 남규백 감로, 강원 구산 안영태 감로, 평북 자성 방사현 목사, 한기훈 감로, 위춘혁 교사, 함북 경흥 박성은 감로, 박성도 목사, 박성홍 감로, 함북 나진 한병학 감로 등이 차례로 구속되었다.

이 같은 소식이 전국에 있는 교회에 전해지자 모든 교인들이 합력하여 기도하기에 이르렀다. 그 때 입원 중이던 함남 원산 구역의 김재형 목사는 퇴원과 동시에 자진해서 일본 헌병대로 찾아가서 옥에 갇히자 일본 헌병대는 도리어 당황했다. 또한 원산의 강주수 선생이 교구번역과 서류 작성에 협력했다는 협의가 추가되어 구속되고 총 33인이 원산 헌병대 유치장에서 혹독한 고문을 받다가 1943년 5월 1일 함흥 형무소로 넘어가 기한 없는 옥중생활을 해야만 했다.

교단 해체령

─── 1944년 5월 10일 동아기독교 해체령이 함흥재판소 법정으로부터 내려졌다. 이로 시작으로 전국의 교회에서 일본 경찰의 핍박이 동시에 이루어졌다. 집회 금지는 물론 몇 명이 모이는 것도 금지되었다. 교회를 말살시키기 위해 교회 건물을 팔아 전쟁기금으로 사용하려 하였다. 전국 지방 교회마다 목자를 잃고 예배당을 빼앗긴 교우들이 마치 길 잃고 헤매는 어린 양처럼 갈피를 잡지 못하고 우왕좌왕하였다. 그러나 신앙심이 불타는 성도들이 교인들의 집에 모여 주일에 예배를 드렸으며 여전히 순회전도자들은 전국을 돌며 복음을 전했다.

순교의 각오로 산 일생

─── 이종근 목사는 3년여의 옥중생활을 마치고 출옥했다. 옥에 갇혀 있을 때도 자신의 안위보다는 동료들을 염려했고 책임지고 있는 교회와 동료들을 위해 이들이 속히 출감하도록 힘썼다. 자신에게 가해지는 고문을 모두 받으면서도 동료들을 생각하는 그의 마음은 동료 목회자들을 감동시켰다.

옥중에 있을 때 가족들을 고향으로 이사하도록 김용해 목사에게 부탁했는데 이것은 이 감목이 옥중에서 순교할 비장한 각오가 서 있었기 때문이었다고 한다.

감옥에서 나온 이 감목은 만주지방 간도로 이사를 했다. 그러나 이곳에서도 공산당들의 핍박을 피할 길이 없었다. 공산당들이 교회로 찾아와 "예수를 믿지 않겠다"는 말을 이 감독에게서 듣기 위해 많은 매질을 했는데 그럴 때마다 "지금까지 예수를 믿어 온 목사가 당신들에게 어떻게 안 믿겠다고 하겠느냐?"고 하면서 끝내 굴하지 않고 고통을 참았다. 이 감독을 천장에 매달아 놓고 몽둥이로 마구 때리자 급기야 정신을 잃고 말았다. 이때 공산당들이 "이제 죽었으니 갖다 버리라"고 하면서 동구 밖에 버렸는데 얼마 후에 깨어났다.

이종근 목사는 부득이 국경을 넘어 다시 종성동으로 이사를 했지만 38선이 갈라지면서 소식이 끊겼다. 그후의 일은 알 수 없으나 그의 동생인 이종수 씨의 증언에 따르면 북한 공산당들에게 고통을 계속 받았고 순교했을 것이라고 했다.

초기 우리 전도인들은 로서아·만주 등지로 선교의 손을 뻗쳐 크게 성과를 거두었다. 1941년 당시만 해도 우리 교회분포를 보면 한국 전역 24개 구역에 1백여 개 교회에 반해 만주지방에 6개 구역에 1백여 개 교회, 시베리아에는 2개 구역에 47개 교회, 중국인 교회 7개 교회, 몽고지방에 수개 처의 교회가 세워졌다.

뒷이야기 1

1922년 함북 경흥(慶興) 교회에서 개최된 제17회 대화회에서 손상열은 목사 안수를 받았다. 1년 전인 1921년에 만주 임강현 지역에서 교회를 세우고 복음을 전하던 손상열 목사가 일본 헌병대에 의해 순교를 당한 해이다.

손 목사는 1919년 이종근 목사와 같이 교사 직분을 받은 동기로서 이종근 목사와는 친근하게 지내고 있었으므로 그의 순교는 이 목사에게 큰 충격을 주었다.

순교한 손 목사는 임강현에 교회를 세운 후에 압록강 연안에다 새로운 교회를 개척하기 위해 자주 왕래하였다. 압록강 지역인 평북 자성에 있는 오봉산 교회에서 주일예배를 인도하고 있었다. 이때 수비대인 일본 헌병들이 갑자기 들어와 독립군 밀정이라는 죄명을 씌워 구치소로 끌고 갔다. 구치소에서 온갖 고난과 핍박을 받았지만 독립군이라는 자백을 받지 못하자 오수덕이라는 산속 골짜기로 끌고가 총살 당하였다.

손 목사의 시체는 2년 뒤에 발견되어 안장하였는데 이 소문이 만주지역과 교회를 개척하기 원하던 압록강 지역에 알려지면서 큰 부흥이 일어나게 되었다. 교단에서는 이를 계기로 중국인을 위하여 전도회를 조직하고 중국인 전도사를 파송하여 10개 처에 교회를 설립하였다.

또한 4년 뒤인 1925년 4월에는 만주 길림성 지역에서 개척 전도하던 김상순, 안성찬, 이창희, 박문기, 김이주, 윤학영 등 6인의 전도인들이 조선 독립군들에게 붙잡혀 일본의 정탐꾼이라는 오인을 받고 총살로 순교하는 안타까운 일이 벌어지기도 했다.

김상순, 안성찬 두 전도인은 화전현에서 이창희, 박문기, 김이주, 윤학영 등 4인은 길림성에서 각각 순교를 당하였는데 이 같은 사실은 제2진으로 그해 9월경에 길림성 지역으로 떠났던 주병권, 박청숙, 정용운 등의 전도단들에 의해 알려지게 되었다.

이 같은 순교의 소식이 그 당시 전도의 도화선이 되어 전국을 비롯하여 만주와 중국 본토까지 복음이 전해지고 교회마다 부흥의 불길이 일게 되었던 것이다.

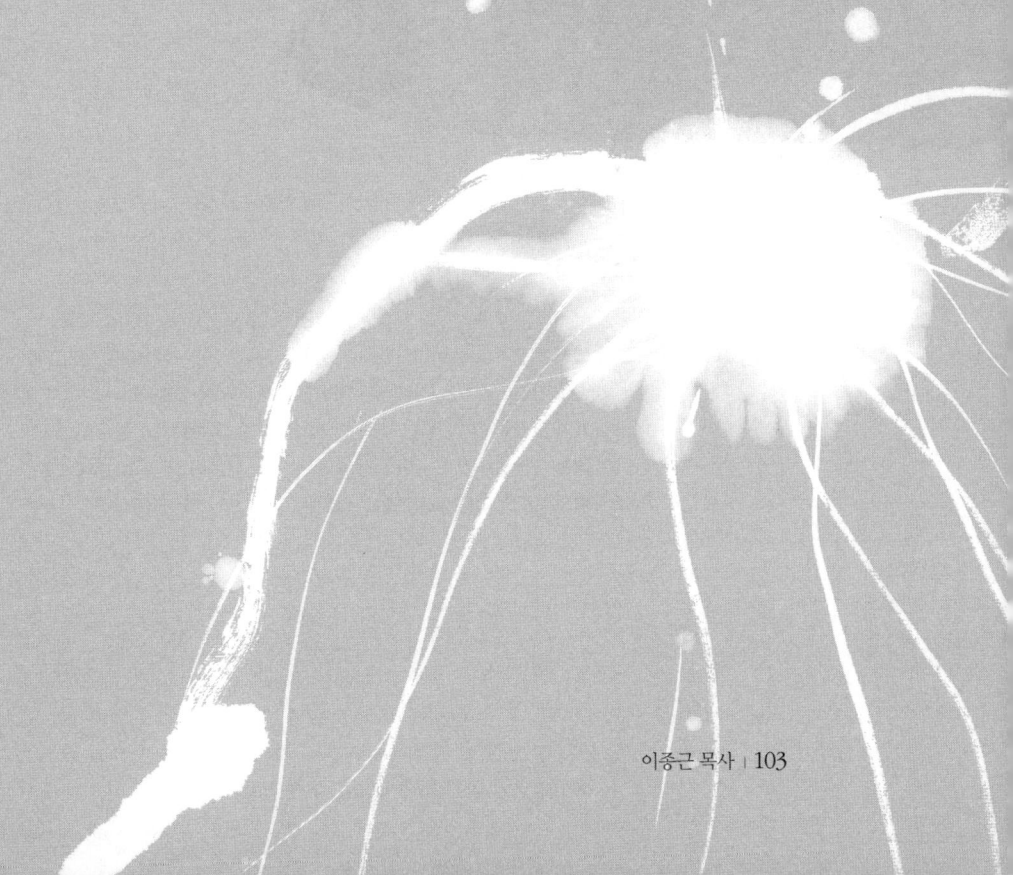

따뜻한 남쪽나라 복음의 선구자
장석천 목사

장석천 목사

전도에 불타는 그의 정열은 밤하늘을 울렸고, 그래서 그의 노상설교를 듣기 위해 모인 사람들로 인산인해를 이루었다. 그의 설교에 은혜를 받은 무리들은 그를 가마로 모셔가곤 했었다. 17세에 스태드만 선교사에게 침례를 받고 공주 성경학교에서 수학한 그는 오직 전도에만 일생을 보냈다. 한때는 성경학교에 교사로 후진 양성에 힘을 쏟았고, 미남침례교와의 제휴에는 누구보다 그의 공이 컸다.

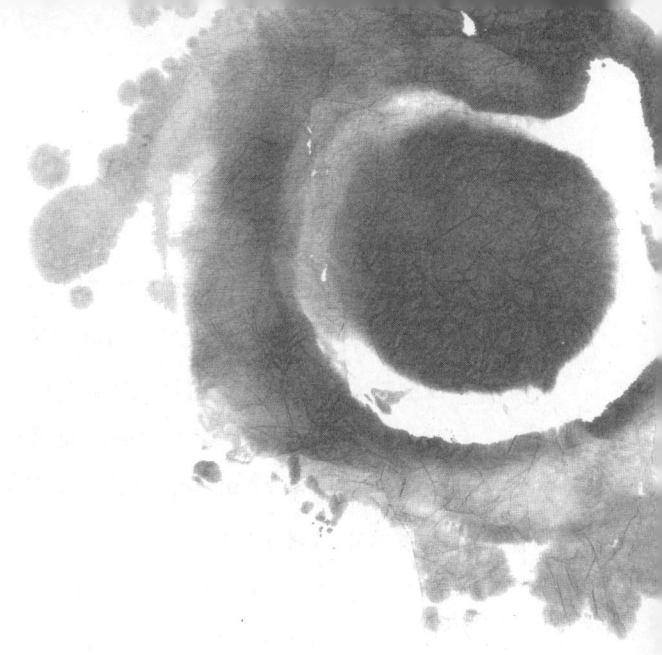

─── 장석천(張錫天) 목사는 1885년 11월 19일 충청남도 부여군 임천면 칠산리에서 장기영 감로의 아들로 태어났다. 1902년 칠산 교회에서 성실하게 신앙생활하던 장석천은 2차로 실시되던 금강 침례식에서 스테드만 선교사에게 침례를 받았다.

1901년 9월 그는 펜윅 선교사와 신명균 선생을 만났다. 이것이 인연이 되어 1902년 10월부터 신명균 선생에게서 성경과 한문을 배웠다. 1903년 2월 10일에는 성경학교에 고문중, 황태봉과 함께 입학하여 공부했다. 1906년 4년간 학교생활을 마치고 졸업하자 교사 직분을 받고 하나님의 복음을 전하는 일선에 나서게 되었다. 장 교사는 강경과 공주지방에 파송되었다. 1909년 9월 목사 안수를 받고 공주 성경학교와 부설 측량학교를 담임하며 학생들을 가르쳤다.

총회에서는 장석천 목사를 영동과 옥천지방 그리고 경상도와 함경도 지방을 순회하며 전도하도록 파송했다. 그가 가는 곳에는 교회가 세워졌다. 마을에 들어가 하나님의 복음을 전하면 얼마되지 않아 복음을 받아들이는 사람이 생겼다. 이들과 함께 예배를 드리고 함께 전도했다. 차츰 더 많은 사람들이 교회로 들어와 믿음을 고백하면 이들을 모아 교회를 세웠다. 여러 사람이 모여 예배를 드리고 합심하여 기도하면 자연스럽게 그 마을에 교회가 세워졌다. 이것은 놀라운 일이었다. 성령께서 함께하지 않으면 도저히 불가능한 일이었다. 이렇게 시작한 교회는 전국 곳곳에 많이 세워졌다.

세월이 흐르고 연로해지자 장석천 목사도 기력이 약해졌다. 전국을 돌며 하나님의 복음을 전하기에는 힘이 부족했다. 그는 고향에 돌아와 칠산 모교회에서 생애가 다하도록 주님이 주신 사명을 감당했다.

장 목사는 아버지인 장기영 감로의 가르침과 성경 말씀을 따라 철저한 십일조생활을 하여 신앙인들의 본이 되었다. 농토가 많아 가을이면 추수한 곡물이 매우 많았다. 장석천 목사는 이를 꼼꼼이 계산하여 철저하게 십일조를 교회에 드렸다. 또한 교회의 성물을 관리하는 관리집사의 직분을 맡기도 했다. 직분을 맡고부터 성물을 너무나 잘 관리하여 장 목사가 관리하는 교회의 성물들이 항상 깨끗하게 빛을 냈다고 한다. 예를 들면 주일헌금은 꺼낼 수 없도록 된 함에 넣고는 교회 일이나 하나님의 사역을 할 때 외에는 절대로 헌금을 꺼내지 못하게 했다.

모든 일에 철저했던 장 목사는 신중하고 의롭고 거룩한 삶에 모범이 되기 위해 자신이 한 말은 행동으로 옮겼고 맡은 일에도 성실하고 진실했다.

전도활동

─── 장 목사는 전국을 누비며 하나님의 복음을 전했다. 낮에는 개인적으로 한 사람씩 만나 복음을 전하고 밤에는 마을 사람들을 모아 놓고 설교했다. 이러한 그의 사역은 매일 계속되었으며 많은 사람들을 그리스도께 인도하였다. 당시 일본과의 을사보호조약이 맺어져 경성에 일본 통감부가 설치되고 헌병들과 경찰들이 전국에 거미줄 같은 망을 형성하고 한국 정치와 사회를 직접 지배하기 시작했다.

주권은 침탈되고 사회는 점점 어둠 속으로 빨려 들어갔다. 많은 사람들이 일제의 앞잡이로 나서면서 불신풍조가 심해지고 더불어 저항하는 세력들도 많아졌다. 전국에 걸쳐 일본에 저항하는 세력들이 나타났다. 1907년 일본에 항거하는 세력이 전국적으로 조직적으로 나타났다. 이러한 혼란은 우리 국민들을 마치 목자 잃은 양같이 의지할 곳 없이 방황하게 만들었다.

교회 지도자들은 밤에 집회를 열고 하나님의 복음을 선포했다. 희망의 복음을 듣는 사람들은 많은 위로를 받았다. 교회에서 집회를 열면 인근지역의 많은 사람들이 교회에 모여들었다. 전국을 순회하며 집회를 했던 장 목사의 전도집회에도 수많은 사람들이 모여들었다. 적당한 장소가 없었던 이 당시 들판에 천막을 쳐 놓고 집회를 열기도 하고 마을 광장 끝에서 밤늦도록 복음을 외쳤다. 성령께서 장 목사의 사역에 기름 부으심으로 가는 곳마다 교회가 세워졌다.

이러한 소문을 들은 이웃 마을에서는 야단이었다. 집회가 끝나면 가마를 대기하고 있다가 모셔가기도 하고 말을 태워 자기 마을로 데리고 갔다. 장석천 목사의 전도집회를 통해 이종덕, 손필환, 노채천 목사가 회개하고 하나님의 품으로 돌아와 침례 교단에서 큰일을 했다.
　　　　　1911년 전국을 돌며 전도집회를 계속하던 장 목사는 피곤이 누적되어 병석에 눕게 되었다. 병원에서는 회복될 가망이 없다고 했다. 그러나 하나님의 능력으로 기적처럼 회복되어 생애를 마치는 날까지 하나님의 복음을 이 땅 곳곳에 전하며 건강하게 살았다. 장 목사는 교단 일에도 열성적으로 참여하였다.

옥중에서 건강 찾은 장 목사

――――― 1931년 칠산 교회 담임 목사로 있을 때 전국을 순회하는 전도 집회를 너무 무리하게 강행하면서 병이 들었다. 겨울이면 몸을 움직이지 못하고 병석에 누워 보냈고 여름이 되면 겨우 일어나 교회 일을 돌볼 수 있을 정도로 쇠약했다.
　　　　　1937년 중일전쟁에서 승리한 일본은 한민족의 말살정책에 더욱 박차를 가했다. 신사참배를 강요해서 모든 학교와 단체가 신사참배를 했다. 이를 거부하는 교회는 무자비하게 탄압했다.
　　　　　1942년 9월 7일 원산사건이 일어났다. 장 목사를 비롯한 침례 교단 지도자 32인이 감옥에 갇혔다. 일제가 발효한 치안유지법 위반이라는 말도 안되는 이유로 구속했다. 장 목사는 2년 동안 감옥에서 혹독한 고문을 받았고 3년 7개월 집행유예를 언도 받고 풀려났다.

선교부 초청에 공을 세운 장 목사

───── 1945년 8월 15일 조국해방의 종소리가 울려 퍼지자 온 국민들은 감격과 환희의 도가니에 빠졌다. 모두 다 손에 손에 태극기를 들고 목이 터져라 대한독립 만세를 외쳤다. 그러나 해방의 기쁨도 잠시뿐이었다. 사회는 또다시 혼란스러웠다. 정당이 난무하고 사회 단체들이 난립하였다. 공산주의자들까지 사회의 일원으로 끼어들어 혼란을 부추겼다. 미소 양국은 북위 38도에 선을 긋고 우리나라를 남북으로 나누고 말았다. 남쪽에는 미국이 주둔하게 되었고 북에는 소련군이 진주해 북한을 점령했다. 이때 남과 북에 있는 교회도 자연스럽게 분리되어 서로 만날 수 없게 되었다. 북에 있는 침례 교회들을 다시는 볼 수 없게 되었다.

　　　　　우리 교단의 관계자들은 일제의 압박 속에서 폐쇄되었던 교단을 다시 세우기 위해 모든 교인들이 한마음 한뜻으로 일했다. 남한에 있는 교회를 수습하기 위해 동분서주하였고 교회의 발전과 부흥을 위해 장기적인 계획을 세웠다.

　　　　　장 목사는 교단의 장래를 위해 외국 선교부의 필요성을 인식하고 당시 미국 남침례교 외국선교부와 제휴하기 위해 한기춘 목사와 함께 힘썼다. 이들의 숨은 노력이 결실을 맺어 염원하던 선교부의 초청이 실현되었다. 이때 내한한 선교사와 만나 제휴관계를 성취하였다. 이러한 일을 하던 중 장석천 목사는 1949년 9월 2일 갑자기 하나님의 부름을 받아 미망인과 독자 장일수 목사를 남겨놓고 하나님의 품에 안겼다.

이 땅에 순교의 나무를 심은 올곧은 신앙의 선배
김재형 목사

김재형 목사

그가 전도해서 낳은 인물은 대개 이 교단의 중진적인 역군이 되거나, 순교자로서, 역시 좋은 열매를 맺는 나무였다. 그의 나의 26세 때 입교, 27세 때부터 경흥지방으로 파송받아 활약하였다. 그는 성경을 다독하기로 유명했고, 주의 말씀으로 교회를 세우는 데 큰 역할을 한 든든한 초석이었다.

─── 김재형(金在衡) 목사는 1882년 충청북도 단양군 가칠면에서 태어났다. 김재형은 어려서부터 두뇌가 명석하였고 특히 기억력이 뛰어났다. 25세 되던 1906년 순회 전도인에게 복음을 듣고 개종하여 예수 그리스도를 믿기 시작했다. 교회생활은 평소의 소신대로 충성스럽고 성실하게 했다. 교회에서 하는 모든 사역에 헌신적으로 봉사하는 모습이 교인들의 본이 되었다.

특히 복음 전도에 있어서 남다른 열정을 보였다. 그는 같은 마을에 살고 있는 동리 사람들에게 열성적으로 복음을 전했다. 이웃 마을에도 걸어 다니며 말씀을 가르치고 급기야는 먼 고장에까지 가서 하나님의 말씀을 가르쳤다. 김재형이 전하는 말씀을 듣고 주께로 나오는 이들이 많아 이들을 교회로 인도했으며 교회에서 너무 멀리 떨어져 있는 사람들은 직접 찾아가서 함께 예배를 드렸다.

이렇게 열성적으로 일년여 동안 하나님의 복음을 전하자 교단에서도 그를 인정해 주었다. 1907년 교단은 전도인으로 그를 임명했다. 전도인이 되고 난 후 첫 번째로 파송된 곳이 경흥지방이었다. 정식으로 파송된 김재형 전도인은 더욱 열성적으로 복음을 전하고 이들에게 하나님의 말씀을 가르쳤다. 그러므로 이곳에서 많은 열매를 맺었다. 그 열매로써 교회가 곳곳에 세워지게 된 것이다.

10여 년을 하나님의 복음을 전하면서 한편으로 성경을 열심히 연구했다. 3·1 운동이 일어나던 해인 1919년 백남조, 김영진 등과 함께 목사 안수를 받았다. 전도인에서 목사로 안수받는다는 것은 새로운 생활의 시작을 의미하는 것이다. 세상의 잡다한 일들과 선을 긋고 경건한 삶을 살아야만 한다. 목사 안수를 받은 김재형은 이러한 삶에 익숙해지도록 경건을 훈련했다.

3·1 운동이 일어나자 일본 정부는 매우 당황해했다. 한국인의 저항에 놀란 것이다. 일제의 식민지 정책이 더욱 교묘해졌고 교회를 향한 감시의 눈초리가 더욱 심해졌다. 마치 큰 폭풍이 일기 일보직전의 고요함과 같았다.

1942년 일제에 의한 신사참배가 조직적으로 전국에서 행해졌다. 신앙인들도 예외가 될 수 없었다. 당시 많은 교회들이 신사참배에 동참했다. 그러나 김재형 목사와 침례 교단의 모든 교회는 이를 강력히 거부했다. 침례교회를 이끌고 있던 김 목사를 비롯한 지도자들은 감옥에 갇혔다. 감옥에 갇힌 이들에게는 고문이 가해졌다. 일제의 고문은 세계적으로 악명 높을 만큼 혹독하고 무서웠다. 그러나 혹독한 고문 속에서도 믿음을 저버리는 사람은 없었다. 이들은 믿음의 숭고한 뜻을 끝내 저버리지 않고 지켰다.

　　　　1944년 5월 만 2년 동안 감옥에서 갖은 고문과 협박 속에서도 믿음을 저버리지 않은 이들을 일제는 굴복시키지 못하고 감옥에서 풀어주었다. 감옥에서 나온 김 목사는 여전히 교회를 돌보고 하나님의 복음을 널리 전했다. 오히려 감옥에 갇히기 전보다 더 힘있게 일했다.
　　　　주의 종으로 평생 동안 교회에서 헌신하면서 후진들에게 부끄러움 없는 목회자로서 모범을 보였다. 김재형 목사의 전도를 받고 믿음을 가진 이들 중에 많은 이들이 순교를 당했다. 또한 김 목사를 통해 어려운 난관을 극복하고 교단을 지킨 지도자들도 많이 배출되었다.

경흥, 간도 지방의 전도생활

─── 김재형 전도인은 1907년 총부로부터 전도인의 직분을 받았다. 이때 자신의 모든 생애는 주님을 위해 존재한다는 걸 깊이 깨닫고 평생 주님을 위해 살 것을 굳게 결심했다. 그 해 충남 부여군 칠산 교회에서 김경춘과 함께 경흥지방으로 파송을 받아 그 지역을 전도하는데 중책을 맡았다. 그는 이곳에서 열심히 전도했다. 그 때 주님의 품으로 돌아온 교인들 중 박성봉, 한봉관, 박성은 등은 본 교단의 충성스런 목회자로 하나님의 교회를 위해 봉사했다. 이후 간도로 파송되어 이곳에서도 많은 사람들을 주님께 인도했다.
　　　　나무는 그 열매를 보아 안다는 말씀처럼 김 목사는 그가 맺은 열매로서 그의 주님을 향한 헌신된 삶을 짐작할 수 있게 한다. 후에 김 목사는 함경도 원산으로 이사했으며 그곳에서 하나님의 복음을 전했다.

이방인과 혼인 절대 금지

─── 현 세대는 당사자들의 결정으로 결혼을 한다. 그러나 이때는 부모들에 의해서 배우자가 결정되었다 그래서 결혼식장에서 처음 배우자를 보는 경우도 있었다. 설혹 남녀가 서로 사랑한다 해도 부모의 허락 없이 결혼하기란 어려웠다.

침례 교단에서는 불신자와의 결혼을 금지하고 있었다. 이것은 교회에게 어려운 문제를 던져주었다. 교인 수가 얼마되지 않는 본교단에서 결혼 적령기에 있는 남녀의 비율이 너무 많은 차이가 났던 것이다. 이로 인해 결혼 문제는 오랫동안 교단의 숙제로 남게 되었다.

김재형 목사의 서른이 된 미혼 남동생이 배우자를 구하고 있었다. 1923년 헌평 교회(지금의 용궁 교회)에서 개최되었던 경북지방 당회에 김 목사 형제가 참석했다. 이 자리에는 많은 교역자들이 참석하였고 그들 중에는 노상묵 교사의 여동생 노안나 양도 참석하였었다. 총회에 참석한 사람들이 이들 두 사람의 결혼을 성사시키려고 했다. 양가의 뜻이 일치하자 그 자리에 함께 있던 교역자들의 권유에 의해 즉석에서 이종덕 안사의 주례로 결혼식이 거행되었다. 당시 신랑이었던 김재형 목사의 동생 김용제는 이후 교단의 목사가 되어 교회에서 헌신하였다.

이와 같이 믿음의 형제들이 권하는 말은 조건을 달지 않고 순종하는 성품을 가진 김재형 목사는 교단의 모든 교역자와 교인들에게 믿음직한 하나님의 일꾼이었다. 결혼식이 이루어졌던 당회는 지금의 지방회와 성격이 같은 것이다. 보통 일주일 간의 일정으로, 사경회를 통하여 함께 은혜를 받고 교우 상호간의 정을 돈독히 하는 모임이었다. 당시 구역회는 많은 성도들이 하나님의 은혜를 체험하는 집회였다. 물론 이 기간 중에 당회 운영에 필요한 사무처리를 했으며 당회에는 가능한한 전 교인이 모여서 함께 은혜받는 시간을 가지고자 애썼다. 이때 주최 교회의 성도들은 모이는 교인들의 침식을 나누어 맡아 제공했으므로 일 년 중 가장 큰 행사였다.

성경다독은 주양반 되는 길

─── 본 교단의 창설자인 펜윅 선교사가 전국의 교인들에게 성경을 많이 읽도록 권장하는 글을 발표했다. 1921년도에 교단에서 개교회에 공문이 내려가면 온 교회는 이에 순종하였다. 펜윅 선교사는 "성경을 넉넉히 보면 주양반이 된다"고 가르쳤는데, 각 교회에서는 성경을 읽는 운동이 회오리 바람같이 일어났다. 원래 펜윅 선교사의 선교전략은 다른 교파나 이미 복음이 들어가 있는 지역을 벗어나 복음을 한 번도 들어 본 적이 없는 산골이나 농어촌에서 전도하는 것이었다. 그래서 침례 교단은 농어촌과 산촌에 특히 교회가 많다.

성경을 많이 읽자는 운동을 벌이고 있는 교단 본부의 권면을 개교회들은 잘 받아들였다. 성경을 많이 배우고 익히는 교회는 이상적이면서도 성경적인 신앙인으로 자랐다. 특히 농한기인 겨울은 성경을 읽는 계절로 안성맞춤이어서 교인들이 성경을 많이 읽었다. 성경을 수백독한 교인들을 비롯하여 수십독한 교인들은 부지기수에 달했다. 자연스럽게 교인들이 모이면 성경 이야기가 꽃을 피웠다. 특히 당회나 대화회에 참석하는 교인들은 성경을 모르면 서로 어울려 이야기 할 수 없을 정도였기 때문에 성경을 열심히 읽을 수밖에 없었다.

김재형 목사와 김용제 목사 형제는 성경에 해박한 지식을 가진 목사로 알려져 있었다. 특히 김용제 목사는 모든 성경을 거의 암송하다시피 했다고 전해진다. 오늘날 한국에서 침례교회가 보수교단으로 성장하고 있는 것은 복음이 들어오던 초창기부터 주님의 말씀 위에 교회를 세우는 데 선배들의 노고가 결정적인 역할을 했다고 할 수 있다.

　　밀물처럼 밀려오는 새로운 사조들과 성경을 다르게 해석하는 많은 자유신학이 범람하는 현대사회에서 교단의 발전과 반석 위에 선 굳건한 믿음으로 바로 서기 위해서는 오직 하나님의 말씀인 성경에서 찾아야 할 것이다.

뒷이야기 2

김재형 목사가 입교하던 1906년은 우리 교단이 충청도 강경에서 첫 번째 대화회를 갖던 해였다. 그리고 교단 본부를 원산에 두고 초대 감목으로 추대된 펜윅 선교사는 한국 전역과 남북 만주 그리고 러시아 영토인 시베리아 등에 전도 지역을 확장할 것을 결정하는 등 대륙적인 계획을 수립했다.

이러한 계획을 실천하기 위해 일차적으로 구역을 설정하는 동시에 구역책임자를 세우고 중국 대륙에 복음을 전하기 위해 한태영(용인 출신) 등 4명의 전도단을 조직하고 이들을 간도로 파송하였다.

당시 교세로는 4구역 즉 원산, 강경, 공주, 영동 등에 100여 교회가 세워졌으며 1백여 명의 전도인이 전국에서 복음을 전하는 등 눈부신 발전을 거듭하고 있었다. 교단에서는 46조항에 달하는 교규를 마련하여 교단으로서의 면모도 갖추어 갔다.

침례 교단의 부흥강사
한봉관 목사

한봉관 목사

본 교단이 낳은 대부흥 강사인 한봉관 목사는 그의 나이 54세 때 순직하였다. 그가 인도하는 집회는 언제나 은혜의 도가니였고 그 힘은 만주·시베리아 지역의 당당한 개척자로서 뻗어나갔다.

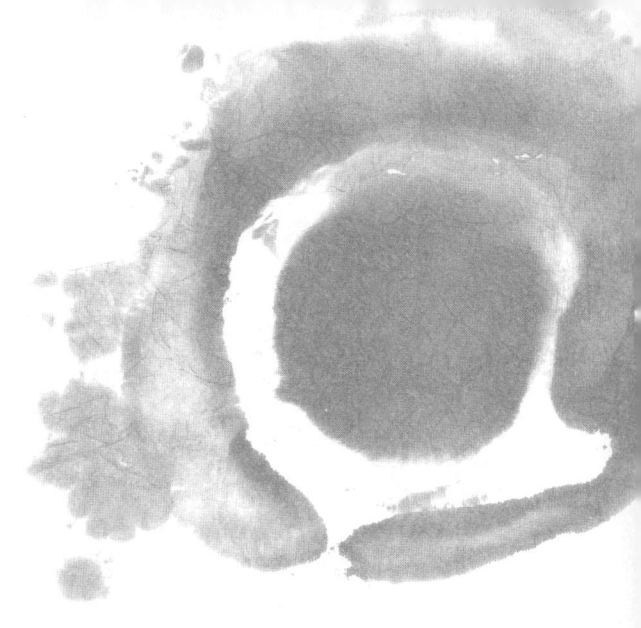

─── 한봉관(韓鳳官) 목사는 1888년 함북 경흥군 증산동에서 태어났다. 전통적인 유교가정에서 성장한 한봉관는 공자의 가르침인 사서삼경을 공부하였고, 불교 교리도 많이 알고 있는 지식인이었다. 그러나 19살 되던 해에 예수 그리스도를 구주로 영접하였다. 이때는 우리나라가 가장 혼란스럽던 1907년이었다.

그는 충북 단양 출신인 김재형 전도사와 충남 부여 출신 김경춘 전도사에게서 하나님의 복음을 처음으로 들었다. 그후 예수 그리스도를 나의 구주, 나의 하나님으로 고백하고 교회생활을 통해 믿음을 돈독히 세워나갔다. 어떤 지식이든 쉽게 깨닫는 그의 해박한 지식을 바탕으로 그는 얼마 지나지 않아 성숙한 신앙인으로 거듭나게 되었다. 그리고 전도자로 소명을 받고 고향과 가정을 떠나 전도여행을 시작했다.

1917년 간도에 있는 종성동 교회에서 개최되었던 대화회에서 노재천 목사와 함께 목사 안수를 받았다. 이때부터 목회자로서 교회를 돌보기 시작했다. 각 지역에 빠르게 교회가 개척되었지만 교회를 돌보는 목회자의 숫자는 많이 부족했다. 그당시 많은 교회에는 지도자가 없었다. 그래서 목회자 한 명이 많은 교회를 순회하며 맡고 있었다.

목회자들은 여러 교회에서 예배를 인도하기 위해 먼길을 걸어서 여행을 해야만 했다. 한 주간에 맡은 구역의 교회를 다 돌보기란 쉬운 일이 아니었다. 교회도 돌보고 또 인근 마을에 가서 복음을 전하기도 했으므로 쉴 틈이 없었다. 당시 목회자로 세움 받고 교회를 돌본다는 것은 자신을 온전히 희생해야만 가능한 일이었다.

한봉관 목사는 1919년 3·1 운동이 나던 해에 경흥과 중성 그리고 해삼위 지방으로 순회 목회를 했다. 순회목회는 고행 그 자체였다. 그 당시에는 교통수단이 발달되어 있지 않았다. 형편이 나은 목회자

1929년 시베리아 지역의 공산당에게 추방되어 함북 웅기 지방으로 피난온 교인들을 원산총부에서는 이들의 수용을 위해 각 교회에 광고, 구호운동을 전개하여 기독교의 사랑으로 반겨주었다(한봉관 목사가 원산 총부에 보고하여 이루어졌음).

동아기독교 전도대

들은 자전거를 타고 다녔으나 자전거를 가진 목회자가 전국에 몇 명밖에 안 되었다. 순전히 걸어서 수십 리에 흩어져 있는 교회들을 돌보아야 했다. 일주일 동안 수백 리를 걸어야만 모든 교회를 돌볼 수가 있었다. 이렇게 수백 리를 걸어다니며 교회를 돌아보고 집에 오면 발은 퉁퉁 부르텄고 온몸은 녹초가 되기 십상이었다.

1924년에는 간도지방에서 시베리아와 노령지역으로 목회지를 옮겼다. 그는 마을을 돌며 열심히 복음을 전하였다. 그리하여 많은 교회가 세워졌다. 당시 이 지역에 3백여 교회가 들어섰다고 전하는데 이것은 놀라운 부흥이었다. 성령께서 강하게 일하시던 초대교회의 능력이 나타난 것이다.

그는 1942년 해방을 불과 3년 남겨 놓고 회령 교회에서 사경회(부흥회)를 인도하던 중 쌓인 피로를 못 이기고 쓰러졌다. 급히 방으로 옮겨 의원을 불렀지만 끝내 일어나지 못하고 순직하였다. 그가 몇 달만 생명이 연장되었더라면 교단의 임원들과 같이 형무소에 투옥되었을 것이다. 슬하에 미망인과 2남 2녀를 남겨 놓은채, 54세의 일기로 주님 나라에 부름을 받았다. 그의 생애는 길지는 않았지만 한국 교회에 그가 남긴 믿음의 향기는 그윽하고 깊었다. 또한 누구보다 주님을 사랑한 믿음의 선진이었다.

부흥사로 크게 활약했던 한 목사

─────── 1917년 종성동 교회에서 개최되었던 12회 대화회에서 전도생활 10년 만에 노재천 목사와 함께 목사 안수를 받은 한봉관 목사는 침례 교단이 낳은 훌륭한 부흥강사였다. 그가 인도하는 집회는 언제나

북방선교의 전도인들(최응선 · 이종덕 · 전치규 · 한봉관)

은혜의 도가니로 변했다. 평소의 인자한 성품이 그대로 묻어나는 설교 말씀은 꾸밈없이 성도들에게 전달되었다. 더구나 성경의 오묘한 진리를 깨우치는 말씀들은 누구든지 한 번 들으면 예수 그리스도를 영접하지 않을 수 없었고, 모든 사람들이 그의 깊이 있는 설교에 감탄하지 않을 수 없었다. 이러한 그의 설교는 그 당시 타의 추종을 불허할 만큼 탁월했다.

자연히 그의 설교는 전국에 있는 모든 교회에 소문에 소문을 몰고 퍼졌 나갔고 집회는 초만원을 이루었다. 인근에 있는 교인들은 물론 인근 마을 사람들도 큰 관심을 가지고 부흥회에 참여했다. 집회에 참여한 많은 사람들이 눈물로 회개하고 예수님을 영접하고 신앙인으로 거듭났다. 이렇게 시작된 교회의 부흥은 놀라운 것이었다. 이처럼 말씀을 증거하는 특별한 은사를 받은 한 목사는 잠시도 쉴 틈이 없었다. 전국 교회에 부흥회 일정이 빼곡히 잡혀 있었을 뿐만 아니라 담당한 지역의 교회를 돌보는 등 쉴 틈이 없었다.

본 교단의 창설자인 펜윅 선교사도 "한봉관 목사는 우리 교단의 보배요 주님 나라의 보배 중의 보배입니다"라고 칭찬을 아끼지 않았다. 펜윅 선교사가 북한 지역과 만주 지역 그리고 시베리아 지역으로 전도여행을 갈 때는 꼭 한봉관 목사와 동행했다.

1924년 펜윅 선교사는 사실상 마지막 순회 전도길에 올랐다. 남북 만주와 노령 그리고 시베리아 지방의 교회를 방문하기 위해 원산을 출발하여 경흥과 증산에 이르렀으나 길이 막혀 국경을 넘을 수가 없었다. 국경을 넘을 기회를 얻기 위해 며칠을 기다렸으나 끝내 뜻을 이루지 못하였다. 이때 5개월 동안 펜윅 선교사는 한봉관 목사의 집에 머물면서 성경을 공부하면서 함께 교회를 돌보았다.

하루는 펜윅 선교사와 함께 나진 뒷산에 오르게 되었는데 해륙을 한참 바라보던 펜윅 선교사는 말하기를 "한 목사, 내가 한국에서 돈을 벌 목적이었다면 이 갈밭들을 사겠습니다"라고 불쑥 말하였다. 한 목사가 그 이유를 묻자 펜윅 선교사는 "이 지대는 장차 유명한 요지가 될 곳이기 때문이요"라고 답변하였다고 한다. 그후 별로 보잘 것 없는 갈밭이며 황무지로 버려진 이곳에 항구가 개발되었고 크게 번창하였다. 그 때 일을 두고 한봉관 목사는 펜윅 선교사는 선견지명이 있는 분이라고 증언하였다고 한다.

수난 교회 구호에 공헌

──── 한봉관 목사는 만주와 시베리아 지역에서 일했다. 부흥회를 인도하는 곳에는 많은 사람들이 회개하고 개종했기 때문에 많은 교회가 개척되었다. 그러나 이곳이 공산화되면서 복음을 사수하던 그리스도인 대부분이 희생되었고, 때론 믿음을 버리는 사람들도 있었지만 지금도 지하 교회에서 믿음을 지키는 사람들이 있다고 전해진다. 한봉관 목사는 양을 사랑하는 목자의 심정으로 교회를 돌보았다고 증언했다. 1927년 시베리아에는 만주 등지에서 공산당원 등이 난입해 방화와 살인을 일삼았다. 그곳 주민들은 늘 불안하고 초조한 시간을 보냈으며 안심하고 살 수가 없어 압록강을 건너 한반도로 내려왔다. 한 목사는 이들에게 특별한 관심을 쏟았다. 이들을 올바로 인도하기 위해 이들을 도왔고 복음을 전했다. 그러나 1929년부터 공산

당원들은 기독교인들을 추방시키기 위해 난동을 부렸다. 많은 교인들이 쫓기어 함경북도 웅기 지방으로 피난해 왔다. 이때 피난온 사람들 중에는 임창준 감로, 김봉순, 윤응준, 전학선, 전봉춘, 손윤근 등과 가족들이 있다.

한 목사는 이들을 지역 교회에 나누어 삶의 보금자리를 마련해 주기 위해 최선을 다했다. 그러나 워낙 인원이 많아 감당하기에는 불가능했다. 그래서 이러한 실정을 원산 총부에 보고하는 한편, 피난민들의 월동 대책에 대한 계획을 세웠다. 그래서 총부에 도움을 요청했고 모든 교회에 이 사실을 최대한 많이 알렸다.

원산 총부에서는 한 목사의 보고서를 면밀히 검토하고 곧 전국 교회에 광고하는 동시에 본격적인 구호운동을 전개하여 이들에게 따뜻한 월동 대책을 세워주었다. 온 교우들이 내 것 네 것을 따로 생각하지 않고 필요한 모든 재산을 교회로 가져와 함께 나누었다. 이때 신약시대 초대교회의 유무상통의 역사가 우리나라에서 이루어졌던 것이다. 이러한 상황은 우리나라에 하나님의 복음이 뿌리 내리는 데 큰 힘이 되었다.

한봉관 목사는 깔끔한 성격의 소유자이기도 했다. 매사를 빈틈없이 계획하고 준비하여 실수가 없었다. 선배들에 대해서는 언제나 겸손하고 깍듯했으며 후배들에게는 아낌없이 후원함으로 교단의 모든 교역자들에게 존경을 받았다.

복음의 푯대를 바라고 달려간
백남조 목사

백남조 목사

신사참배와 황궁요배의 반대요지의 공문을 작성하여 전국 교회에 발송한 백남조 총무는 그 일로 인해 옥고를 치뤄야 했다. 또한 그는 본 교단 대표 인물 32인과 같이 2년간 함흥 형무소에서 지독한 영어생활을 하였다. 원산 총부를 지키는, 아니 우리 교단을 지키는 파수병으로 그는 너무도 충성스런 일꾼이었다. 6·25 때 비행기 폭격으로 희생당한 비극사의 한 증인으로 우리들 정신에 숭고히 기억되고 있다.

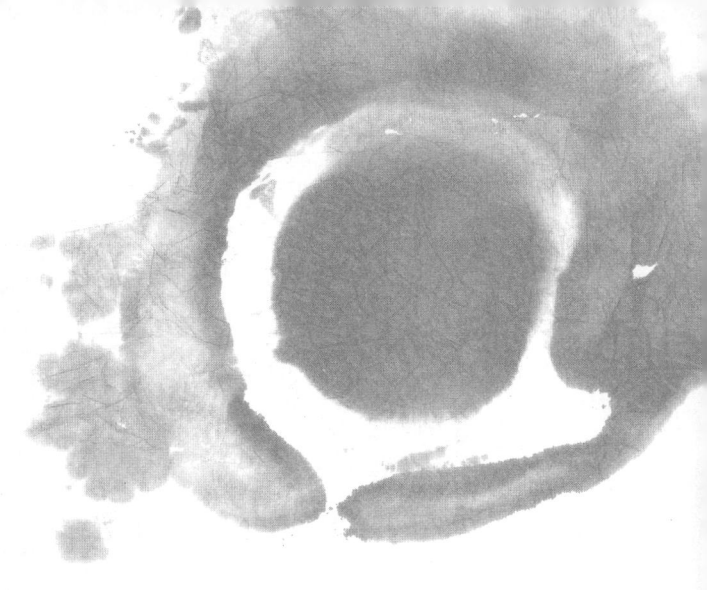

──── 백남조(白南祚) 목사는 1875년 6월 9일 경북 영일군 송라면 광천리에서 백운락 씨의 4남 1녀 중 장남으로 태어났다. 1910년 그의 나이 35세가 되던 해에 예수 그리스도의 복음을 누군가로부터 듣고 예수를 믿기로 마음을 정하고 교회에 다녔다. 2년 동안 교회에 다니면서 하나님의 복음을 배운 백남조 성도는 1912년 총부로부터 정식 임명을 받고 전도인의 생활을 시작했다. 그리고 7년 후인 1919년 간도 종성동에서 개최되었던 대화회에서 김재형, 김영진 등과 함께 목사 안수를 받았다.

　　　백남조 목사는 주로 울진, 울릉도, 예천, 제천, 포항 지역에서 사역했으며 후에 북간도 지역에서도 복음을 전했다. 1925년 원산에 있는 총부에서 서기(현 총무직)로 교단의 사무와 행정을 관할하였다. 서기는 교단의 모든 일을 관여하게 되어 있었다. 복음사역도 총지휘했다. 1935년 백 목사는 일제가 강요하는 신사참배와 황궁요배를 거부했다. 유일한 하나님을 믿는 신앙인으로서 우상에 절하는 것은 불가하다는 생각을 확고히 가지고 있었기 때문이다. 이러한 뜻은 혼자 품고 있을 수는 없어 공문을 만들어 전국 교회에 보냈다. 이것이 일제에게 발각되면서 원산 경찰서에 체포되었다. 이때 김영관 감목, 이종덕 안사, 전치규안사, 노재천 목사와 같이 감옥에 갇혀 옥고를 치르기 시작했다.

일본의 황민화 정책에 항거하는 문서를 전 교회에 배포한 혐의로 관원에 의해 체포당했던 김영관 감목과 당시 서기(총무) 직을 맡았던 백남조 목사(앉은 분이 김 목사 서있는 분이 백 목사). 이때 이종덕·전치규·노재천 목사 등 5인은 5개월간 영어의 생활을 했다.

3개월 동안 모진 고문을 당한 후, 형무소로 송치되어 5개월간 감옥에서 생활했다. 그 후 3년 집행유예를 선고받고 석방되었다. 그러나 1942년 6월 일본 관원에 의해 본 교단의 임원들이 모두 검거되었을 때 백남조 목사도 함께 투옥되었다. 1944년 8월 8일 집행유예 5년을 언도받고 풀려났다.

1945년 이 땅에 광복이 찾아왔다. 백남조 목사는 자유의 몸이 되어 고향으로 돌아갔다. 고향에 있는 교회에서 5년 동안 목회했다. 1950년 6·25 전쟁이 발발하여 고향 땅이 공산당에 의해 점령되었다. 공산당원들을 피해 인근의 조사리 해변에 있는 집에 숨어 있었는데 그가 숨어 있는 집을 폭격하자 피하지 못하고 숨졌다.

인재 배출에 공헌한 백 목사

──── 백남조 목사는 인재 양성에 뜻을 가지고 있었다. 어려서부터 배운 한학을 후학들에게 가르치기 위해 한문학원을 운영하여 나라의 인재를 키우는 데 힘을 쏟기도 했다. 신학문이 들어오자 우리나라의 젊은이들이 신학문을 익혀야 한다는 생각에 일본에 건너가 공부하려고 했다. 그러나 반일 사상을 가지고 있다는 이유로 일본에서 축출되어 유학 생활을 중도에서 포기해야만 했다. 고향에 돌아온 백남조 목사는 젊은 학생들을 모아 학교를 열었는데 많은 젊은이들이 찾아와 함께 공부하였다. 이곳에서 배운 학생들이 우리나라 건국 초기 지도자로 또는 일제에 항거하는 애국자로 혼란한 나라를 바로 일으키는 데 큰 힘이 되었다.

백 목사는 붓글씨를 잘썼다. 그의 붓글씨 솜씨는 우리나라와 중국과 일본에서 인정받았다. 백남조 목사의 글은 인근에서 소문이 났다. 그에게 글을 받아가는 사람들로 줄을 이었는데 이와 관련된 일화가 전해지고 있다.

어느 지역에 이름이 널리 알려진 인품이 높은 선비가 있었다. 그는 백 목사의 명성이 하도 높아서 소문대로 명필인가 아니면 엉터리인가를 알아 보려고 나무꾼으로 변장을 하고 백 목사를 찾아왔다. 그는 준비한 대로 넓은 송판을 내밀면서 글을 한 구절 써 달라고 간청을 했다. 백 목사는 송판을 받아들고 한참 살핀 후에 먹을 잘 갈아 한 구절 정성껏 써 주었다. 그것을 받아 든 선비는 그 필치와 글귀에 흠뻑 빠져 자기의 신분을 밝혔다. 이로 인해 둘 사이에는 두터운 교분이 생겼다고 한다.

군수직을 거절한 백 목사

──── 백 목사는 위에서 언급한 바와 같이 영일군에서 덕망 있는 선비요 학자로 알려져 있었다. 송라 면장을 3년간 역임했으며 영일 군청의 고위관리로도 일했다. 그러나 예수 그리스도를 주님으로 고백하면서 사도 바울처럼 세상의 명예와 지위 또는 권세는 한낱 헛된 것으로 여기고 모두 내 놓았다.

나라에서는 영일 군수로 여러 차례 추대해 주려고 했으나 단호히 거절하고 오로지 주님의 일꾼으로 소명받은 것을 가장 자랑스럽게 생각하고 복음을 전하고 가르치는 일을 했다. 이러한 점에서 백남조 목사는 신앙적인 긍지와 선지자적인 삶을 살았던 분이다.

백남조 목사는 주님이 맡겨주신 사명에만 충성을 다했다. 특히 후진들을 만날 때면 으레 "목사가 되려면 먼저 똑똑한 신자가 되라"고 강조하곤 했다. "성경을 읽고 나면 곧 실천에 옮기라"고 권면하고 가르쳤는데 "주님의 종으로서 사명을 받은 것"은 참으로 귀하고 영광스러운 것임을 후진들에게 가르쳤다. 이 같은 교훈은 오늘날 우리 목회자들도 가슴에 깊이 간직해 두어야 할 교훈이다.

전도여행과 대호(大虎)

──── 백남조 목사는 남다른 잠버릇이 있었다고 한다. 잠을 자면서 호랑이를 보라고 외마디 비명을 질러 사람들을 놀라게 했다. 영문을 모르는 사람들이 놀라서 질문을 했다. 이에 백남조 목사는 복음을 전할

때 일어났던 이야기를 하곤 했다.

　　　　백 목사가 남북한 전역을 돌며 하나님의 복음을 전하려고 깊은 산중에 나 있는 오솔길을 따라 가고 있었다. 두 명의 동료와 함께 가고 있었지만 어둡고 깊은 산속을 걸어가는 이들에게 두려움이 있었다. 강원도 홍천은 원래 산이 깊고 호랑이도 많이 출몰했다. 무서움을 이기기 위해 서로 이야기하면서 깊은 산을 넘어가고 있었다. 산중턱에 이르러 굽어진 산길을 막 돌고 있는데 황소보다 더 큰 호랑이가 길을 가로막고 으르렁거렸다. 너무 놀란 일행은 온몸을 움츠리고 있는데 백남조 목사가 자기도 모르게 벽력 같은 고함을 쳤다. 고함 소리가 어찌나 큰지 산이 울렸다. 더구나 일그러진 백남조 목사의 얼굴을 본 호랑이가 산속으로 피해버려 무사히 목적지까지 갈 수 있었다. 이때부터 호랑이 꿈을 자주 꾸었는데 꿈을 꿀 때마다 그때 높였던 고함을 질러 같이 자는 사람들을 놀라게 했다고 한다.

교규 시행에 철저한 백 목사

──── 백 목사는 평소에 동료들로부터 "꼬쟁이"라는 별명으로 불렸다. 이 별명을 갖게 된 것은 그가 타협할 줄 모르는 강직한 사람이요 진리에 관해서는 고집이 센 사람이었기 때문이었다. 백 목사는 그만큼 정직하고 강직한 사람이라는 것을 알 수 있다.

　　　　백남조 목사는 공과 사가 분명했고 말씀을 읽고 은혜를 받으면 말씀대로 실천하려고 노력했다. 특히 불의와 타협한 적이 없었다. 본 교단의 교규집 제13조 벌칙 43조에 "교역자 및 교우 중 성경에 교우

된 점에 배이된 중대실태 또는 위반행위가 있을 경우는 마태복음 18장 15-17절까지의 교훈과 같이 개인적으로 권유하였음에도 불구하고 개선치 않을 경우는 2-3명 교우를 위원으로 하여 권고토록 하고 또 이에도 불순종할 경우에는 개교회에 있어서 공개 권고토록 하고 그 때도 개선하지 않을 경우에는 교회 심판에 회부하여야 한다"는 규정이 있다. 그리고 44조에 벌칙의 종류는 출교, 정권, 권책이라고 규정하고 있다. 그는 이러한 교단의 규칙을 보호하고 지키려고 노력한 목사였다.

그러므로 이 규정에 저촉이 되는 행동을 한 교회에는 어떠한 경우라도 고려하지 않고 단호히 시행했다. 이렇게 단호하게 시행한 것은 잘못한 형제에게 회개할 기회를 주고 신앙생활에 유익이 되도록 하였다. 이와 같이 올바른 법집행을 통해 교단 행정이 바로 서고 질서가 올바로 잡히는 데 크게 기여했던 것이다.

백남조 목사의 준법정신은 오늘날 교회가 꼭 본받아야 할 교훈이다.

1936년 제31회 대화회를 원산에서 개최하다. 펜윅 선교사의 평토장한 묘지 앞에서 촬영한 교우들

뒷이야기 3

백남조 목사가 1925년에 원산 총부의 서기(현 총무)직을 맡아 일하던 3년 뒤인 1928년에 몽고에서 선교하던 이현태 교사가 몽고 토족의 습격을 받아 무참히 순교를 당하였다.
이현태 교사는 전북 인산군 망성부락 출신으로 청년시절에 예수를 믿기로 결심하고 교회에 들어와 복음을 전하는데 힘쓰셨던 분이었다.
전국을 돌아다니며 오직 복음을 전하는데만 힘쓰다가 여비가 떨어지면 곧바로 엿장수로 변하여 엿을 팔아서 여비를 마련하는 그야말로 자비량 선교의 본을 남기신 분이시다.
1924년 이현태 교사는 중국 대륙과 몽고 지역에 들어가 복음을 전파하기로 결심하고 자기 집에서 기르던 소를 팔아서 단신으로 몽고 땅에 들어갔다. 얼마동안 몽고 말을 배우기 시작하여 몽고 말에 익숙해지자 다시 고향으로 돌아와 모든 가족을 이끌고 몽고 땅으로 들어갔다.
몽고 땅에 선교사 신분으로 다시 입국한 이현태 교사는 그곳 토족들의 박해와 싸우면서 4년 동안 복음을 전하여 1928년경에 3개의 교회를 설립했다. 그러나 그곳 토족들에게 습격을 받아 무참하게도 순교를 당해 더 이상 복음을 전하기 못하고 하나님 나라로 갔다.
그러나 하나님의 복음사역을 위해 일하다 순교한 남편의 장례식을 치룬 이현태 교사 부인은 두려워하는 기색도 없이 남아 있는 가족들과 힘을 합해 수년 동안 전력을 다해서 남편이 세운 교회를 지켰다. 그녀는 남편을 대신해서 순교자적 자세로 복음찬미로만 전도하면서 놀라운 기록을 세우게 되었다.
이 같은 소식이 고국에 있는 교회들에게 전해지자 온 교회들은 큰 은혜를 받았다. 이에 대해 박병식 감로는 전 교회에 다니며 이 사실을 간증하면서 우리의 복음찬미는 어떤 장이든 한 장만으로도 넉넉히 죄인들을 구원할 수 있는 능력이 있음을 강조하며 모든 교회들은 찬미공부에 힘쓰도록 독려하였다.

침례교회의 할렐루야 할머니
강요한나 전도부인

강요한나 전도부인

짚신감발로 32년 동안이나 복음사역의 선두에 선 강요한나 전도부인에게 예산·광시·청양·홍성·광천·태안·공주·강경·익산·송천·함라·신라·송담·나포 등은 그의 발길이 매년 닿던 곳이었다.
"주님의 종들을 받들어 섬김을 기쁨으로 알라"는 그가 후손들에게 남긴 마지막 한마디였다. 교단 대표 32인의 구속에 충격을 받고, 하늘나라로 가신 강 전도부인의 전도 행적이야말로 우리 초기 기독교사에 핀 한송이 백합화이다.

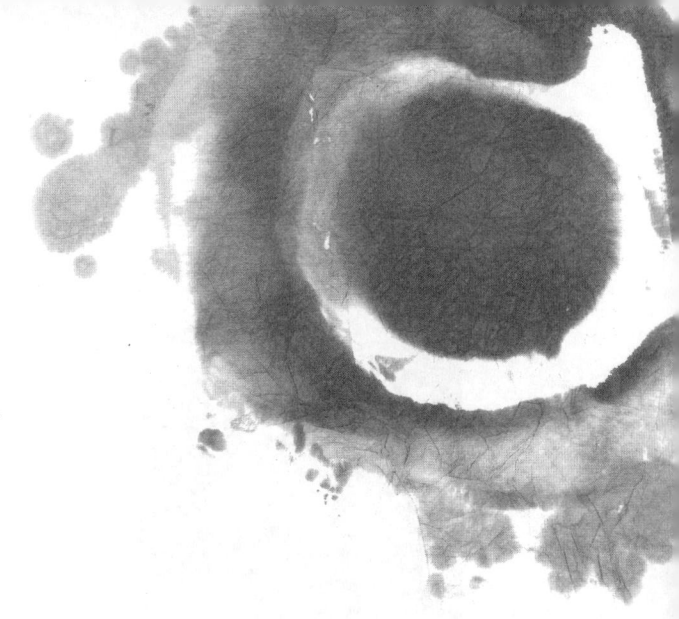

———— 강요한나는 침례 교단 최초로 복음을 위해 일한 전도부인이다. 최초의 전도부인이었던 강요한나는 32살 때 남편을 잃었다. 한창 젊은 나이에 어린 아이들만 남겨 놓고 홀로되자 앞이 캄캄하고 살길이 막막했다. 인근에 있는 절을 찾아 슬픔을 달래려 하였으나 이미 잃어버린 삶의 의욕이 되살려지지 않았고 더욱 큰 절망의 그림자만 드리워졌다.

석양의 그림자가 길게 드리우던 어느날 어둑해지고 있는 산길을 따라 집으로 내려오던 그의 앞에 말을 탄 사람이 길을 막아섰다. 눈이 퉁퉁 부어 있는 강요한나를 본 이 사람은 즉시 하나님의 복음을 전해주기 시작했다. 예수 그리스도의 좋은 소식을 듣고 있던 강요한나의 얼굴에 생기가 돌기 시작했다. 그녀는 즉시 주님을 구주로 모셔드리고 믿음을 가지게 되었다.

인근 마을에 있는 교회에 출석하게 된 요한나는 온힘을 다

강요한나 전도부인(가운데)

해 주님께 봉사했다. 이웃 주민을 교회로 인도했고 마을의 여러 사람들을 주님 앞으로 인도했다. 마을에 교인들이 하나 둘 더하기 시작하더니 급기야 수십 명이 되었다. 마을에 교회를 설립하려는 움직임이 일자 강요한나는 기다렸다는 듯이 자기 집을 교회에 바쳐 교회당이 세워지게 되었다.

교단에서는 강요한나에게 전도인의 사명을 주었다. 전도의 사명을 받은 강요한나는 이때부터 하루도 쉬지 않고 하나님의 복음을 전하는 데 온힘을 다했다. 인근 마을은 물론 발길이 닿는 곳이면 어디든지 마다 하지 않고 달려가 복음을 전했다.

강 전도부인은 '극성스런 예수쟁이 아줌마' 또는 '할렐루야 할머이'로 불렸는데 우리나라 최초로 '할렐루야 할머니'라는 별명을 얻은 여인이다. 이후 우리 나라에는 할렐루야라는 별명을 얻은 전도인들이 많이 있었는데 강요한나 할머니에게서 비롯된 이름이었다. 강요한나 전도인은 목회자들을 접하기를 예수님께 하듯 했다. 자녀들에게도 입버릇처럼 "주님의 종들을 기쁨으로 받들어 섬기라"고 가르쳤으며 이를 가훈으로 남겼다.

강요한나의 입교 동기

─── 강요한나 여전도인은 1886년 7월 6일 충남 홍성군 장곡면 화계리에서 강영환 씨의 셋째 딸로 태어났다. 18세 되던 1904년 김정필 씨와 결혼하여 1남 2녀를 두고 행복한 가정을 꾸리며 살고 있었다. 그러나 불행하게도 1918년 5월 31일 하늘처럼 믿고 살던 남편이 갑자기 죽게 되었다. 나이 32세에 홀로된 강요한나는 앞이 캄캄하고 살길은 막막하기만 했다.

절망과 슬픔 속에서 매일 눈물로 세월을 보내며 울부짖었지만 그 비통함을 달랠 길이 없었다. 그러나 3남매를 보는 순간 어린 아이들 앞에서 더 이상 눈물을 보일 수는 없었다. 그래서 생각다 못해 장곡면에 있는 오송산 대법사라는 절을 찾아 불공을 드리는 것으로 삶의 위안을 삼게 되었다고 한다.

이같이 희망없는 생활을 반복하던 어느 날 산에서 내려오는데 조랑말을 타고 오던 낯선 청년과 만나게 되었다. 이 청년은 말에서 내려 정중히 인사를 하고는 몸둘 바를 몰라 하는 그녀에게 「만민 좋은 기별」이라는 잡지를 건네면서 "주 예수를 믿으십시오. 그러면 당신은 구원을 받습니다. 그리고 당신의 가정도 나라도 구원을 받게 됩니다. 예수를 믿는 사람은 천국에 가서 영원히 죽지 않고 살게 되는 소망이 있습니다"라고 전도를 하였다.

이런 말은 강 여인으로서는 난생 처음 듣는 말이었으며 영영 죽지 않는다는 말이 가슴에 깊이 박히게 되었다. 남편의 죽음에서 너무도 큰 허무감을 느끼고 있었던 터였고 아이들의 모습을 보고 자기는 죽을 수도 죽어서는 안되겠다는 소망을 가지고 불공을 드리고 있던 참이었기 때문이다.

자세히 보니 청년의 얼굴에는 분명히 광채가 빛나고 있었고 화색이 영롱하고 눈동자가 그지없이 맑아 보여 신비스럽게 느껴졌다. 마음이 움직이기 시작한 강 여인은 예수를 믿을 결심을 하고 집으로 돌아왔다.

그 청년과 헤어져 집으로 돌아와서 아무리 생각해도 예수를 어떻게 믿어야 하는 건지 알 수가 없었다. 그 때 마침 전치규 목사가 그 지역에 순회전도를 하기 위해 찾아오게 되었다. 이 소식을 들은 그녀는 그를 찾아가서 교회를 다니게 되었고 믿음을 가진 교인들을 만나게 되었다. 그들과 함께 1919년부터 교회에 출석하게 되면서 조심스럽게 교회생활을 시작하며 성경을 배우고 기도도 배웠다. 이때 만났던 김순근, 김동준, 김영철, 조씨 성을 가진 이 등과 함께 모여 주일예배와 수요일 기도회를 드리게 되었다.

초대 여전도인으로 활약한 강 여사

─── 이때 일제는 종교포교 규칙을 공포하고 종교단체들을 법으로 규제하기 시작했다. 종교단체들이 종교통합법에 따라 등록하도록 하였으며 일제는 이를 계기로 종교단체들을 간섭했다. 그러나 본 교단은 교단의 창설자요 지도자였던 펜윅 선교사와 이종덕 감목이 하나님의 교회가 세상법에 다스림을 받을 수는 없다고 교단 등록을 완강히 거부하였다.

일제의 간섭과 협박은 그런 대로 참을 수 있었으나 타교파 선교부들도 함께 핍박하기 시작했다. 이는 몇몇 교파가 일제와 결탁하여 선교 지역을 나누는 데서 시작되었던 것이다. 당시 교파별 선교구역을 보면 충청도 강원도 황해도 경기도는 감리교 선교지역으로 평안도 함경도 전라도 경상도는 장로교 선교지역으로 할당하였다.

그러나 본 교단은 "땅끝까지 이르러 내 증인이 되라"는 하나님의 말씀에 의거하여 어느 곳이든지 교회가 없는 지역과 손발이 닿는 곳이면 가서 전도를 하였다. 이로 인해 타교단의 선교부에서는 일제 당국과 결탁하고 본 교단의 선교에 갖가지로 방해했다. 자연히 침례 교단의 선교부는 궁지에 몰릴 수밖에 없었다. 그러나 이러한 박해에도 불구하고 침례 교단은 날로 부흥하여 1923년 충남 강경에서 대화회를 성황리에 개최하게 되었고 이때 처음으로 강요한나도 이 대화회에 참석하였다.

이 대화회에 참석한 강요한나는 복음의 진리와 성도들의 친교 그리고 충만한 하나님의 사랑에 감화를 받게 되었다. 이후 그녀는 자기 집에 교회를 설립하고 박기양 교사를 초빙하여 마을에서 예배를 드리기 시작했다. 교회를 설립한 강요한나 전도인은 충성스럽게 교회를 섬기고 억척스럽게 전도했다. 교회를 날로 부흥하여 믿는 자들이 많아졌다.

"이제부터 내 생애는 새로 시작되었다"고 간증을 하면서 전도하는 강요한나의 삶은 기쁨과 감사뿐이었다고 간증했다. 불길처럼 타오르는 신앙의 열기를 몸에 체험하고 다른 교인들에게 모범이 될 뿐만 아니라 삶에도 큰 변화를 받게 되었다. 1924년 전국의 교회와 가정에서 간증하면서 전도하는 일이 자신이 받은 사명임을 밝히고 평생 전도인으로 헌신적인 삶을 살았다. 초대 전도인으로 사명을 받은 강 전도인은 충남, 예산, 광시, 청양, 태안, 홍성 등을 다니면서 복음을 전하였다.

강 전도인은 다른 전도인들과 같이 총부로부터 복음 전도지를 받았다. 별다른 교통수단이 없어 걸어다녔다. 강 전도인은 연약한 여자의 몸으로 혼자 걸어다니면서 복음을 전했다. 그럼에도 강 전도인이 다니는 지역에서는 많은 열매가 맺혔다. 발길이 닿는 동네마다 교인들이 생겼고 교회가 설립되었다.

교단에서는 "복음심방값"이란 명목으로 현금 5원과 5원 어치 전도용 책자 등 10원을 지급했다. 당시 전도인들은 이것을 받는 것을 큰 영광으로 알았으며 하늘나라의 상급으로 여겼다. 전도인들이 전도비 10원을 받으면 먼저 짚신감발(양말이 없었으므로 무명옷감을 발에 감고 신을 신는 것)을 하고 배낭을 메고 집을 떠나면 5일 또는 일주일 길면 2주일씩 전도여행을 했다. 끝나면 집에 돌아와서 2-3일 쉬고 또다시 전도여행을 떠났던 것이다.

1926년 강 전도인의 가족은 강경으로 이사했다. 그러나 강 전도인은 혼자 화계리 교회에 남아서 5년간 교회를 섬기며 지냈다. 그 후 가족들이 강경에서 다시 전북 용인으로 이사를 하게 되었는데 이때 가족과 함께 용안 교회를 섬겼다. 전도지역도 공주,강경,익산,용안,송천,함라,신라,송담,나포,두동 등 지역을 넓혀 복음을 전했다.

1942년 6월 10일 원산 헌병대에 의해 본 교단에 대한 본격적인 탄압이 시작되었다. 9월 4일부로 용안과 송천에서 김용해 목사와 이상필 감로가 구속을 당하고 교회 재산은 "국방 헌납"이란 명분으로 탈취당했다. 강 전도인은 이때 크게 충격을 받아 병석에 눕게 되었다.

날이 갈수록 몸은 약해졌다. 오로지 교회를 섬기는 일과 전도하는 일에 온 생애를 보냈던 그가 할 일을 잃어버리고 방황하는 심정이 되자 병석에서 끝내 일어나지 못하고 1943년 해방을 불과 2년여 남기고 주님의 품에 안기고 말았다.

      3·1 운동이 시작되던 1919년부터 시작된 복음의 여정이 1943년까지 32년 동안 계속 되었다. 충성을 다했던 강 전도인은 뒤돌아 볼 줄 모르고 앞만 보고 달려갔던 충성된 전도인이었다. 이러한 정신은 후대에 사역하는 여전도사들에게 본이 되었다. 그녀는 평소 가족들에게도 철칙으로 교훈시킨 단 한 가지는 "주님의 종들을 받들어 섬기는 것을 기쁨으로 알라. 그리고 가난한 사람을 접대하는 것을 축복으로 알라. 그러면 천국에서 상급이 기다릴 것이다"라고 말했다. 강요한나 전도인이 하늘나라에 가고 80여 년이 지난 오늘날에도 그의 자손들이 그가 남긴 교훈을 명심하여 실천해 오고 가훈으로 소중하게 간직하고 있다.

      그의 후손으로 김순갑 목사와 증손자 종걸 교수(신학대학에서 봉직)와 증손 의룡 목사가 있다.

울진에 순교의 빛을 남긴 동해의 예언자
전병무 목사

전병무 목사

본 교단 대표 32인 사건 때, 자진해서 입옥한 전 목사. 펜윅 선교사에게서 성경을 공부 한 그는 '성탄가', '구주 성탄가' 작사가이기도 하다. 해방 뒤에는 그의 고향에서 면장·군인회장직을 역임하여 당시 혼란했던 지역사회를 바로 잡았다. 울도~울진 간 동해에서 순회목회를 하던 그는, 공산당 빨치산에 의해 끝내 순교를 당했다.

─── 전병무(田炳武) 목사는 강원도 울진군 근남면 행곡리에서 1888년 4월 21일 전내석 씨의 외아들로 태어났다. 어려서부터 서당에 다니며 한학을 공부했다. 머리가 명석한 전병무는 하나를 배우면 셋을 아는 수재로서의 기질을 유감 없이 발휘했다. 공부를 시작하고 얼마 지나지 않아 모르는 한자가 없었다. 그래서 학동들 사이에서 "옥편"이라는 별명을 들었다.

어려서 아버지를 여의고 소임 직분(지금의 이장직) 일을 하고 있던 할아버지와 함께 살았다. 온순한 성품을 타고난 전병무는 어른들에 대해서는 항상 공손하여 인근 마을 주민들에게 칭찬을 들었다. 할아버지의 일을 도왔는데 성질이 급했던 조부에게 종종 상투를 휘어잡혔지만 한 번도 할아버지를 원망하지 않았다. 모리아산에서 아브라함에게 순종했던 이삭처럼 부모와 어른들께 순종하는 아름다운 청년으로 자랐다.

1909년 2월 22세 되던 해에 어느 전도인에게 복음을 듣고 교회에 출석하였다. 성경을 읽고 목사의 설교 말씀을 가슴에 깊이 간직하고 삶속에서 실천하고자 노력했다. 교회생활도 성실했던 전병무는 성별된 신앙인으로 교인들의 모범이 되었다.

29세 되던 1916년 순교자 전치규 목사의 형님이 되는 전치현 씨의 주선으로 함경도 원산의 펜윅 선교사가 열고 있던 성경공부반에 들어갔다. 모든 일에 성실했던 전병무는 성경공부에도 최선을 다했다. 얼마나 열심히 성경을 공부했는지 얼마 지나지 않아 또다시 "성경옥편"이라는 별명을 얻게 되었다. 성경학교를 졸업하고 전도인의 직분으로 고향에 돌아왔다. 1926년 39세 때 교역자로서 감로 직분을 위임받고 행곡 교회에서 시무하였는데 이때 그가 작사한 "성탄가"와 "구주성탄가"는 많은 교회에서 널리 불려졌고 신앙의 핵심내용을 담고 있는 은혜가 넘치는 찬송가였다.

목회생활 및 정신

──── 전병무 목사는 목회현장에서 헐벗고 굶주린 가난한 사람들을 구제하는 데 전력을 다했다. 오랫동안 전쟁을 겪고 일제의 무자비한 압제와 탄압에 지친 민중들은 삶의 소망을 잃은지 오래였다. 이들에게 가장 필요한 것은 먹고 사는 문제였다. 그래서 교단에서도 민중들의 배고픔을 해결해 주기 위해 여러 가지로 힘쓰고 있었다.

또한 이들에게 기쁨의 소식을 전하는 것은 삶의 희망을 복돋아 주는 것이었다. 그러므로 예수 그리스도의 복음은 민중들에게 새로운 삶의 소망을 일깨워 주었다. 특히 천국에 대한 주님의 말씀은 더없이 큰 소망이요 삶의 목적이었다. 전병무 목사도 천국에 대한 남다른 소망을 가지고 있었다. 고향 교회를 건축할 때 건축비 전액을 헌금하였는데 "천국에다 예치시키는 것이다"라며 조용히 웃었다.

1932년 제27회 대화회로 원산을 다녀온 후로는 순교에 대한 설교를 자주하였는데 이 해에 본 교단의 제4대 감목이었던 김영관 목사의 형이 되는 김영국 감로와 김영진 목사 두 형제가 공산당에게 순교를 당했기 때문이다. 이때 전 목사는 말씀을 선포할 때 두 분의 순교에 얽힌 이야기를 감명깊게 전하였다. 이러한 말씀을 들은 교인들은 모두 순교하는 믿음을 가지고 믿음의 절개를 지키는 것을 제일로 알게 되었다.

늘 천국에 대한 소망을 가졌던 전병무 목사는 언제라도 주님이 부르시면 기쁜 마음으로 순교할 각오를 가지고 믿음을 지키고 일제의 박해에 항거했다. 그래서 그가 전하는 설교 말씀 중에서 천국에 대해 특히 강조하여 교인들을 가르쳤다.

신앙인은 세상에서 살고 있지만 세상의 모든 것을 버리고 하나님의 백성으로 살아야 한다고 가르쳤다. 지금도 영동지방에서 신앙생활하던 교인들은 전병무 목사의 설교를 잊지 못하고 기억하고 있다고 증언하곤 한다.

일제의 교회 탄압은 날로 더해갔다. 교회는 견디기 어려운 핍박에 예루살렘을 버리고 세계로 흩어졌던 초대교회 성도들처럼 고향을 버리고 간도와 만주로 이민을 떠나곤 했다.

전병무 가족들도 만주로 이민 가기로 결정하고 장남인 전부흥이 함께 가자고 권했다. 그러나 전병무 목사는 교회를 떠날 수 없다며 남았다. 모든 교우들이 만주로 피신시키려고 애를 썼지만 끝내 듣지 않고 가족들과 이별을 하면서도 혼자서 교단을 지켰다. 그러던 1942년 6월 교단 대표 32명이 원산 감옥에 구속되었을 때 함께 투옥되어 만 2년 동안 감옥에서 살았다.

　　　　　　1944년 5월. 뼈만 앙상하게 남은 몰골로 출감했다. 말할 수 없이 악화된 건강을 추스릴 겨를도 없이 폐허가 된 교회당을 정리하는 데 온힘을 쏟았다. 먹을 것이 없어 산에 들어가 풀을 캐서 목숨을 연명하며 극도로 힘든 생활을 하다가 15개월만에 광복을 맞이했다.

순교의 제물이 된 전 목사

──── 광복을 맞이한 조국은 할 일이 너무도 많았다. 갑자기 찾아온 광복은 사람들을 혼란스럽게 했다. 사회의 일각에서는 각기 제 목소리를 내면서 혼란이 가중되었다. 이러한 사회와 사람들에게 제자리를 찾아 주어야 하는 건 교회밖에 없었기 때문에 목회자의 사명이 어느 때보다 컸고 할 일은 많았다. 전병무 목사는 이러한 일들을 감당하기 위해 동분서주했다. 오라는 데도 많았고 해야 할 일도 많았다. 지역 주민들의 적극적인 추천으로 면장으로 부임했다. 사회는 혼란했고 질서도 없었고 무엇보다 먹고 사는 일이 가장 힘들었다. 먹을 것이 없어 굶어 죽는 사람들이 부지기수였다. 면장으로 부임한 전병무 목사는 사회의 질서를 회복하기 위해 노력했다. 더구나 군민회 회장으로 추대되자 뿌리치지 않고 국가와 사회를 위해 봉사했다.

　　　　　　질서가 어느 정도 정비되자 모든 공직을 사퇴하고 목회에만 전념했다. 그러나 교회 안에서도 우익과 좌익의 이념 싸움이 치열했다. 사회는 물론 교회까지 혼란스럽기만 했다. 36년간 잃었던 나라를 되찾은 해방의 기쁨에 들떠 있던 민중들은 우익과 좌익의 정치적인 이념싸움에 희생되었다.

공산주의자들은 빨치산으로 불렸는데 이들은 산에 숨어 지내다가 갑자기 마을로 들어와 사람들을 마구 죽였고 물건을 강탈했다. 그래서 이들이 지나간 마을은 주민들을 죽이고 물건을 강탈하고 불로 태워버렸기 때문에 폐허가 되었다. 이러한 급진운동은 청년들에게 급속히 퍼져나갔다. 언제 끝날지 모르는 혼란은 계속되었다.

1947년 충남 공주에서 개최된 제37회 총회에서 전병무 감로의 목사 안수 안건은 반대하는 사람들 때문에 부결되었다. 그러나 본인은 조금도 불만스럽게 여기지 않았다. 그로부터 2년 뒤 1949년 39회 총회에서 목사 안수를 받고 울릉도, 울진 두 구역으로 파송되어 성실하게 교회를 섬겼다.

당시 울진은 공산당들의 활동 본거지였다. 이들은 전 목사를 저격 대상으로 삼고 기회를 노리고 있었다. 이러한 소문을 들은 교인들이 전 목사를 피신시키려 하였지만 개념치 않고 자신이 맡은 목회 구역에 있는 교회들을 위해 충성을 다했다.

1949년 10월이 거의 다가고 있을 때 울진 행곡 교회에서 예배를 인도하고 있었다. 저녁예배 때 성경을 봉독하고 있는데 빨치산들이 돌연 방문을 열고 들어와 전병무 목사의 손을 묶고 끌고 나갔다. 이들은 원산 투옥사건으로 순교했던 남규백 감로의 아들이 살고 있던 남석천 형제의 집에서 남석천 형제와 함께 전 목사를 총살했다.

공산당들은 먼저 동쪽 산 기슭에 자리하고 있던 남석천 형제의 집에서 형제를 묶어 놓고 전 목사의 집을 급습하여 끌고 갔던 것이다. 마을과는 조금 떨어져 있던 오두막이어서 마을 사람들은 알 수가 없었다. 공산당원들은 마을의 우익계 사람들을 모두 모아 총살시킬 계획이었다. 그러나 총소리를 들은 마을 주민들이 피신을 할 수 있었기 때문에 더 이상 희생자를 내지 않았다.

현장에 있던 남석천 형제의 부인은 후에 전병무 목사가 공상당원들을 충동해 총을 쏘게 하므로 다른 주민들이 피신할 수 있는 기회를 만들었다고 증언했다. 이러한 희생정신을 통한 순교의 소식을 들은 정부당국의 관리들은 각각 교회장과 사회장으로 합동 장례식을 성대하게 치러주었다고 한다.

이때 전병무 목사는 62세였고 남석천 형제는 26세의 젊은 나이였다. 이들의 순교정신은 동해 바다가 바라보이는 곳에 세워진 행곡 교회에 지금도 남아 있다. 이 교회는 동해안의 예루살렘 교회로 불리며 이들의 순교적 믿음을 기리고 있다. 이 교회는 70여 년의 역사를 지내오며 13명의 목회자를 배출하여 순교적 믿음을 이어받고 있고 또한 예수 그리스도의 믿음의 도를 거룩하게 지켜오고 있다

뒷이야기 4

전병무 목사가 처음 입교한 1909년에는 장석천, 손병환 두 분이 목사 안수를 받았고, 간도구역에서는 많은 교회가 설립되면서 크게 부흥되고 있었다.
포항 조사리에서는 허담, 이명서, 박명식 씨 등이 주축이 되어 교회를 세웠고, 경상도의 밀양, 진주, 전라도엔 영광, 법성, 무안, 전포. 충청도에는 제천, 단양 지방을 중심으로 여러 전도인들이 책사, 총찰사무소를 두고 활발하게 전도활동을 하기 시작하였다.
펜윅 선교사는 밤을 지새우며 남북으로 다니며 새로 설립되는 교회들을 심방하였고, 전도에 힘쓰고 있었다. 한번은 펜윅 선교사가 원산에서 공주를 향하여 나귀를 타고 가고 있었다. 안성을 지나 삼방 골짜기를 지나고 있었다. 그때 갑자기 강도가 나타나서 펜윅 선교사를 위협하면서 가지고 있는 걸 모두 내놓으라고 위협하였다. 펜윅 선교사는 나귀 위에 품위 있게 앉아 벽력같은 호통을 치자 강도가 위협에 눌려 그 자리에 주저 앉았다가 도망을 쳐 버렸다는 일화가 있다.
또한 전병무 목사가 공산당들에 의해 순교를 당하던 1949년에는 충남 강경에 이종도 총회장이 고등성경학원을 개원하고 52명의 수강생을 모집하여 후학을 가르치기 시작했으며, 교단 명칭을 대한기독교침례회라고 변경시켰다. 또한 이 해는 전병무 목사가 감로에서 목사 안수를 받던 해이기도 하다.
본 교단에서 시작한 성경학원을 운영하기 위해 각 지방 교회를 대상으로 모금운동을 전개하였으며 대전 시내의 교회당 건축을 위하여 특별 헌금을 보조하였으며, 천안 보성 교회와 예산 광시 교회 건축을 위해 힘을 합하던 해였다.
한편 미국 남침례회 외국선교부 동양 총무인 꼬단(Cauthen) 박사와 주일 선교부 도죠 박사가 내한하여 서울과 강경을 시찰하고 귀국했으며 이러한 모든 일들을 통해 교단 발전에 서광이 비치기 시작하던 해이기도 하다.

만주의 눈보라 속 복음의 씨를 뿌린
노재천 목사

노재천 목사

악독한 일제치하에서 조국 해방의 기쁨을 찾았으나 38선이란 두꺼운 장막이 가로 놓여 남한의 교회라도 한데 뭉쳐야 한다고 동분서주하던 노재천 목사. 임시 대리 감목직을 맡고 교단 수습발전에 전력을 쏟은 그는 20세의 젊은 나이로 본 교단에 입교, 평생을 본 교단 부흥발전을 위해 헌신하신 강직하면서도 온유한 목회자다.

─── 노재천(盧載天) 목사는 1884년 1월 21일 경북 문경군 호서남면 효계서남에서 노성수 씨의 둘째아들로 태어났다. 그는 훈장으로 있던 아버지 밑에서 한학을 공부했다. 후에 가족을 따라 용궁으로 이사하여 이곳에서 소년시절을 보냈다.

1908년 그의 나이 20세가 되던 해 하나님의 복음을 듣고 개종하여 교회에 다니기 시작했다. 어떤 일이든지 한번 시작하면 열과 성을 다했던 노재천은 교회생활도 타의 모범이 될 만했다. 이렇게 열심히 신앙인으로서 삶을 살았던 노재천은 얼마 지나지 않아 전도의 사명을 받고 전도인이 되었다. 사명을 받은 노재천은 인근 지역을 중심으로 하나님의 복음을 열심히 전했다.

1915년 교사 직분을 받고 경상남도 진주지방으로 파송받아 이곳을 중심으로 하나님의 복음을 전했다. 1917년 대화회에서 목사 안수를 받고 순회 목사로 파송되었다. 이때부터 모든 생애를 주님 앞에 드리고 헌신하기 시작했다.

　　　　노재천 목사는 평생 동안 그의 손에서 성경책이 떠나지 않았다. 주님의 일을 하는 목회자에게는 당연한 일이지만 주님을 사랑하고 주님 뜻대로 살기 위해 주님의 말씀을 공부하고 묵상하는 일을 게을리 하지 않은 것이다. 또한 믿음과 기도로 성숙된 성품은 인자하고 강직했다. 불의와 타협할 줄 몰랐으며 이웃에는 아낌없는 사랑의 손길로 돌보았다. 이러한 그의 아름다운 삶은 곧 교단의 모든 교회에 알려지게 되었다. 교단의 교인들과 목회자들 사이에서도 유능하고 훌륭한 목회자로 인정받게 되었다.

　　　　노재천 목사는 약속 시간을 어긴 적이 없다고 한다. 자동차나 기차를 탈 때 시간을 지나친 적이 없었다. 이처럼 철두철미한 그의 삶은 모든 사람의 귀감이 되기에 충분했고 주님의 일꾼으로서 조금도 부족함이 없었다.

　　　　이러한 그의 생활은 이웃은 물론 교단의 많은 교인들에게 모범이 되었고 이러한 아름다운 삶은 그를 아는 많은 사람들의 영혼을 주께로 인도하였다.

기독교 입문과 전도 시작

──── 방영호 전도인은 경북 예천지역에 파송되었다. 이곳에서 하나님의 복음을 전했다. 방영호 전도인은 불 같은 열심으로 복음을 전했다. 처음에는 한두 사람이 복음을 받아들였다. 그러나 쉬지 않고 외

치는 그의 구령의 열정은 더 많은 이들을 교회로 인도하게 했다. 예천 지방은 방영호 전도인에 의해 부흥의 불길이 붙었다. 쉬지 않고 기도하고 쉴새없이 뛰어다니는 방영호 전도인은 노재천 형제를 교회로 인도했다.

1908년 10월 20일 처음으로 교회에 발을 들여 놓은 노재천은 머리를 숙이고 하나님께 기도하고 찬송을 불렀다. 무릎을 꿇고 예배를 드리는 동안 하나님은 그의 머리에 기름을 부어주었다. 공교롭게 이 날 아들을 얻게 되었다.

노재천 형제는 방 전도인을 찾아가 "예로부터 우리나라는 아이를 낳으면 삼줄을 치는 풍습이 있는데 예수 그리스도를 믿는 이들은 어떻게 해야 하는가?"하고 질문을 했다고 한다. 그러자 방 전도인은 "삼줄은 쳐도 무방하고 안쳐도 좋다"라고 대답을 하자, 노재천 형제는 하나님을 믿는 사람은 삼줄을 치지 않는 것이 하나님의 뜻에 부합된다고 그의 생각을 말하고는 삼줄을 치지 않았다고 한다.

믿음을 가지고 거듭난 신앙인의 첫 번째 본분은 복음을 세상에 전하는 것이라는 진리를 깨달은 노재천 형제는 요한복음 3장 16절 말씀을 암송하면서 이웃에게 복음을 전했는데 놀랍게도 복음을 전해 들은 이들이 하나님을 믿고 구원을 받았다.

평생 성경책을 손에서 놓지 않았던 노재천 목사는 하나님 말씀의 능력을 믿고 순종하였다. 이러한 믿음으로 일하자 성령의 역사가 그에게 나타나 그가 가는 곳에서는 회개가 일어나고 복음을 믿는 사람들이 날마다 더했다고 한다.

전도인으로 임명되자 고향을 떠나 가족들과 떨어져서 지낼 수밖에 없었지만 오직 주님이 주신 사명감에 평생 동안 주님을 위해 봉사하며, 하나님의 복음을 전하기 위한 긴 여정을 기쁨으로 살았다.

서간도 전도기

─── 주님의 부르심을 받은 노재천 전도인은 만주지역에서 복음을 전하도록 파송되었다. 봉천성, 임강현, 통화현 그리고 집안현의 넓은 지역에서 복음을 전하기 위해 여행을 떠났다. 경상북도에서 출발하여 함경남도 원산에 있던 총부를 지나고 경흥을 경유하여 중강진까지 도보로 갔다. 막 성탄절이 지난 뒤라 한파가 무서웠다. 혹한과 싸워가며 정평과 함흥을 지나 황초령 삼십리 깊은 고갯길을 겨우 넘어서자 한국에서는 가장 높은 지역에 자리한 장진이라는 마을이 나왔다.

이곳은 음력 4월에 봄이 오며 7월이면 벌써 얼음이 어는 곳이었다. 노재천 전도인은 흰눈으로 온세상이 하얗게 뒤덮인 눈길을 걸어 압록강을 건넜다. 그리고 수십 리 길을 걸어 천신만고 끝에 임강현에 도착하였다. 추위와 허기로 얼굴은 퉁퉁 부었고 겨울의 혹한에 까맣게 탔다. 얼굴을 알아 볼 수 없을 정도로 심하게 그을렸다. 이런 얼굴을 하고 근처의 대목속 교회에 들어 갔는데 아무도 그를 알아보지 못했다. 노재천이라고 인사를 하자 그제서야 알아보고 마주 인사를 해왔다. 예배를 인도하고 나자 밤이 깊었다. 그러나 쉬지 않고 통화현과 집안현으로 출발했다.

바울은 전도여행을 위해 도보로 수백 리 길을 걸었다. 깊은 산속 깊은 어둠 속에서 길을 헤매고, 낯모를 사람들을 만나 죽을 고비를 수없이 넘겼다는 고백이 성경에 기록되어 있는데 노재천 전도인이 지금 바울이 걸었던 복음의 길을 걷고 있는 것이다. 흰눈이 하얗게 쌓인 만주의 허허벌판을 가로질러 전도지로 향했다. 저 멀리 뵈는 아버지의 집을 향한 소망을 품고 또 다른 사람에게 하나님의 복음을 전하기 위한 열정은 어떤 난관도 그를 머물게 하지 못했다.

길을 가다가 약모초안으로 가고 있는 두 전도인을 만나 동행하게 되었다. 며칠을 걸어 감도구가라는 곳에 당도하였다. 다시 길을 잡고 4백리 길을 걷기 시작했다. 노일령을 넘고 도적들이 많이 있다는 산길을 피해 홀누항자라는 태산준령을 세 개나 넘었다. 가져간 식량이 떨어져 며칠을 굶으며 매서운 바람이 몰아치는 만주의 벌판을 넘어질 듯 비틀거리며 걸었다. 앞길이 어떤지 가늠할 수조차 없는 터였고 어둠이 짙게 배인 캄캄한 밤길을 걷는데 어떤 일이 일어날지 알 수 없어 불안함과 공포에 휩싸이기도 했다.

한 발짝을 떼어 놓기도 힘든 상황이 되었다. 죽음이 이렇게 오는 구나 하는 깊은 공포감에 사로잡혔지만 셋이서 손을 잡고 서로 부축하며 함께 찬송을 부르고 간절히 기도했다. 눈보라 때문에 한치 앞도 보이지 않아 안경을 꺼내려고 봇짐 안에 손을 넣고 찾았다. 그런데 봇짐안에서 꿈에도 상상치 못했던 떡 한 덩어리가 나왔다. 떡덩이를 본 일행은 깜짝 놀랐다. 주님께 감사기도를 드리지 않을 수 없었다. 함께 떡을 나누어 먹으며 캄캄하고 깊은 산중이었지만 우리 주님이 옆에 계심을 느끼자 힘이 솟고 용기가 충천하였다.

아마도 한 달 전에 임강현에서 고향 친구인 김주일을 만났는데 떡을 대접하고 남은 떡을 봇짐 속에 넣어 두었던 모양이었다. 딱딱하게 굳은 떡이었지만 나누어 먹고 흰눈으로 갈증을 풀고 힘을 얻어 산을 넘기 시작했다. 주님이 옆에 계신다고 생각하자 알 수 없는 힘이 생겼다. 마지막 산을 넘자 목적지인 약모초안 교회가 보였다. 교회에 도착하자 교인들은 걱정이 되어 밤잠을 안자고 기다리고 있었다. 늦은 밤에 함께 기도하고 하나님의 말씀을 설교하고 지나온 이야기를 하자 모든 교인들이 하나님이 지켜주신 것에 감사하는 기도를 올렸다.

　　　　　　　이때 고향에서는 부인이 가난한 삶을 꾸려가고 있었다. 자녀들을 돌보고 생활에 필요한 모든 것은 연약한 부인이 모두 감당해야만 했다. 삯바느질도 하고 이웃집 빨래도 도맡아 했지만 생활은 늘 곤궁했다. 거기다 일제는 목회자의 가정이란 명목으로 핍박을 일삼았다. 누구하나 돌보아 주는 이가 없었다. 어린 자녀를 기르는 젊은 부인은 땔감을 마련하기 위해 눈이 수북히 덮힌 산을 헤매야 했고, 먹을 것을 구하기 위해 구걸도 해야 했다. 사실 이 당시 전도인으로 또는 목사로 사명을 받은 가정은 대부분 이런 어려움을 겪어야만 했다. 이러한 고난과 역경을 헤치고 믿음을 지킨 신앙의 선조들이 있기 때문에 오늘 한국의 거리와 마을에는 십자가가 서 있고 주일이면 전국 방방곡곡에서 찬양이 울려 퍼지고 있는 것이다.

옥중생활

──── 1942년 9월 5일 노재천 목사는 결박된 채 일본 경찰에 체포되었다. 일제는 기독교인들을 사상범이라는 죄명을 씌워 중죄인으로 다루었다. 노재천 목사도 예심을 받을 때까지 매일 무서운 고문을 받았다. 살이 터지고 사지가 찢어지는 고통을 감내해야만 했다. 1943년 5월 15일 처음 재판을 받기로 되어 있었지만 재판이 연기되면서 계속해

서 감옥에서 보내야 했다.

　　　　경상북도 점촌에 살고 있던 아들 노한성은 함흥까지 면회를 왔다. 면회를 신청하는데 일본 경관에게 이유없이 구타당하기 시작했다. 얼굴과 온몸은 심한 상처를 입었지만 아버지를 면회하겠다는 생각을 버리지 않고 끈질기게 버틴 결과 면회가 허락되었다. 천신만고 끝에 겨우 3분 동안 아버지를 만나 볼 수 있었다. 둘은 할 말을 잃고 그냥 눈물만 흘리다 3분이 경과되어 되돌아 나오고 말았다.

　　　　1944년 2월 15일 함흥 형무소에서 병보석으로 나온 노 목사는 몸이 쇠약해질 대로 쇠약해져 있었다. 몰골이 유령처럼 변해서 알아볼 수 조차 없었다. 회복할 수 있는 가능성은 거의 희박했다. "나는 예수를 모른다"는 말 한 마디를 안하려고 갖은 고문을 감당했던 것이다. 폴리캅이 예수를 모른다고만 하면 살려 주겠다는 말에 "예수님은 내가 어려움이 있을 때 한 번도 나를 모른다고 안하셨는데 내가 어찌 예수님을 모른다"고 말할 수 있겠느냐고 하면서 순교를 당한 것처럼, 노재천 목사는 예수 그리스도에 대한 믿음의 절개를 꿋꿋이 지킴으로 우리에게 올바른 믿음의 길을 가르쳐주었다.

교단 재건과 임시 감목

─── 1945년 민족의 숙원이던 해방이 되었다. 히로시마에 던져진 원자폭탄의 피해를 더 이상 감당할 수 없었던 일본은 항복했고, 우리는 해방을 맞이할 수 있었다. 해방이 되면서 신앙생활도 자유를 찾았다. 맘대로 기도하고 맘대로 복음을 전할 수 있었으며 맘껏 교회를 세울 수

도 있었다.

또 훼손된 교회를 복구하기에 여념이 없었다. 해방된 조국에서 자유롭게 교회를 수리하고 마음대로 하나님의 복음을 전하는 기쁨을 전국에 있는 교회들은 누리고 있었다.

그러나 우리 민족에게 오랫동안 아픔을 가져다 준 38선이 이 나라를 남과 북으로 나누고 말았다. 남에 사는 사람이 북에 있는 가족을 만날 수 없었고, 북에 있는 사랑하는 사람과 같이 살 수가 없었다. 해방의 기쁨은 큰 아픔과 더불어 다가 왔다.

1946년 2월 9일 우리 교단은 충남 부여군에 있는 칠산 교회에서 교단 재건을 위한 모임을 가졌다. 임시의장으로 김용해 목사가 선출되었고 회의를 진행했다. 이날의 주요 의제는 남북한의 모든 교회가 함께할 때까지 임시회로 유지하기로 했다. 임시 대리 감목으로 노재천 목사가 선임되었다.

둘째 회의는 교단의 자립을 선언했다. 교역자는 개교회의 초청으로 하는 청빙제로 하기로 의결했다. 또한 교단의 교리 및 신조 문제 등은 연구위원을 선출하여 처리하도록 위임하였다. 이날 선출된 연구위원으로 노재천, 김용해 목사와 김주언 감로 등이 중책을 맡게 되었다.

이렇게 하여 임시 감목으로 선임된 노재천 목사를 중심으로 흩어진 교회를 수습하고 재건하는 일에 최선을 다하자 교회가 안정되어갔다. 이때부터 교회는 급속도로 부흥되기 시작했다. 일제의 가혹한 발굽을 벗어난 민중들은 그들의 피난처로 교회를 선택했다. 이렇게 되자 우리나라 교회들은 놀라운 부흥을 경험하게 되었다.

어려운 시기에 임시 감목을 맡아 교단을 안정적으로 이끌고 부흥의 기초를 다진 노재천 목사는 이후 원당 교회, 점촌 교회, 부

1917년도 한봉관·노재천 목사가 안수 받고 기념 촬영함(왼쪽 첫째 줄 첫 번째가 노재천 목사).

산 교회 등에서 목회를 하고 76세를 일기로 주님의 부르심을 받아 고단한 이 땅에서의 여정을 마치고 주님 품에 고이 잠들었다. 자손들 중에 장손자인 침례신학대학교 교수를 역임한 노윤백 목사와 증손자 중에 같은 신학대학교에서 사역하고 있는 노은석 교수가 있다.

가는 곳마다 교회를 세운
박기양 목사

박기양 목사

땅은 물론 만주 일대에 그의 발길이 안 닿은 곳이 없다는 박기양 목사. 경북 땅에서 만주 땅 임강현까지 도보로 전도여행을 떠나기까지 그는 오로지 전도를 사명으로 한 열정 있는 전도자였다. 본 교단 대표 32인 투옥시 한 사람이었던 그는 가정까지도 버리고 평생을 본 교단에서 전도를 위해 삶을 헌신한 열정의 대전도자였다.

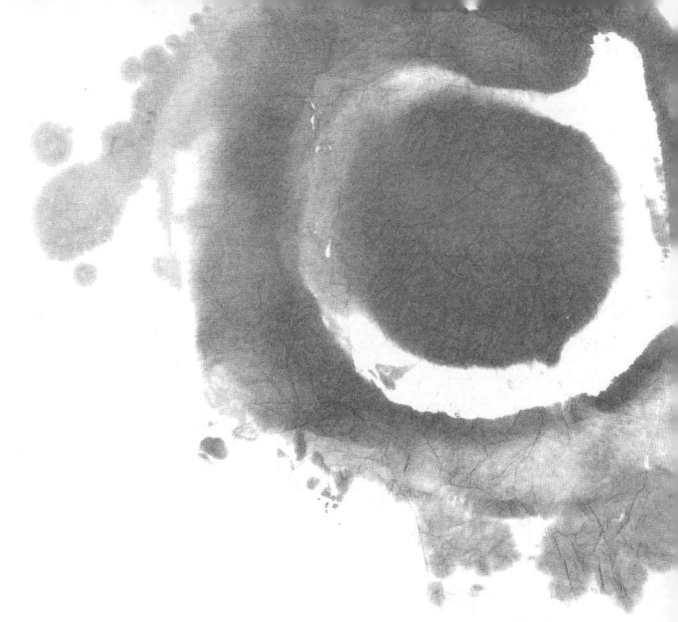

──── 박기양(朴基陽) 목사는 1894년 11월 20일 경북 예천군 예천읍 청북동에서 박규섭 씨의 장남으로 태어났다. 1924년 목사 안수를 받고 순회 목사로 전국을 돌며 하나님의 일을 했다. 그가 하나님의 복음을 전하면 그곳에는 어김없이 교회가 세워졌다. 이렇게 세워진 교회가 전국 도처에 많았다. 한국침례교회 개척 사상 가장 성경을 많이 아는 분 중에 한 사람이며 하나님의 진실한 종이었다.

그의 성장기

──── 박기양은 부모의 사랑을 듬뿍 받고 자랐다. 5세가 되던 1899년 서당에 나가 한문을 공부하기 시작했다. 훈장이 가르쳐 주는 걸 너무

도 잘 따라 읽을 뿐만 아니라 한 가지를 배우면 두세 가지를 깨닫는 그의 자질을 본 훈장도 칭찬을 아끼지 않았다고 한다. 어려서부터 이렇듯 총명함을 타고난 박기양은 4년 동안 서당에서 한학을 공부했다.

서당을 수료할 즈음 어머니가 병이 들었다. 의원이 왕진하여 진찰을 하고 약을 지어 먹었지만 병세는 차도가 없었다. 1903년 9세의 어린 박기양을 이땅에 놓아 두고 어머니는 세상을 하직했다. 모친의 관 앞에서 슬프게 우는 모습을 본 이웃 주민들도 눈시울을 붉히지 않을 수 없었다. 어린 나이에 어머니를 잃은 슬픔이란 이루 말할 수 없었을 것이다.

아내를 잃은 슬픔에 잠겨 있던 아버지까지 감정을 억제하지 못하고 방황하기 시작했다. 먼산을 바라보며 삶의 회한에 잠겨 있던 아버지는 어느 날 바람처럼 방랑의 길을 떠나 버렸다. 갑자기 부모를 잃은 형제들은 가을 하늘에 외기러기처럼 매일 외롭게 보내야만 했다. 1년이 지난 어느 날 동생마저 세상을 떠나 하늘나라로 가자 가정은 해체되고 말았다.

그는 동생과 함께 외갓집에서 17세까지 살았다. 17세가 되던 1911년 소산동에 살고 있던 임학이 씨의 장녀인 분남 양과 결혼을 하고 가정을 이루었다.

주님의 종으로 소명

──── 1911년 결혼을 하고 신혼의 단꿈에 잠겨 있을 시기 충청북도 황간지방에서 파송되어 복음을 전하던 박영호라는 전도인에게 복음의

기쁜 소식을 들었다. 복음을 전해 들은 박기양은 무엇에 감전이라도 된 듯 며칠 동안 아무것도 생각할 수가 없었다. 성령께서 온몸을 사로잡았던 것이다.

교회에 출석하게 되자 교회생활에 열과 성을 다했다. 1915년 이종덕 감목으로부터 침례를 받았다. 그해 10월에 반장 직분을 받고 교회에 충성했다. 1916년 예천구역 새원에서 개최된 대화회에 참석하게 되었다. 이때 이 감목의 설교를 듣고 감동을 받아 전도인으로 주님께 충성된 삶을 살기로 결정했다.

1917년 2월 사랑하는 가족들을 고향에 두고 신성균, 신용균, 주팔용 등과 함께 고향을 떠나 서울과 원산을 지나 두만강을 건너 만주의 임강현까지 천여 리를 걸어갔다. 2년간 아무런 보수도 없이 하나님의 복음을 전하는 데 전력을 다했다. 이번 만주지역 전도여행에서는 말할 수 없는 고난이 그의 앞을 막아섰다. 난생 처음 시작하는 전도여행에서 정신적으로나 육체적으로 준비가 부족했다.

1919년 4월 함경북도 장진읍에서 하나님의 복음을 전하고 있었다. 흰옷을 입고 거리를 걷는 사람들에게 전도지를 나누어 주며 예수 그리스도를 전하고 있었다. 이때 일본 헌병 보조원들이 다가오더니 다짜고짜 총을 들이대고는 헌병대로 끌고 갔다. 아무것도 묻지 않고 먼저 고문부터 가했다. 이유 없는 고난이었다. 이튿날 아무런 죄가 없음을 알고 풀어줬다.

곧바로 만주로 출발했다. 로영과 연추 대성으로 가는 길은 몹시 춥고 강한 바람이 불어 날려가는 것 같았다. 얼음으로 덮여 있는 해상 30리 길을 걸어갔다. 몸이 얼어서 뻣뻣해져 한 걸음도 더 걸을 수가 없었다. 엄습해 오는 추위를 더 이상 견딜 수도 없었고 앞으로 나갈

수도 없었다. 하얗게 펼쳐진 대지에서 길을 잃고 이리저리 헤매고 다녔다. 하나님의 도움일까 얼음산을 돌자 교회가 나타났다. 후에 알았지만 쿠두나 교회가 얼음 벌판 속에 있었다. 겨우 목숨을 건진 박기양 일행은 그곳에서 몇 년을 지내며 하나님의 복음을 전했다.

고향을 떠난 지 3년 만에 집에 돌아왔다. 아이들을 데리고 친정집에서 살았으나 일 년을 견디지 못하고 거리로 나온 아내는 어린 아이를 등에 업고 이집 저집을 다니며 유랑생활을 하고 있었다. 겨울이 다가오면 포대에 싸서 산기슭에 두고 산에 올라 나뭇가지를 모아 방을 덥히며 고달픈 생활을 하고 있었다. 주님의 사명을 받아 사역을 하는 것은 너무도 많은 희생을 요구하고 또한 그렇게 얻어지는 것은 값진 것이다.

1920년 8월 경상북도 광천에서 개최된 대화회에서 전도사 직분을 받았고 그 이듬해 간도구역 종성동 성경학원에 입학하여 1기 과정을 수료하였다. 수료 후 총부의 파송으로 김재형 목사가 사역하고 있던 연추 구역에서 전도인으로 사역을 감당했다. 1922년 9월 경흥구역 증산 대화회에서 다시 연추로 파송을 받아 김영진 목사와 함께 순회 전도인으로 일하다가 일본 경찰에 체포되어 모진 고문을 받았다.

1923년 충청남도 강경에서 개최된 대화회에서 교사 직분을 받았으며 충청남도 예산 구역에서 하나님의 복음을 전하는 전도인으로 임명되었다. 1924년 10월 25일 경상북도 울진 행곡에서 개최된 대화회에서 김용세, 신성균, 김영관 등과 함께 목사 안수를 받고 하나님의 일꾼으로 평생을 주님을 위해 헌신했다.

예수 그리스도를 하나님으로 고백하고 13년 동안 전국은 물론 만주 일대에서 하나님의 복음을 전하다가 목사로 안수받은 박기양 목사는 만주의 간도 구역에서 사역을 시작했다. 그후 총부에서 개척 사명을 받고 1929년 평안북도 운산 초산 지방에 파송되어 양명길 전도사와 함께 3년 동안 교회를 설립했다.

아무런 연고가 없는 마을에 들어가 하나님의 복음을 전하다가 전도된 교인들을 모아 사랑방에서 먼저 예배를 드리기 시작했다. 하나 둘 교인들이 늘어나면 서로 모아 초가집에 교회를 개척했다. 이렇게 3년 동안 십여 개 지역에 교회를 세웠다. 1935년 평안북도 자성 구역에서도 마을마다 교회를 개척했다. 이렇게 삼천리 반도 금수강산에 많은 교회를 개척하였다.

박기양 목사는 파송되는 지역마다 교회를 세웠다. 이같이 교회를 세우는 것이 하나님이 자신에게 준 소명이라고 생각했다. 교회를 개척하는 일에 열심을 다하자 전국에 있는 지역에서 그를 필요로 하였다.

울도성경학원 제1회 수료기념(아래에서 셋째 줄 중앙이 박기양 원장)

1941년 경상북도 예천 구역에서 시무하고 있던 박 목사는 경찰의 호출을 받았다. 당시 일제는 본 교단을 탄압하기 시작했다. 경찰서에 들어가자 곧바로 감옥에 갇혔고 이후 고문과 취조가 시작되었고 고문을 받다가 의식을 잃었다. 1942년 해방을 3년여 남겨 놓고 일본의 만행은 극도로 더해졌다. 그해에 교단의 모든 임원들이 검거를 당할 때였다. 그해 8월 3일 예천 경찰서 상주 검사국에 넘겨져서 온갖 고문을 받다가 원산 헌병대로 넘겨졌다. 헌병대 고문은 악독하기로 유명했다. 31명의 다른 임원들과 함께 온갖 고문과 취조를 받으며 견디기 어려운 감옥 생활을 했다. 그러나 늘 주님께서 함께 계셨다. 주님은 자기를 위해 헌신하던 백성을 혼자 두지 않으신다. 그래서 모진 고문 후에도 감옥에 들어오면 함께 부둥켜 안고 기도하고 찬송했다.

이듬해 4월 함흥 재판소에서 판결을 받고 감옥에서 생활하다가 만 2년 만인 1944년 2월 15일 보석으로 일시 출옥했다. 그러나 박기양 목사는 모진 고문의 후유증과 영양실조가 겹쳐 몸은 쇠약해질 대로 쇠약해졌다. 1944년 8월 8일 함흥 형무소에서 다시 재판에 회부되었다. 담당판사는 일방적인 판결로 교회 해산과 교회 재산을 몰수할 것과 2년 형과 3년의 집행유예 판결을 내렸다.

1945년 8월 15일 감옥에서 해방을 맞았다. 일제의 만행에 시달리던 박기양 목사에게는 광명이 아닐 수 없었다. 시무하던 교회는 물론 구역에 있는 교회를 재건하고 예배를 드렸다. 일본 경찰의 교회 해산 선고로 얼마동안 드리지 못하던 예배를 드리던 날 모든 교인들과 함께 눈물로 감사예배를 드렸다.

1946년 이후 충남 원당 교회를 시작으로 입포 교회, 상주 교회, 용담 교회를 비롯해 울릉도 평리 교회에서 하나님의 일꾼으로 헌신했다. 이후 경기도 인천 숭의 교회에서 목회했다.

박기양 목사는 한국 침례 교회가 낳은 하나님의 큰 일꾼이었다. 전국에 그가 개척한 교회들이 지금도 곳곳에 남아 있다. 침례 교회의 험난한 역사 속에서 함께 일했던 역군이었으며 교회를 지켜온 상징적인 인물이었다. 그의 목회 발자취를 더듬어 보면 한국 교회의 사도 바울처럼 오직 주의 복음을 전하기 위해 전국 방방곡곡에 그의 발자취를 남겼다. 그의 발길이 닿지 않은 곳이 없었다. 한국은 물론 만주지역과 러시아 등지를 두 다리로 걸어 하나님의 복음을 전했다. 배고픔과 엄습하는 추위도 그의 발길을 묶어 놓지 못했다.

1979년 4월 11일 오후 3시 9분 향년 86세의 일기로 하나님 나라로 가신 박기양 목사는 우리에게 목회자의 올바른 삶의 모습을 보여준 하나님의 사람이었다. 슬하에 2남 4녀와 친외손자 손녀를 포함 20여명의 후손을 남겼다. 그중 차남 은호 목사와 손자 중에는 정의, 정웅, 정복, 정근 목사가 있다.

충청지역 전도대의 기수
이덕여 목사

이덕여 목사

전도대를 조직, 선두에서 전도대를 이끌고 당진·천안·풍세·청양·정산·공주 지방 등에 집중적으로 복음전도에 열정을 쏟은 이덕여 목사는 분명 앞을 내다보고 실천하는 선각자였다. 원산 사건으로 투옥되었던 그는 언제나 정도에 서서 모든 일을 처리하는 정의파였다.

─── 이덕여(李德汝) 목사는 1897년 9월 7일에 충남 예산군 광시면 광시리에서 이정회 씨의 장남으로 태어났다. 5세에 한학을 공부하기 시작했다. 부모님들은 그가 한학을 공부하여 관리가 되기를 원했다. 그는 1912년부터 7년간 서당에서 한문을 공부했다. 한문공부를 끝내기 일 년 전인 1910년 마을을 방문한 전도인에게 예수 그리스도의 진리의 말씀을 듣고 주님을 영접했다. 마을에서 함께 기도하던 마을 주민들이 힘을 모아 교회를 세우기로 하고 헌금을 시작했다. 이때 이덕여는 자기 집 사랑방을 임시 교회당으로 사용하도록 했다. 1911년 2월부터 시작된 교회 건축에 온 마을 사람들이 무더운 여름 동안 땀흘리며 수고했다. 가을 바람이 불어오기 시작하면서 공사가 마무리 되고 드디어 마을에 교회가 세워졌다.

1913년 광천 새터 교회에서 그동안 성실하게 교회생활을 했던 이덕여는 이영구 목사로부터 침례를 받고 교회의 임원이 되었다. 그해 9월부터 당회와 사경회를 인도하기 시작했다.

광시 교회 설립

──── 이덕여는 1910년 6월 어느 이름모를 전도인에게 복음을 듣고 예수 그리스도를 영접하자 곧바로 전 가족을 전도하여 함께 교회에 나왔다. 이후 이웃에 사는 마을 주민들에게 전도하자 몇 사람이 함께 교회를 다니면서 주님을 섬기게 되었다.

전도사 직분을 받은 이덕여는 자기 집에서 예배를 드리기로 하였다. 주일예배를 드린 후에 교인들과 함께 광시 교회라 이름을 지었다. 광시 교회는 이 전도인의 열정적인 기도와 전도의 열기에 놀라운 부흥을 이루었다. 순식간에 수십 명의 신자들이 교회에 모였다.

인근에 있는 마을 주민들도 참여하면서 교회가 비좁았다. 아무리 넓혀도 집에서 시작한 교회가 좁기는 마찬가지였다. 이덕여 전도인은 이웃 마을인 봉우실에 지교회를 세우고 교인들이 가까운 곳에서 예배를 드리도록 했다. 그해 11월부터 교회에서 예배를 인도하였으며 성경을 가르치는 일을 맡게 되었다. 그 다음해인 1911년 2월에는 자신의 집을 교회에 모두 드렸으며 예배당을 넓혔다. 그럼에도 인근에서 몰려오는 교인들을 모두 감당하기에는 너무 좁았다.

교우들과 힘을 합해 교회를 건축하기로 하고 기도에 힘썼다. 모든 교인들은 성냥을 팔기도 하고 청년들은 돌을 날라오기도 해서 자금이 모아지고 물자가 확보되자 교회를 짓기 시작하고 얼마 후에는 전보다 훨씬 넓은 교회를 세울 수 있었다.

이렇게 지어진 교회는 충남 예산 지방의 모교회 역할을 했다. 광시 교회를 중심으로 인근 여러 마을에 교회가 세워졌다. 예산 구역이 부흥되는 것은 당연한 일이었다. 교회는 날이 갈수록 부흥되었고 신도들은 날마다 더해졌다.

1914년 예외없이 예산 지방에도 일제의 탄압이 시작되었다. 일제는 먼저 포교계를 제출하라고 강요하였으나 똘똘 뭉친 교단의 모든 임원들과 함께 예산 구역의 모든 교회는 일제의 탄압에 꿋꿋이 맞섰다. 그러나 교회들 간의 갈등도 생겼다. 서로 다른 의견을 주장하던 일부 교회가 구세군으로 갈라져 나갔다.

그러나 이덕여 전도인은 조금도 흔들리지 않고 교회에 부임하는 교역자들을 잘 섬겼다. 광시 교회에 부임한 노재천 목사를 비롯하여 박두하, 정영길, 문재두 전도인들과 윤종두 교사, 박성래 교사 그리고 박기양 목사를 잘 섬겨 끝까지 교회의 부흥과 안정을 위해 헌신적으로 일했다.

전도대의 인도자

─── 1930년 10월에 이덕여 전도인은 통장 직분을 받고 예산 구역에서 사무를 관장하였다. 일 년에 두세 번 개최되는 당회와 사경회를 인도하고 성경을 가르치는 데 전력을 쏟았다. 당시 이덕여 통장이 관장

하던 당회 사무를 아래에 소개한다.
  제1문: 일기 듣고 결안함(전 회록 낭독 및 수리)
  제2문: 심판할 일 있는가(교우 위법 행위 심판)
  제3문: 하나님께 복받음을 보고함
  교회 열심 정도 여하
  헌금 보고
  전도성적 여하
  성경판매 상황
  교회설립 유무
  전도사 후보자 유무
  기타사항
  제4문: 침례 및 혼례의 집행
  제5문: 특별사항
  제6문: 당원 증거
  제7문: 폐회

이러한 순서로 구역회는 진행되었다. 이 통장은 이러한 모임을 1935년 1월 구역회를 발전시켜 전도대로 조직하였다. 당진 지역에서 먼저 전도대회를 시작했다. 전도대회를 통해 회개하고 교회에 들어오는 교인들을 모아 교회를 세웠다. 맨 먼저 당진에 교회를 세우기 시작하여 1936년에는 천안과 풍세에 교회를 세웠다. 전도대가 조직된 지역을 중심으로 집중적으로 전도를 시작하자 사람들이 예수 그리스도를 영접하고 교회로 들어왔으므로 인근의 많은 지역에 교회를 세울 수 있었다. 1938년까지 예산과 당진 그리고 천안 지역에 하나님의 교회를 세웠다.

그 해에 원산에서 열린 대화회에서 감로 직분을 받았다. 교회로 돌아온 이 감로는 구역 내의 모든 교회를 돌며 전도에 박차를 가했다. 교인들은 이 감로의 말에 순종하여 열심히 전도했다. 이러한 전도를 통해 많은 영혼이 구원을 받고 교회에 들어왔다.

전도하는 일은 쉬운게 아니다. 말로 할 수 없는 갖가지 어려움이 있다. 마을에 들어가서 전도하려고 하면 마을 주민들이 농기구를 앞세우고 달려들면 빨리 피해야 했다. 바울이 빌립보에서 유대인들에게 쫓겨 데살로니가로 도망갔지만 그곳에서도 꿋꿋하게 복음을 전했던 것처럼 이 감로가 이끄는 전도대들은 쫓겨나는 일도 많았고 두들겨 맞을 때도 많았지만 그러한 고난을 무릅쓰고 하나님의 복음을 전하는 데 최선을 다했다. 이러한 난관을 극복하고 세운 교회들이기에 더없이 보람이 넘치고 감사가 넘쳤으며 전도대원들의 기쁨은 그 무엇과도 견줄 수 없었다. 전도대원들은 이러한 사실을 전국에 흩어진 교회에 다니며 간증을 함으로 다른 지역의 교회들도 전도에 힘을 얻고 열심히 하나님의 복음을 전하는 계기가 되었다.

은혜스런 대화회

─── 매년 개최되는 대화회는 교단의 큰 행사였다. 전도인 직분을 받은 교인들은 거의 빠짐없이 참석했다. 이들은 전도활동에 대한 체험담을 듣게 되고 또한 세워진 교회들에 대해서도 서로 간증하는 기회가 주어졌다. 그러므로 대화회는 지금의 총회와는 사뭇 다른 성격을 띠고 있었다. 대화회에 참석하는 교인들은 모두 큰 은혜를 받았다. 더구나

대화회 기간에는 사경회도 함께 실시하므로 모든 참석자들이 교회에서 숙식을 같이하며 며칠 동안 함께 하나님의 말씀을 통한 은혜에 빠지는 시간이었다.

회원들이 전국 각지에서 모여들었으므로 오랜만에 만나는 사람들은 상호간 아름다운 친목의 시간도 되었으며 개회 예배시 성만찬 예배를 드릴 때는 거룩하고 엄숙하며 감사함으로 눈물을 흘리는 성도들이 많았다.

임원선거를 통해 새로운 임원들을 선출했는데 정말 모든 참가자들이 기도하는 심정으로 임원을 선출했다. 이때는 임원이 되는 것은 일제의 표적이 되기 때문에 목숨을 내놓아야만 감당할 수 있는 직책이었으므로 임원에 선출된 성도들은 숙연한 자세로 받아들였다.

덩치가 큰 이덕여 감로는 모든 사람들에게 잘 알려져 있었다. 유난스럽게 큰 체구에서 풍겨나오는 순수함이 많은 사람들에게 호감을 주었다. 더구나 회의 도중 어려운 문제가 나타나면 발언을 했는데 건설적이며 정의감이 투철하여 더욱 많은 사람들이 신뢰하게 되었다. 옳고 그름을 분명하게 분별하여 발언하였으므로 어려운 논제가 무난히 해결되곤 했다. 교단 내에서 이 감로의 주장에 동의했고 그의 인격적이며 지적인 분위기를 사랑했다.

교단 해체령과 이 감로

──── 1942년 9월에 일어났던 원산 침례 교단에 대한 탄압은 해방되기 직전에 행해졌던 큰 사건이었다. 이 사건으로 말미암아 침례 교단

의 모든 교회들에 해체령이 내려져 교회에서 예배를 드릴 수가 없었다. 모든 교회는 문이 굳게 닫혀졌고 교인들은 뿔뿔이 흩어졌다. 그래서 겨우 마을의 어느 집에서 몰래 모여 예배를 드릴 수밖에 없었다.

이 감로 역시 32명의 임원들이 검거될 때 함께 유치장으로 끌려갔다. 이틀 후인 9월 6일 원산 형무소에 구속되던 날 구속 3일째로 박기양 목사, 신성균 목사, 이덕상 교사, 김주언 감로에 이어 이 감로도 감옥에 갇히게 된 것이다.

매일같이 심문이 계속되었다. 괴로운 고통의 시간은 언제 끝날지 알 수가 없었다. 죽음의 문턱까지 이르는 일이 매일 반복되었다. 춥고 캄캄한 감옥에 갇혀 있으면서 세상 삶에 대한 소망은 끊어지고 오직 주님을 향한 믿음의 문만이 하얗게 영혼을 비추고 있었다. 고문은 견딜 수 있었다. 죽음을 각오하고 신앙을 지키기로 매일 마음을 굳게 먹었다. 유달리 큰 체구를 가진 이 감로는 콩깨묵에 멀건 된장국물에 죽같이 멀건 음식을 조금씩 주는 것을 먹고는 견디기 어려웠다.

마침 친 형제들이 감옥 근처에 숙박을 하면서 별식을 넣어주어 고단한 옥에서의 생활이었지만 지탱할 수가 있었다고 후에 간증했다. 1943년 5월 1일 함흥 형무소로 이감됐고 14일만에 석방되었다. 그러나 1944년 해방을 일 년 앞두고 함흥재판소 법정에서는 본 교단에 대해 해체령이 발표되었다.

이에 따라 각 지방의 교회들은 일경들에 의해 집회 금지를 당하고 교회 재산은 강제로 빼앗겼다. 교회 입구는 큰 널빤지로 가로질러 못이 박혔다. 출입구를 봉쇄한 것이다. 이덕여 감로는 "비록 물질적으로는 놈들에게 빼앗김을 당한다 해도 우리의 신앙정신은 빼앗길 수 없다"라는 순교의 각오를 가지고 신앙을 지키자고 외쳤다. 그리고 마을 사랑방에서 집안의 안방에서 신도들을 모아 주일을 지켰다.

1945년 8월 조국이 광복을 맞았다. 해방된 조국은 자유롭게 찬송을 부르고 자유롭게 교회에서 예배를 드릴 수 있도록 했다. 신앙의 자유를 되찾은 것이다. 그동안 무너진 교회를 재건하고 흩어진 교인들을 모으는 데 최선을 다했다.

이덕여 목사는 1950년 전주에 있던 덕상 교회에서 시무하기 시작했다. 이후 충청남도 광시 교회, 장곡 교회, 영동지방 구산 교회, 경상북도 용담 교회 그리고 상주 교회에서 시무하였다. 충청남도 장항 교회를 맡아 시무하던 중 울릉도 저동 교회로 파송을 받아 배를 타고 섬으로 들어가 하나님께 헌신하였다. 1956년 경북 상주 용담 교회에서 목사 안수를 받았다. 전국에 있는 교회에서 하나님께 헌신하다가 1967년 3월 2일 밤 69세의 일기로 주님의 부르심을 받아 세상을 떠났다. 그

1955년도 대한기독교 침례회 교역자 수양회에서 교역자 일동(아래에서 넷째 줄 중앙이 이덕여 목사)

의 자제로는 침례교신학대학교 총장을 역임했던 이정희 목사가 있다. 이같이 모든 생애를 주님께 헌신한 이덕여 목사의 신앙심은 21세기 교회들에게 좌표가 되고 있다.

한국의 페스탈로치
한기춘 목사

한기춘 목사

강경 고등성경학원에서 후진 양성을 위해 젊음을 쏟으셨던 한기춘 목사. 노년에 이르기까지 대전 침례신학대학 교수로 7년간 헌신하였고 또한 서울 대한침례회 신학교 교장을 맡아 8년간 심혈을 기울였다. 그는 교단의 발전을 위해서는 오로지 후진들을 양성하는 길뿐임을 알고 전력을 다해온 우리 교단의 페스탈로찌이다.

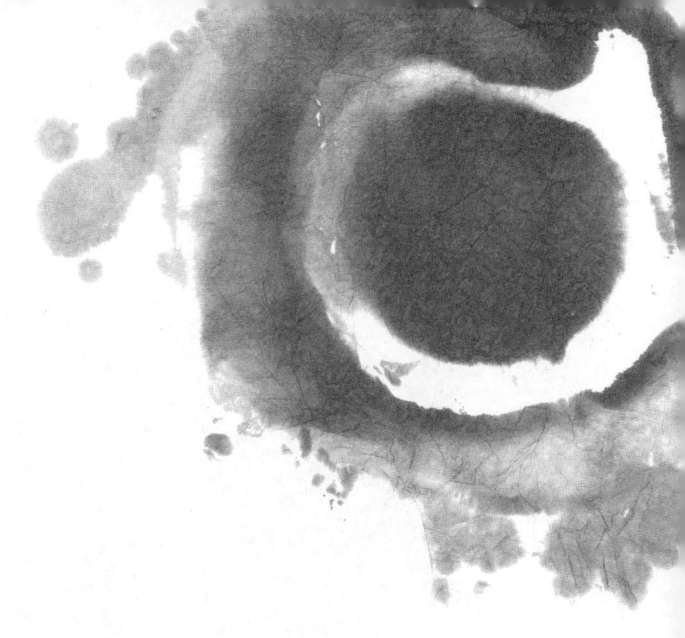

─── 하나님의 부르심에 분연히 일어나 이스라엘의 지도자들에게 하나님의 말씀을 선포했던 아모스 선지자처럼 한기춘 목사는 바람 앞에 등불처럼 꺼져가는 이 민족을 위해 하나님의 복음을 들고 침례 교단을 굳건하게 세웠던 하나님의 일꾼이었다. 또한 그는 진실한 하나님의 사람이었다. 날카로운 성격에 정의감이 투철했고 계획을 세우면 탱크처럼 강하게 밀어붙이며 일을 추진했던 침례 교단의 훌륭한 지도자 한기춘 목사는 이 나라의 애국자이기도 했다.

　　　　한기춘 목사는 늘 이 나라를 일으킬 단 하나의 길은 기독교뿐이라고 말하면서 교회의 지도자들을 키우는 데 심혈을 기울였다. 한국의 미래는 하나님을 믿는 믿음에서 나온다고 믿었다. 그는 침례 교회에 몸담고 침례교의 복음적 진리에 만족해 했으며 교단의 위기가 찾아왔을 때도 조금도 흔들리지 않고 의연하게 대처함으로 위기를 기회로

대한침례회 신학교 교장시절 (앞줄 왼쪽에서 네 번째가 한기춘 목사)

바꾸는 계기를 마련하기도 했다. 더구나 한기춘 목사는 한국 초대교회 부흥사로 일해오신 분이다.

그의 성장과 기독교

─── 한기춘은 1892년 7월 3일 함경남도 북청군 소후면 서호리에서 한원갑 씨의 장남으로 태어났다. 어려서는 서당에서 한문을 공부했다. 10년 동안 한문을 공부하고 서당에서 훈장으로 임명되었다. 15세 때 국가고시에 합격하면서 인근 마을에서 한기춘을 모르는 사람이 없을 정도로 실력 있는 사람으로 소문났다. 1911년 일제시대 때에는 풍산 사립중학교에서 교사로 재직하면서 한문을 가르쳤다.

풍산사립중학교에서 교사로 재직하던 어느 날 전도인에게 복음을 듣고 하나님을 영접하고 장로교회에서 교회생활을 시작했다. 교회생활을 하면서 성경을 공부하고 싶은 마음이 불일듯하여 공부할 만한 곳을 찾았다. 1915년 함흥성경고등학교에 입학하고 수료했다. 1918년 그동안 배운 성경을 다시한번 깊이 묵상하기 위해 산으로 들어갔다. 이곳에서 성경을 연구하고 기도하면서 2년을 보내며 주님과 깊은 교제를 나누었다.

　　　1920년 대영성서 공회에서 권서로 일하기 시작했다. 공회에서 일하면서 집집마다 찾아다니며 하나님의 복음을 전하기 시작했다. 이곳에서 4년간 하나님의 일을 배우며 실전 경험을 한 한기춘은 1923년 북청읍에 있던 장로교회에 조사로 사역을 시작했다.

　　　북청에서 사역하면서 평양신학교에 입학하여 연구과를 수료하고 더욱 하나님의 말씀에 대한 진리 탐구에 매진하였다. 당시의 한학자이며 신학에도 권위가 있었던 정빈 선생에게서 성경을 공부하기도 하였다.

　　　정빈 선생에게서 공부를 계속하던 한기춘은 정빈 선생과 교분이 두터웠던 펜윅 선교사를 만나게 되면서 성경에 대해 더 깊이 알게 되었다. 이때 침례교회로 들어가고자 펜윅 선교사에게 청하였으나 처음에는 받아들여지지 않았다. 그러나 펜윅 선교사가 제시한 세 가지 조건, 즉 첫째, 복음의 일치점에서 꼭 오기를 원할 때, 둘째, 현재 소속해 있는 교단의 이적 증서, 셋째, 일본 정부가 경영하는 학교 등 교육기관에 자녀들을 교육시키지 않겠다는 조건을 수락한 뒤 한기춘은 침례교회로 전입하였다.

　　　침례교회로 들어온 한기춘은 침례교회에서 실시하고 있던 전도대에서 전도했다. 1930년 원산에서 개최된 제25회 대화회에서 교사 직분을 받았다. 당시 그의 나이 28세였다. 1933년 이윤용 교사와 함께 목사 안수를 받고 경흥 구역에서 목회를 시작하였으며 이후 만주의 간도 구역에서 하나님께 헌신하면서 본격적으로 순회전도에 참여하였다.

한기춘 목사는 말씀의 은사를 받았다. 그가 하나님의 말씀을 선포하면 많은 사람들이 은혜를 받았고 회개하고 주님을 영접하는 사람이 많았다고 한다. 특히 부흥강사로 일하기 시작하면서 집회를 많이 열었는데 부흥회에 참여하는 사람들에게 이름이 널리 알려졌다.

한기춘 목사는 새벽기도에 열심을 내었다. 그리고 가정에서는 매일 가정예배를 드렸다. 이러한 개인적인 신앙생활이 능력으로 나타났다. 1977년 1월 3일 86세의 일기로 하나님 품에 안긴 뒤에도 그의 가정은 아버지의 유산으로 물려준 가정예배를 지금도 드리고 있다고 그의 후손들이 증언하고 있다.

제주도 4·3 사태를 수습하는 데 공헌

──── 1949년 미국 남침례교 선교부와 본 교단과의 제휴문제가 논의되기 시작했다. 한 목사는 선교부 초청문제로 당시 교단의 임원진과 의견 차이가 생겼고 의견 일치가 어렵게 되었다. 이때 한기춘 목사는 그간 물의를 일으킨 데 대하여 일체 책임을 지고 일시 교단을 떠날 생각을 굳히게 되었다.

이는 미남침례교 선교부에서 나요한 선교사를 파송하면서 시작되었다. 우태호, 황진홍, 박약실, 임정일 등이 개별적으로 선교사와 자주 만나면서 총회 임원들과 대립되는 한편, 보이지 않는 냉전이 시작되었다. 한 목사는 우태호, 장일수 목사와 함께 선교사와 손잡고 일할 계획을 세웠으나 총회 임원진과 의견이 대립되어 뜻을 이루지 못했던 것이다.

이 사건을 3인 혁신파라고 부르고 있다. 그러나 중국에서 30년이란 긴 세월 동안 선교생활을 했던 경험 많은 나 선교사는 교단과 임원들과 의견의 일치를 끌어내려고 노력하면서 협의를 꾀하고 있었다.

혁신파에 속했던 한기춘 목사는 교단적으로 어려워지자 호쾌한 그의 성격대로 모든 책임을 지고 모든 공직에서 사퇴하였다.

이후 한기춘 목사는 장로교 총회 전도부의 주선으로 제주도 선교사로 파송을 받았다. 독립운동을 하던 탁명숙 씨의 소개로 이승만 대통령의 추천서를 받아 남제주 서귀포에 선교사로 파송되었다. 이렇게 한기춘 목사는 이곳에서 유지로 입지를 굳히고 일하게 되었다.

4·3 사태로 혼란하기만 하던 남제주군 전역을 무대로 이재민을 구제하면서 사회의 안정을 꾀하는 데 크게 기여하면서 4·3제주사태를 수습하는 데 공헌하게 되었다. 제주 군수는 이러한 한기춘 목사에 대해 공로상을 수여했다.

제주도 4·3 사태란 1948년 4월 3일 공산주의자들이 폭동을 일으킨 사건이다. 공산주의자들이었던 김달삼, 이덕구 등이 제주도민을 선동하여 폭동이 일어났다. 정부는 즉시 군경합동으로 토벌군을 편성하여 제주도로 급파하였다.

이후 3년 동안 수없이 많은 인명이 죽거나 부상당하는 힘든 싸움 끝에 진압되었지만 이로 인해 제주도는 전역이 크게 붕괴되었고 인명과 재산 피해가 엄청났다.

한기춘 목사는 제주도가 어느 정도 질서를 회복하자 서귀포에서 교회를 시작했다. 몇 명 안되는 교인들을 모아 마을 사랑방에서 시작한 교회는 열정적인 전도와 한기춘 목사의 능력 있는 설교를 통해 많은 사람이 회개하고 주님을 영접하면서 부흥되었다. 이때 불교계에서 유명했던 홍영옥을 주님께 인도한 사건은 유명했다. 제주도 서귀포에서 이름난 부자였으며 불교계의 지도자 중의 한사람이었던 홍영옥은 예수 그리스도의 복음을 듣고 크게 회개하고 주님의 교회에 들어왔다.

교회가 부흥되면서 교회당을 짓기 위해 함께 기도하던 중 홍영옥 성도가 건축헌금을 하면서 활기를 얻었고 곧바로 건축이 완료되었다. 홍영옥의 아들인 김진훈은 목사가 되어 미국에서 목회하고 있다.

후배 양성을 위해 진력

─── 제주도에서 장로교회 목회자로 일하던 한기춘 목사는 늘 침례 교단을 잊을 수가 없었다. 성경을 깊이 있게 배웠고 복음적인 침례 교단을 떠난 것을 늘 후회했다. 이때 침례교회는 미국 남침례교 외국선교부와 함께 활기 있게 일하면서 놀라운 부흥이 일어났다. 이러한 모습을 보는 한 목사는 반가운 일이 아닐 수 없었다.

한 목사는 다시 침례 교단에서 일하기로 결심하고 경상북도 점촌 교회의 김주언 집사와 편지를 주고받고 교제를 나누면서 기회를 만들었다. 하나님은 그가 침례교회에서 일하도록 허락하셨다. 1951년 점촌 침례교회 담임 목사로 부임하게 된 것이다.

　　점촌 교회에 부임한 한기춘 목사는 침례 교단이 든든하게 발전하려면 목회자 양성이 시급하다는 생각에 누구보다 앞장서서 후진 양성에 관심을 보였다. 1949년 본 교단의 유일한 교역자 양성기관이었던 강경고등성경학원에서 교사로 일했던 경험을 바탕으로 1953년 대전에서 시작된 침례회신학교 교수로 부임하여 7년간 젊은 목회자를 양성하는 데 주력하였다.

　　1962년 서울에서 시작된 대한침례회신학교에서는 교장으로 8년간 수고했다. 노후에 오직 후진 양성에 심혈을 쏟았던 한기춘 목사는 1977년 1월 31일 86세의 일기로 하나님의 부름을 받았다. 자녀 중에 한명석 목사가 있다.

전쟁의 폐허 속에서 복음으로
침례교 중흥을 이뤄 낸
존 애버내티 선교사

존 애버내티 선교사

한국과 중국 등 동양에서만 40년간 선교활동을 펴온 노련한 선교사인 그는 한국 침례교의 중흥사에 있어선 큰 인물이다. 6·25 전쟁으로 이 민족이 갈피를 잡지 못했을 때, 혜성처럼 나타나 의료사업, 구호사업, 선교사업, 교육사업 등을 활발하게 전개했던 그는, 한국침례교가 이 땅에 발판을 견고하게 굳히게 했다.

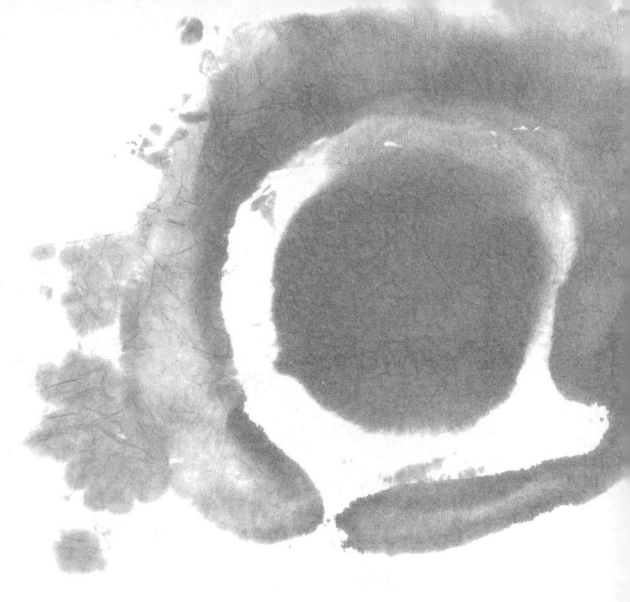

─── 존 애버내티(John Abernathy) 선교사(한국명 : 나요한)는 1897년 미국 북부 캐롤라이나에서 출생하였다. 어려서부터 교회에 출석하여 믿음을 키워오던 애버내티는 12살 되던 해에 하나님의 일꾼이 되겠다는 꿈을 가지게 되었다.

1921년 24세에 신학을 하고 얼마 지나지 않아 중국 선교사로 파송되었다. 미국의 북부 캐롤라이나 주립대학을 졸업한 그는, 항해사가 대양을 정복하려는 야망을 가진 것처럼 복음을 들고 세계를 내달리겠다는 꿈을 이루기 위해 중국 선교를 선택했으며 1921년 몇 달의 항해 끝에 상해에 도착했다.

중국에 첫 발을 내디딘 애버내티 선교사는 중국인들의 습관과 문화를 익히려고 노력했다. 언어를 공부하는 것은 선교사가 해야 할 가장 중요한 것이다. 1925년 6월 20일 타이완에서 선교사로 사역하면서 결혼을 했다. 당시 그의 나이 28세였다. 가정을 이루고 안정을 이루자 본격적으로 선교사로서의 사역을 감당하기 위해 중국어를 공부했다. 2년간 공부하자 어느 정도 말을 배울 수 있었다.

1937년 그의 나이 30세 되던 해에 중국 산뚱반도로 사역지를 옮겨 활동했다. 그러나 이곳이 일본군의 통치 지역이 되면서 많은 어려움을 겪게 되었다. 일본군은 노골적으로 교회를 핍박했다. 일제에 체포되어 첼루우 대학에 갇혔으나 하나님의 도우심으로 극적으로 탈출하였다. 죽을 고비를 넘기며 안전한 곳에 이르러서야 하나님의 큰 은혜를 깨닫게 되었다.

1944년 미국 통역관 신분으로 자유중국으로 돌아왔다. 그 이듬해인 1945년 일본이 항복하자 전쟁이 끝이 났다. 그러나 중국은 공산주의자들에 의해 공산 정권이 세워지게 되면서 선교가 불가능하게

1959년 나요한 선교사 환송기념. 한국침례교 중흥의 역군이었던 그는 선교 10년의 많은 공적을 쌓았다. 그러나 그가 한국을 떠날 때는 교단분열이란 큰 상처를 안고 떠나야만 했다(오른쪽으로부터 두 번째가 애버내티 선교사)

되었다.

20여 년 간 선교 지역이던 중국을 포기할 수밖에 없었지만 언젠가 선교사들의 땀과 눈물과 기도의 수고가 헛되지 않고 중국이 복음화될 것을 믿으면서 중국을 떠났다.

1950년 미국의 선교회는 애버내티 선교사를 한국에 파송하였다. 1950년 전쟁의 폐허 속에서 잠자고 있던 한국 선교에 첫발을 내딛게 된 것이다. 이후 1959년 12월 선교사로 은퇴하고 귀국할 때까지 한국 산하를 누비며 하나님의 복음을 전하고 폐허된 교회를 증축하는 데 힘을 다했다.

1967년 미국 남침례교 총회에서 부회장으로 피선되어 미국 침례교회의 지도자로서 일했다. 같은 해 애버내티 선교사는 한국에서 회갑연을 가지게 되었다. 그와 각별하게 지냈던 신혁균 목사의 주선으로 충서지방회 주최로 광천 교회에서 잔치를 열고 위로의 축하를 하게 되었다. 한국 풍속에 의하면 자녀가 절을 하는 순서가 있는데 애버내티 선교사에게는 자녀가 없었다. 그래서 신 목사는 연소한 필자에게 아들 역할을 해달라고 부탁하여 필자가 대신 절을 했다. 그런 연유로 애버내티 선교사는 유달리 필자를 생각하는 것 같았다.

1970년 한국 침례회 총회를 다시 방문하였을 때 한국 침례회가 하나되어 놀랍게 발전된 모습을 보고 무척 기뻐하셨다. 그때 함께 하나님의 복음을 전하던 옛 친구들을 만나 기쁨의 교제를 나누다가 돌아갔다.

그뒤 1973년 3월 17일 77세의 일기로 세상을 떠나 하나님 품에 안겼다. 눈동자가 항상 빛이 났던 그는 나이에 비해 매우 의욕적으로 모든 일을 처리했던 선교사였다. 젊은이들이 부러워할 만큼 불

1951년 제41회 총회 때(부여 원당 교회). 본 총회에서 세계침례교회 및 미국침례회와 보조를 맞추고 유대를 강화하기로 결의하였다. 나요한(John Abernathy) 선교사가 공식 초청으로 참석하였다.

같이 일하던 애버내티 선교사는 삼천리 반도 강산 곳곳에 그 자취를 남겼고 우리 교단의 모든 사람들이 본받기에 부족함이 없는 훌륭한 하나님의 사역자였다.

한국 선교 시작

──── 한국은 세계 2차 대전의 종식과 함께 1945년 8월 15일 해방을 맞았다. 진리는 최후에 승리한다는 법칙대로 일제의 마수에서 벗어나 자유를 찾은 것이다.

8·15 해방은 기독인들에게는 특별한 의미가 있었다. 그동안 강제로 잠겨 있던 교회의 문들이 일제히 열렸고 일제의 악정에 짓밟

히고 무너졌던 교회들은 다시 세워지기 시작했다. 이때야말로 한국 기독교 역사상 그 어느 교파보다 침례교회가 보여준 신앙의 절개를 돋보이게 한 시기는 없었을 것이다. 하나님이 준비하신 은총이었다.

1949년 미국 남침례 외국 선교부에서 동양 총무로 일하던 꼬딘 박사가 내한했다. 그는 한국의 교회를 돌아보면서 놀라움을 금치 못하며 미국으로 돌아갔다. 그는 미국에 돌아가 귀국 보고를 하는 자리에서 "만 명의 잃었던 침례 교인을 한국에서 찾았다"는 제목으로 그곳 신문에 한국 침례교회의 실정을 자세히 보도하였다.

그리고 이어 1950년 2월 14일 존 애버내티 선교사 부부가 한국 선교사로 파송을 받고 내한하여 본격적으로 선교활동에 참여하게 된 것이었다. 애버내티 선교사는 30여 년 동안이나 중국 선교에 몸바쳤던 만큼 경험이 풍부한 선교사였다.

애버내티 선교사가 사역을 시작하자 모든 교파가 이목을 집중했다. 그는 불같이 일했다. 더구나 풍부한 경험을 바탕으로 전국에 하나님의 복음을 전하는 전도자로 또는 교단의 일꾼으로 눈부신 활동을 펴기 시작했던 것이다. 이렇게 활발하게 일하는 일꾼을 한국침례교회에 보내주신 것은 전쟁으로 황폐화된 한국 교회에게는 실로 커다란 힘이 되었으며 실제로 한국 침례교회의 발전을 이끌면서 놀라운 부흥을 위한 기틀을 마련해 주었다.

한국에서는 나요한이라는 이름으로 불렸는데 한국말은 한마디도 못했지만 한국을 사랑하고 하나님의 교회를 사랑했다. 30여년간 중국에서 선교사로 있으면서 한문을 공부한 그는 한학자로서 손색이 없을 만큼 동양의 문화에도 익숙해 있었다. 공자와 맹자 등 중국의 사서삼경을 공부해서인지 비록 우리말을 못했지만 한문으로 의사를 통할 수 있었기 때문에 큰 불편을 겪지 않았다.

그리고 이 당시 만주에서 귀국한 성도들이 많아 중국말로 대화가 가능했으므로 중국말로 설교를 잘했으며 만주에서 귀국한 교인들이 은혜를 많이 받았다.

한국전쟁과 수복

───── 애버내티 선교사가 내한하고 얼마되지 않은 1950년 6 · 25 전쟁이 일어났다. 북한의 공산주의자들이 주일 새벽에 돌발적으로 남침을 시작하여 길고 긴 3년 동안의 전쟁이 시작되었던 것이다.

교인들은 남쪽으로 피난을 갔다. 3년 동안 밀고 밀리는 전쟁은 이 땅을 황폐화시켰다. 가족과 친지들이 죽었고 건물은 파괴되었다. 교회도 무사하지는 못했다. 전국에 있는 많은 교회들이 파괴되거나 불태워졌다. 필리핀으로 피난을 갔던 애버내티 선교사는 그곳에서도 쉬지 않고 하나님의 복음을 전했다. 마닐라에 있는 교회에 목사로 활동하면서 한국전쟁이 끝나기를 기다렸다.

연합군이 9월 28일 서울을 수복하자 애버내티 선교사 부부도 1951년 4월에 다시 내한하여 1951년 4월에 충청남도 부여의 원당교회에서 개최된 교단 총회에 참석하여 한국과 미국 간의 선교를 제휴하고 전쟁으로 폐허가 된 이재민들을 구호하는 의료 및 구호 사역에 발벗고 나섰다. 의료사업을 하면서 의료선교의 중요성을 깨달은 애버내티 선교사는 부산시 남포동에 전재민 의료를 위한 병원을 개설하였다.

1951년 애버내티 선교사의 주선으로 뿌라인 의학박사가 내한하여 부산 구호병원에서 의료사역을 본격적으로 시작했다. 병원에 필요한 모든 의료기구와 의약품은 미국 남침례 본부로부터 조달되었다. 동년 4월에는 렉스레이 박사가 내한하여 도시와 농어촌을 순회하면서 전도와 구호사역을 진행하면서 전쟁으로 불안해 하던 이 민족에게 새로운 소망을 불어넣어 주었다. 현재 한국에서 선교사로 사역하고 있는 레이 선교사는 렉스레이 박사의 아들이다. 아버지를 따라 한국에서 2대째 선교사로 사역하고 있는 것이다.

그 해 9월에는 애버내티 박사 부인이 필리핀에서 내한하여 부군을 도와 여러 가지 여전도회의 사업을 도왔다. 1953년 봄 미스 횟과 뿌레넘 간호사가 들어와 구호병원에서 일하기 시작했으며, 70세의 요컨 의학박사가 들어와 노구에도 불구하고 매일 극빈 환자 5백여 명을 치료하는 노익장을 과시하기도 하면서 병원 사역을 통한 복음 사역은 날로 그 힘을 얻어갔다.

교육사업 전개

─── 애버내티 선교사는 한국 침례교회가 놀라운 발전 양상을 보이고 있으므로 지속적인 발전을 위해서는 지도자의 양성이 시급하다고 판단하였다. 우선 당시 교역자의 자녀를 중심으로 각 교회에서 청년들을 선발하여 학자금을 지급해 주면서 학문을 배울 수 있는 기회를 만들었다. 1953년 3월 대전시 중동에 고등성경학원을 개설하여 학생 50여 명을 모집하여 신학을 가르쳤다. 1954년 4월 침례신학교로 승격시켜 문교부 인가를 얻음과 동시에 초대교장으로 부임했다.

당시 신학교를 어느 도시에 건립하는 것이 좋을지를 논의하였다. 6·25 전쟁의 큰 고통을 경험했던 교단에서는 침례교회의 분포와 교통의 원활함을 생각하여 대전이 적합하다는 결론을 내리고 대전에 세우기로 했다. 통일이 되면 평양에 신학교를 세우고 서울에는 대학원을 세우자는 의견이 받아들여졌다.

40여 년 간의 선교사 생활 마감

──── 애버내티 선교사는 한국 선교 10년만인 1959년 12월에 선교를 마치고 본국으로 돌아갔다. 중국 선교 30여 년과 한국에서 10여 년을 합해 40여 년 간의 선교사 생활을 정리하고 본국으로 돌아간 것이

1954년 7월 7일 침례회신학교를 문교부로부터 인가를 받고 기념예배를 신학생들이 내외분 내빈을 모신 자리에서 드리고 있다. 이날 나요한 교장이 설교하고 조응철 교무과장이 통역하였다.

다. 포항총회의 결의에서 총회 분규의 책임이 있다고 고발이 들어왔고, 선교본부에서 조사한 후 이를 받아들이게 된 것이다. 그러므로 애버내티 선교사는 자의에 의한 것이 아니고 분규에 총 책임을 지고 본국으로 소환됨으로 임기 전에 떠나게 되어 매우 유감스러울 뿐이었다.

　　　　애버내티 선교사는 어려서부터 선교사의 꿈을 품고 신학을 공부하고 20세의 젊은 나이에 낯선 중국에서 시작한 선교를 통해 생애를 모두 주님을 위해 헌신했다. 국가적으로 가장 혼란했던 시기에 중국에 복음의 씨앗을 뿌렸고, 전쟁의 폐허에 잠겨 슬픔에 잠겨 있던 한국에 파송되어 이 땅에 복음의 씨앗을 뿌렸다. 민중들의 삶 속에 희망을 일깨워준 애버내티 선교사는 우리나라 교회에 한 알의 썩어지는 밀알이 되어 놀라운 부흥의 기틀을 마련해준 고맙고 감사한 하나님의 일꾼이었다.

울릉도 복음의 선구자
김석규 목사

김석규 목사

단독으로 전도사를 모시고 성경공부를 하면서 전도에 전력을 기울인 김석규 목사는 최초로 울릉도에 복음을 전파한 복음의 성주였다. 고도였던 울릉도에 이제는 17개 교회에 3천여 신자가 있을 뿐만 아니라 우리 기독교 사상 보기드문 5부자의 목사라는 큰 열매를 맺게 했다.

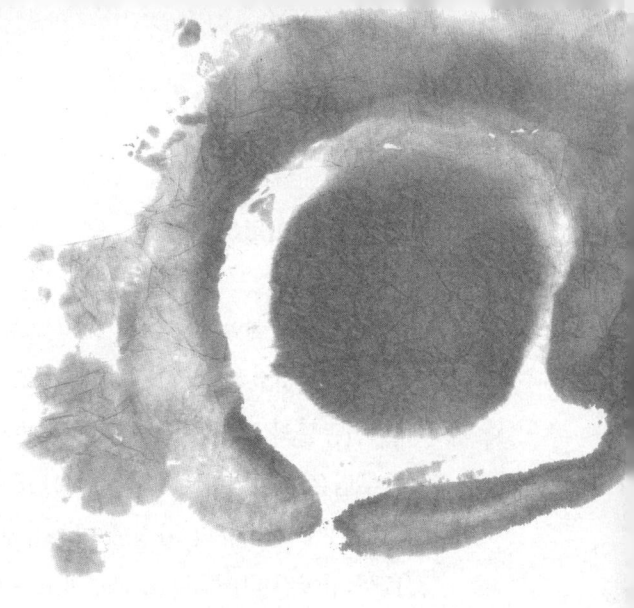

━━━ 김석규(金碩奎) 목사는 1891년 3월 11일 경상북도 영천군 내동면 단포동에서 김두건 씨의 삼남으로 태어났다. 인자한 부모 슬하에서 아무런 걱정 없이 행복하게 자랐다. 당시 우리나라의 풍습대로 어렸을 때 서당에 나가 친구들과 함께 한문을 공부했다.

   1913년 부모가 교회에 다니기 시작하면서 자연스럽게 교회에 다니게 되었다. 1913년 그의 나이 22세에 교회생활을 시작한 김석규는 매일 전도사와 함께 가정에서 성경을 공부하면서 전도에도 힘을 썼다. 1926년 3월 15일 전라남도 해남 김순이 씨와 결혼을 하였다. 결혼을 하면서 가정이 안정되었고 믿음 안에 있는 아내를 얻은 그는 교회에 더욱 충성하였다.

복음을 받아들이기까지

─── 일제가 침탈하여 이 민족은 식민지로 전락하였다. 사회는 날로 혼란해지고 삶은 점점 힘들어졌다. 여기 저기에서는 독립을 부르짖는 민중들의 봉기가 일어났다. 이러한 혼란한 사회 속에서 살기 위한 몸부림은 하나님이 주신 본능이라고 할 수 있다.

김석규의 가정도 마찬가지였다. 바로 위에 형인 창규 씨가 17세의 어린 나이임에도 불구하고 모험을 시작했다. 약한 바람에도 날아갈 것 같은 작은 배를 타고 울릉도에 들어갔다. 당시 울릉도는 150여 가구가 옹기종기 모여 사는 평화로운 마을이었다. 육지와는 멀리 떨어져 있어 일제의 마수에서도 어느 정도 벗어나 있었다.

울릉도를 살펴보고 온 형 창규 씨는 부모와 형제 등 가족들과 함께 울릉도로 이사를 했다. 이렇게 해서 울릉도에서의 삶이 시작되었다. 아버지는 종교에 대한 경외심을 가지고 있었다. 무엇을 믿든지 믿음이 있는 것은 삶에 평안을 준다고 생각한 것이다. 가을 추수를 마친 아버지가 콩 한 가마니를 판 돈을 형 창규 씨에게 쥐어 주며 육지에 나가 종교인을 초청하라고 했다.

창규 씨는 또다시 작은 배에 몸을 싣고 파도를 헤치고 육지로 가서 닿은 곳이 강원도 울진이었다. 이곳에서 원산에 본부를 두고 전도하던 펜윅 선교사가 파송한 김종희 전도사를 만나게 되었다. 울릉도에 대한 상황을 설명하고 울릉도에 같이 가자고 간청했다. 김종희 전도사는 쾌히 승낙하고 둘이 배를 타고 울릉도에 들어왔다. 이렇게 해서 울릉도 주민들도 하나님의 복음을 듣게 되었다.

김 전도사는 김석규네 집에 살면서 매일 가족들과 성경을 공부하고 예배를 드렸다. 가족들이 모두 예수 그리스도를 영접하고 믿음을 가지게 되었다. 김석규는 이때 서당에서 한문을 공부하듯 성경을 공부했다. 성경을 공부하면서 믿음이 깊어졌다. 차츰 주님을 위한 삶이 얼마나 값진 것인가를 깨닫게 되었다.

매일 새벽기도회를 통해 자녀들에게 신앙교육을 시켜오던 김석규 목사 내외분. 9남매를 모두 하나님의 종으로 헌신시켰는데 그 가운데 4형제는 목사로 그리고는 안수집사, 집사들로 주의 사역을 위해 헌신하고 있다.

오부자 목사

――― 김 목사의 가정은 우리나라 교회 역사상 보기 드문 오부자 목사의 가정이다. 김석규 목사와 아들들이 모두 목회자(용덕, 용근, 용문, 용도)가 되어 가족이 모두 주님 앞에 헌신하게 된 것이다.

김석규는 젊었을 때 정치에 뜻이 있었다. 해방이 된 후 국회의원에 출마하였으나 두 번이나 낙선하였다. 이러한 실망 속에서 김석규는 자신이 해야 할 일이 어떤 것인지를 알게 되었고 주님은 그 길을 인도하여 주었다. 원래 하나님이 택하여 주님 나라의 일꾼이 되기를 원하였지만 그 길을 알지 못하고 방황한 것이다.

자기의 길을 깨달은 김석규는 주님의 일꾼으로 살 것을 결심하게 되었다. 아버지가 세상을 떠나면서 "예루살렘과 사마리아와 땅 끝까지 그리스도의 증인이 되라"는 유언을 남기셨고 이 말씀은 가훈이 되었다. 이때부터 기도하면서 복음을 전하는 일을 시작했다.

주님의 복음을 위해 충성하던 김석규는 울릉도 최초의 목회자로 안수를 받게 되었다. 김 목사는 개척교회를 위하여 힘썼다. 울릉도민 모두가 주님의 자녀가 되게 해 달라고 간절히 기도하면서 하나님의 교회를 개척했다. 얼마 지나지 않아 교회는 안정되었고 복음을 받아들인 교인들이 교회를 가득 채웠다.

김석규 목사는 자녀들의 신앙에 각별한 노력을 기울였다. 매일 아침 다섯 시가 되면 모두 일어나 찬송을 불렀다. 찬송을 부르기 시작하면 1절이 끝나기 전에 모든 식구가 안방에 모여 함께 찬양을 했다. 늦장을 부리거나 게으른 자녀는 어김없이 벌을 받았다.

자녀들이 성장하면서 9남매 중 4명의 아들인 용덕, 용근, 용문, 용도가 목사가 되었다. 그 외의 자녀들은 장로 1명, 안수집사 1명, 딸 3자매는 집사로 교회에 충성하고 있다. 이같이 9남매가 주님의 일

1957년도 무창포 해수욕장에서 열린 전국교역자 수양회에서(뒷줄 중앙이 김석규 목사)

꾼으로 헌신하고 있는 것은 울릉도로 이사온 후 김종희 전도사를 초청하여 신앙교육을 받고 믿음을 가진 이후 그 신앙을 목숨처럼 지킬 수 있도록 인도하신 하나님의 크신 사랑과 섭리였다.

    1975년 6월 28일 향년 84세의 일기로 하나님 품에 안긴 김석규 목사는 이 땅에서 복음의 향기로 세상을 따뜻하고 아름답게 가꾼 하나님의 일꾼이었다.

역경을 딛고 대륙에 복음의 불길을 일으킨
복음의 사도
최성업 목사

최성업 목사

경흥의 양천여관에서 우연히 펜윅 선교사를 만나 하나님의 종이된 최성업 목사. 평소에 러시아 성경을 읽고 진리를 더욱 깊게 깨달았다는 그는 핍박하던 부친까지 귀한 종으로 세워 '수청', '도빙허' 등지에 30여 교회를 개척하게 하였다. 그의 부친은 공산당들에게 순교를 당하였다. 한때 우리 교단을 위해 사회부장, 총회장으로 활약한 최성업 목사는 복음을 위해 하나님께서 쓰신 큰 그릇이었다.

─── 최성업(崔成業) 목사는 1888년 3월 25일 함경북도 경성군 주북면 두남리에서 당시 유교사상이 철저했던 최응선 씨의 둘째 아들로 태어났다. 엄격한 부모에게서 우리의 전통 사상이었던 유교적인 교육을 받으며 자랐다. 최성업이 12세 되던 1900년에 러시아 땅 새초봉이란 곳으로 이사하였다. 이곳에서 러시아 학교에 입학했으며 18세 되던 해에 졸업했다.

   이 학교에서 최성업은 학교생활에 잘 적응하는 모범생으로 성적도 뛰어나 한국인의 우월성을 보여주었다. 학교를 졸업하고 모든 이들이 선망하는 포셋트란 무역회사에 취직했다. 포셋트는 항구도시에 있는 회사였는데 새초봉 사람들은 이 회사에 들어가는 것을 영광으로 알았다. 한국인으로 이 회사에 들어간 최성업은 주민들에게 선망의 대상이 되었다.

회사생활을 통해 들어오는 수입은 날로 늘어났다. 인구 3백만 정도 되는 해삼위시에서 그는 부자가 되었다. 한창 젊은 나이에 성공의 길을 걷고 있던 최성업은 자신도 모르게 점점 교만해지고 방탕한 생활에 젖어 들었다.

이렇게 눈코 뜰새 없이 바쁜 생활을 하고 있던 그에게 놀라운 변화가 일어난 것은 얼마되지 않아서이다. 우연한 자리에서 본 교단의 초대 선교사인 펜윅 선교사를 만나게 된 것이다. 하나님은 그의 능력을 당신의 나라를 위해 쓰시고 싶었던 것이다.

입교(入敎)와 신앙생활

─── 1908년 3월 어느 날 펜윅 선교사가 경흥과 간도 구역을 순회하던 중 경흥읍 양천여관에서 최성업을 만났다. 기회를 놓치지 않고 하나님의 복음을 전하자 최성업은 하나님의 성령에 이끌려 믿음을 받아들이고 교회의 일원이 되었다.

28세의 젊은 나이에 하나님을 믿게 된 최성업은 함께 예수를 믿게 된 이종근, 장진규 등과 함께 교회에서 성경을 공부하고 예배에 열심히 참석하였다. 최성업은 러시아어에 능통하였기 때문에 러시아 성경을 보면서 하나님의 진리를 깨달았다. 이 당시 소련에 들어와 있던 이슬람교에도 관심이 있어 함께 공부하던 중, 예수 그리스도의 행적을 더욱 깊이 있게 알 수 있는 계기가 되어 더욱 주님께 헌신하기로 하였다.

이때부터 전도인으로 그는 열심히 전도하기 시작했다. 치밀

한 계획을 세우고 전도할 사람들에 대해서도 연구하고 기도하면서 많은 사람들을 교회로 이끌었다.

이렇게 주님을 위한 삶을 살기 시작하자 가족들은 당황해했다. 회사에 잘 다니면서 가계를 풍성하게 하던 아들이 하루 아침에 예수에 미쳐 있는 것을 이해할 수가 없었던 것이다. 특히 아버지인 최응선 씨는 그를 정신병자로 취급하기도 하고 서양귀신에 빠졌다고 하면서 온갖 수단과 방법을 동원해 예수에게서 빠져나올 수 있도록 하기 위해 갖은 노력을 다했다.

집에 들어 갈 수가 없었다. 가족들과 마주치면 힘들고 괴로웠기 때문이다. 그러나 어떤 핍박이 다가와도 조금도 굴하지 않고 타협하지 않았다. 더욱 따뜻한 마음으로 가족들을 대하면서 주님의 사랑을 전하려고 노력했다.

임원들과 함께 기념 촬영
(앞줄 왼쪽부터 신혁균, 최성업, 김용해, 이덕훈/뒷줄 왼쪽부터 임병찬, 남용순, 이태준, 이덕근, 김갑수)

이때 최성업 목사는 가족들을 위해 수많은 시간을 기도했다. 이러한 그의 기도를 주님은 받으셨다. 1909년 아들이 하는 일에 감동된 가족들이 모두 하나님을 믿기로 결심하고 교회에 나오게 되었다. 가족들이 모두 신앙을 갖게 된 것에 감사하여 연추 구역에 달미 교회를 개척하여 하나님의 은혜에 보답했다. 달미 교회는 모든 가족들이 힘을 합쳐 이룬 하나님의 교회였다.

아버지는 예수님을 영접한 이후 많이 달라졌다. 기쁨에 충만하여 이곳 저곳 마을을 찾아 다니면서 하나님의 복음을 전하던 중 수청 교회, 청재동 교회를 비롯해서 도빙허 교회 등 전도하러 다니는 마을마다 교회를 개척하여 30여 개 교회를 세웠다.

최성업 전도인은 지역의 러시아인들과도 교제를 나누었다. 수청 구역에 집이 넉넉한 러시아인 가정과 의형제를 맺고 친하게 지내오고 있었다. 서로 교제가 많았던 두 가정은 자주 왕래하였다. 어느 무더운 여름날 두 식구가 한자리에 모여 함께 식사를 하고 있었다. 여름이라서 최성업 전도인이 모자를 벗게 되었다. 이때껏 최성업이 러시아인으로 알고 교제를 나누었던 러시아인은 모자를 벗자 드러난 상투를 보고 그가 조선사람인 걸 알게 되었다.

이때부터 이들의 태도는 돌변하더니 거리에서 최성업을 만나면 얼굴을 돌렸으며 그동안 쌓아온 우정은 물거품처럼 사라져 버렸다. 이것 뿐만이 아니었다. 이 지역 사람들이 모두 상대조차 해 주지 않았다고 한다.

하루는 전도를 하다가 어느 집에서 식혜를 먹고 있는데 이들이 다가오더니 "예수쟁이도 제사음식을 먹느냐?"고 약을 올렸다. 이에 격분한 최성업 전도인은 들고 있던 지팡이로 후려쳐버렸다고 이야기한 적이 있다.
　　　　　이같이 한국인으로서의 긍지가 강하고 전도인으로서 당당한 모습으로 맡은 사역을 잘 감당했다. 1917년 한국 총부에서 러시아 서백리야 지방으로 선교사를 파송하려고 적임자를 찾고 있었다. 최 전도인은 러시아어에 능통하고 지역적 특성도 잘 알고 있었기 때문에 통역을 맡기 위해 전도대에 합류했다. 이 전도대가 러시아에 도착해 최성업 전도인의 아버지가 개척한 많은 교회들을 둘러 보고는 깜짝 놀랐다고 한다. 공들여 개척한 교회들을 하나씩 둘러 보며 파견된 전도대에 교회들을 소개했다. 이 소식을 들은 많은 교회들이 큰 은혜를 받았던 것이다. 최성업 전도인은 이곳에서 러시아 지역의 순회전도인으로 교회를 돌보았는데 교회는 더욱 든든히 서 가고 믿는 자가 점점 더해갔다.
　　　　　1922년 이종덕 감목이 함경북도 증산에서 소집한 대화회에

원산·고 펜윅 선교사의 자택 정원 앞에서(펜윅 선교사를 추모하는 교우들. 아래에서 셋째 중앙줄이 최성업 목사)

서 박성은, 박성홍, 박성도 등과 함께 감로 안수를 받았으며, 1923년에는 중국 교회 개척 책임자인 총찰의 사명을 받고 파송되어 각 지역에 있는 교회를 순회하면서 예배를 인도하고 전도도 하면서 흩어진 교회들을 성실하게 돌보았다.

이때 러시아는 신파와 구파의 정치인들이 정치적인 파벌싸움을 벌이고 있었다. 파벌 싸움은 신당의 승리로 끝났으며 공산주의자들인 이들은 볼세비키혁명을 시작했고 러시아는 순식간에 공산화되었다. 공산화되면서 전도의 길도 막혔다. 당연히 세워졌던 모든 교회들은 큰 압박을 받았고 결국은 문을 닫고 지금은 어떻게 되었는지조차 알 길이 없다.

최 감로는 1925년 간도 구역장으로 2년 동안 각고의 노력을 기울였으나 공산주의라는 철의 장막을 어찌할 수 없었다. 언젠가 이곳에 복음의 문을 주님이 열어 줄 때까지 기다려야만 했다.

1927년 전치규 감목이 함경북도 고읍에서 소집한 제22회 대화회에서 자원함으로 최 감로는 전도의 길이 막혀 도저히 갈 수 없었던 러시아로 떠났다. 시베리아와 만주 등지에서는 공산주의자들의 침입으로 방화와 학살이 자행되고 있었다. 이곳에 살고 있던 한국인들은 본국으로 피난을 오고 있었으며 한국 교회는 이들을 받아들이고 있었다.

이러한 상황이었기 때문에 이곳에 들어간다는 것은 대단히 위험한 일이었다. 그럼에도 불구하고 최성업 감로는 러시아에 있는 교회를 순회하기 위해 들어간 것이다. 모든 가족들이 온갖 고난 속에서 힘을 다해 개척한 교회들을 최성업 감로는 자기 몸보다 더 사랑하고 있었다. 교회를 순회하면서 공산주의자들에게 죽을 고비도 수없이 많이 당했지만 하나님의 돌보심으로 해를 입지 않았다. 공산주의자들에게 순교당한 아버지의 시신을 찾아 장사지낸 후, 10개월 동안 교회들이 공산주의자들에게 무참히 짓밟히는 모습을 목격하고 돌아왔다.

온갖 박해와 맞선 전도생활

─── 1935년 김영관 감목이 원산에서 소집한 제30회 대화회에서 김용해와 함께 이종근 목사의 주례로 목사 안수를 받았다. 그 해에 일본정부는 신사참배를 강요하기 시작했다. 일제는 문화말살 정책의 일환으로 일본어를 사용하고 한국어를 사용하지 못하게 하는 등 한민족을 압박하고 있었다.

더구나 중일전쟁이 발발하면서 사회는 극도로 악화되었다. 특히 기독교인들이 당해야 하는 핍박은 이루 형용할 수 없었다. 최성업 목사는 만주 지역을 순회하면서 교회를 돌보고 또한 교회를 개척하면서 사역을 감당하고 있었다. 이렇듯 일제의 무서운 탄압 속에서도 꿋꿋히 하나님이 주신 사명을 감당하였다. 10년 동안 만주 지역의 교회를 돌보는 데 최선을 다했다.

1945년 8월 15일 조국이 해방되면서 종교의 자유도 시작되었다. 최성업 목사는 1946년 청진 교회를 개척하고 사역하였으며 이후 나진, 중산동, 동천 교회에서 목회했다. 1950년 6·25 전쟁이 일어나고 38선이 그어지자 중산동 교회의 최원영 장로와 고읍 교회 김화준 장로 그리고 중산동 교회의 최병곤 장로와 함께 38선을 넘어 남한으로 내려왔다.

내려오는 도중 일행은 추위와 허기를 견디지 못하고 다시 북

1961년 최성업 목사님과 함께
(최 목사님은 펜윅 선교사의 침대를 기념으로 갖고 있었다)

으로 돌아갔으나 최성업 목사는 혼자 밤에는 산에서 잠을 자고, 낮이면 산길을 따라 남쪽으로 내려왔다. 이 때 겪은 고난은 이루 말로 할 수 없을 정도였다. 후에 그 때의 일을 회고하고 교회에서 간증과 눈물을 흘리며 부르던 찬양이 있었다.

> 사랑하는 친구들은 먼저 다 가고 나만 홀로 남았으니 외롭기만 하네
> 저녁 햇빛 넘어가니 내 갈길 어디일까 감람산이 어디인가 주님 지도합소서
> 사모하는 평안처에 주님 지켜 줍소서 주님 품에 안겨서야 나의 평안처로다
> 〈후렴〉 주 예수시여 오늘밤도 내 곁에 계셔 나를 위로하여 주시옵소서.

1951년 나진에서 출발한 지 13개월만의 긴 여정 끝에 부산에 도착했다. 이때 겪은 고생이란 말로 표현할 수 없었다고 간증하곤 했는데 모두가 하나님의 뜻이라고 하며 주님을 찬양했다. 최성업 목사는 늘 행복한 얼굴을 하였는데, 이런 마음으로 하나님의 교회를 돌보았다.

1951년 대전 대흥 교회를 개척하고 3년간 시무하였다. 1953년 점촌 교회에서 시무할 때 교단의 사회부장으로 봉사했으며, 1954년 대전에서 열린 총회에서 부총회장으로 피선되어 교단의 발전을 위해 봉사하였다. 이후 수원 교회에서 사역할 때는 선교본부에서도 일하였다. 1957년 노후의 몸을 이끌고 강릉 교회를 개척하여 사역하였으며

수원 중앙 교회로 부임하여 사역하다가 하나님의 부름을 받았다. 최성업 목사는 고난과 역경의 생애를 살았다. 핍박도 함께 받으리라던 주님의 말씀대로 그는 갖은 고난을 몸으로 받으며 조금도 주님의 사역에 제동을 걸지 않고 앞으로 전진하여 하나님의 사역을 감당한 하나님의 일꾼이었다.

숭실대 전도단의 기수, 학원선교의 선구자
차광석 목사

차광석 목사

'숭실대 전도단'이란 팀을 이끌고 전국적으로 순회하였고 시국강연을 통해 전도와 애국심을 고취시키는 계몽운동을 펼쳤다. 목회와 교육으로 평생을 일관한 그는 언제나 빨강 넥타이를 즐겨 맸다. 그리고 나이를 먹는 것을 무엇보다 싫어했는데 너무도 이 땅에 할일이 많았기 때문이었을 것이다.

───── 차광석(車光錫) 목사는 1897년 3월 14일 차국헌 씨의 1남 2녀 중 장남으로 태어났다. 교육을 중요하게 여겼던 부모의 가르침을 따라 어려서부터 신학문을 공부했다. 매사에 신중하고 집중력 있게 모든 일을 이루어 나가는 성격을 가지고 있던 차광석은 어떤 일이든 한번 시작하면 끝까지 다 이루었다.

　　　　　장로교 전도사였던 그의 아버지는 평안도 맹산 지역에 교회를 개척하고 하나님께 봉사하고 있었다. 함경도 출신의 어머니는 생활력이 강한 여성이었다. 전도인으로 가계를 돌볼 수 없는 아버지를 대신해 가장의 역할을 하였다. 어머니는 강인한 정신으로 가정을 잘 돌보았을 뿐만 아니라 개척하시면서 고생하시는 아버지의 뒷바라지도 훌륭하게 하셨다.

　　　　　후에 차광석은 모든 일에 적극성을 가지고 일하시던 어머니의 영향을 받아 적극적인 성격의 소유자가 된 것 같다고 가끔 말하곤 했다.

시국강연을 통한 전도활동

─── 부모의 극진한 사랑 속에서 성장한 차광석은 숭실대학에 입학했다. 학교에 입학한 차광석은 기울어져 가는 나라의 운명을 바라보고만 있을 수는 없었다. 학우들과 함께 "숭실대 전도단"을 조직하고 방학을 이용하여 전국을 돌며 시국강연을 하면서 민중들에게 애국심을 고취시키고 전도도 했다. 이때 함께한 학우들로는 후에 신학자로 장로회신학교에서 강의한 박형용 씨 등이 있다.

일본 경찰은 촉각을 곤두세우고 감시를 게을리 하지 않았지만 강연은 멈추지 않았다. 1919년 전국적으로 일어난 3·1 운동에 앞장서서 독립만세를 외치던 차광석은 일본 경찰에 체포되어 6개월 동안 혹독한 고문을 당했다. 이때 무자비한 매질을 당해 팔목이 부러지면서 탈골되어 평생 동안 팔을 제대로 못쓰는 불편한 삶을 살아야 했다.

전도자로 소명받은 목회

─── 1923년 전도자로 소명을 받고 평양신학교에 입학하여 공부하면서 주님을 위해 평생 헌신할 것을 다짐했다. 학교에서 공부하면서 전도하는 일에도 열심이었다. 재학 중에 함중노회 소속이던 함경북도

이원 교회에 부임하여 목회자로서의 첫발을 내딛었다.

차광석은 학창시절 조선학생회의 일원으로 독립운동에 참여했다. 조선여자기독청년회가 결성되면서 학생기독운동은 전국적인 조직을 가지게 되었다. 이들은 젊은 애국지사들로 민족운동과 복음화운동을 하면서 민족의 독립과 국민 계몽운동을 함께했다.

학교를 졸업한 차광석은 단천 교회에서 10년간 사역했다. 이후 웅기 교회에서 2년간 하나님을 위해 헌신하다가 1937년 그의 나이 40세에 미국으로 유학을 떠났다. 로스엔젤레스에 체류하면서 침례신학교에 입학하였고 동시에 한인 교회에서 시무했다. 3년간 신학을 공부하고 박사학위를 취득하여 1940년에 귀국했다. 1940년 귀국하여 첫 번째 부임지로 영등포 장로교회에서 헌신하였고 1943년에 경기노회장에 피선되어 교단에서 일했다.

1947년 삼성 장로교회에 부임하여 하나님 앞에 헌신하던 중 1950년 6·25 전쟁이 일어났다. 제주도로 피난한 차광석 목사는 제주 한나교회를 개척하였다. 이후 장로교회를 탈퇴하고 1963년 서울 아현 침례교회에 부임하여 사역하였다. 1964년에는 한국침례회 총회장을 역임하면서 교단에서 봉사하였다.

사회활동

─── 차광석 목사는 일제시대 요시찰 인물이었다. 항상 일본경찰의 감시를 받았는데 일제 말엽 교회를 탄압하기 시작하던 일제는 영등포에서 시무하고 있던 차광석 목사 교회에 찾아왔다. 영등포 교회 종을

압수하려는 일제에 항거하여 그들을 설득하고 종을 보존하였다.

그 종은 1945년 조국이 광복되던 날 맨 처음 서울에서 울려 민중들에게 광복의 기쁨을 알렸다. 영등포 교회에서는 교우들과 함께 태극기를 제작하여 영등포 주민들에게 나누어 주고 태극기를 모르는 시민들에게 태극기의 존재를 알렸다. 그 당시에는 태극기가 우리나라 국기인 것을 모르는 사람들이 많았다.

1945년 강남지구 자치위원장으로 추대되어 국가 치안을 수습하는 데 힘을 다했다. 1946년에는 숙명여자대학교 학생과장과 교수를 역임하였다. 1957년에는 숙명여자대학 대학원장으로 일했다. 그후 한양대학, 숭실대학을 비롯하여 대한신학교 교수로 강단에서 가르쳤으며 후에 웨슬레신학교장도 역임했다.

은퇴한 후에도 강인한 삶의 욕구를 불태웠다. 언제나 흐트러짐이 없이 단정한 차림으로 사람들을 대했으며 유행에도 민감한 차림으로 멋쟁이 노신사였다. "나이를 먹는다는 것은 비극이야"라는 말을 자주하면서 생일을 절대로 공개하지 않았으며 가족들이나 친지들의 생일잔치에는 초대해도 참석하지 않았으며 생일잔치라고 음식을 주면 조용히 일어나 나가는 개성 있는 성격을 소유한 하나님의 강직한 일꾼이었다.

차 목사는 교역자의 가정에서 성장하여 때를 따라 교육을 받았으며, 미국 유학까지 하고 박사 학위를 받았다. 1940년에 귀국하여 목회자로서의 사역을 시작하였다. 그리고 23년이 지난 후 66세 때 서울 아현침례교회로 교적을 바꾸었다. 노년기 목회이지만 나이에 연연하지 않고 청년같이 활동하였다. 여러 신학교에서 강사로 초청하면 흔쾌히 허락하여 강의에 임하였다. 항상 단정하고 유쾌한 모습을 보여주던 분이셨다.

침례 교단은 목회자에게 명령 제안이 없으므로 이런 점이 차목사에게 좋게 보여 교단을 선택한 것 같다. 79세까지 목회하다가 1976년 9월 8일, 유족으로 미망인과 6남 1녀와 9인의 손자와 3인의 손녀를 남기고 소천하셨다.

교단 대표 32인과 함께 감옥 속에서도
복음의 빛을 밝힌
김용해 목사

김용해 목사

평생을 침례교사와 함께했던 김용해 목사. 누구보다도 역사와 전통을 고수하는 데 전력을 다 해온 역사의 불침번. 침례교회사를 펴냄으로 우리 선구자들의 발자취를 더듬을 수 있게 했다. 교단 분열에 휩싸여 한때는 동분서주했지만, 그는 누구보다도 본 교단을 사랑하는 데는 인색하지 않았다.

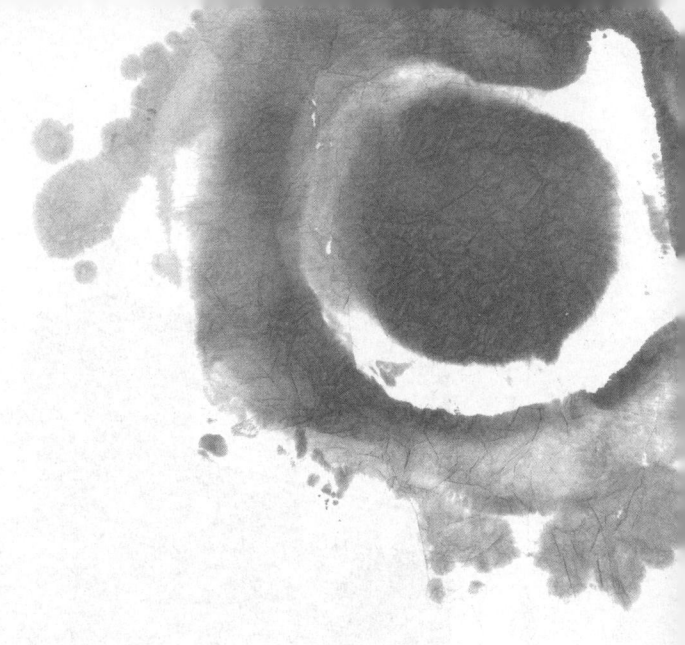

─── 김용해(金容海) 목사는 1906년 9월 20일에 전북 익산군 웅포면 송천리에서 김장섭의 외아들로 태어났다. 전주에 있는 신흥중학교에서 신학문을 배우면서 새로운 문화에 눈을 뜨기 시작했다. 당시 일본은 내선 일체운동을 벌이면서 언론과 출판의 자유를 허용했다. 그래서 조선일보, 동아일보를 비롯해 문학잡지로 개벽, 신천지, 조선지광 등 월간지들이 쏟아져 나왔다. 이러한 언론물들의 출판은 기독교 선교도 일시적으로 허용하였다.

　　　　이러한 새로운 문물에 눈을 돌리기 시작한 김용해 목사는 전통적으로 내려오던 유교사상의 가풍을 과감히 버리고 신문물에 익숙해질 즈음 장마리아의 전도를 받고 예수 그리스도를 믿게 되었다.

　　　　예수를 믿고 교회에 출석하게 된 김용해는 가족들의 반대에 부딪쳤다. 그러나 한번 시작한 신앙생활은 멈출 수가 없었다. 반대가

1959년 역사적인 포항총회, 결국 선교부 측과 타협을 보지 못하고 이 총회에서 김용해 목사는 총회장으로 당선되었다.

심할수록 더욱 더 신앙에 대한 갈증만 더해 갔다. 이로 인해 중학교도 다닐 수가 없었다.

김용해는 원통재라는 높은 산을 넘어 20여 리 길을 걸어서 용안 교회에 다녔다. 은혜가 더해지자 믿음은 날로 깊어지고 주님을 향한 마음은 복음을 전하고 싶은 간절함으로 바뀌었다. 인근 지역에 다니며 하나님의 복음을 전하는 생활은 즐거움이었다.

어느 날 고향에서 전보가 왔다. 사촌동생이 죽었다는 내용이었다. 집으로 돌아온 그는 동생의 죽음에 대해 하나님께 기도를 드리게 되었다. 이 자리는 가족들과 친척들은 물론 마을 주민들이 모두 모여 있는 곳이었다. 기도를 드리면서 "하나님께 감사합니다"라고 기도하는 말을 들은 사람들이 "이놈아, 동생이 죽었는데 무엇이 감사하냐?"고 주위에 있던 친척들이 구타하기 시작했다. 그래서 그는 실컷

두들겨 맞았다.

　　　　김용해가 하도 열심히 신앙에 몰두하고 가사는 전혀 돌보지 않고 전도만 하고 다니자 그의 아버지가 "하나님 이놈, 네가 무엇이건 대 내 아들을 빼앗아 가느냐?"고 고래고래 소리를 지르는 웃지 못할 일도 있었다.

　　　　이처럼 열심히 전도하며 교회에 봉사하고 있던 1934년 김영관 감목이 원산에서 소집한 제29회 대화회에서 박형순, 위춘혁 등과 함께 교사로 임명을 받고 지방에 파송되어 순회전도와 목사를 도왔다. 1940년 이종근 감목이 원산에서 소집한 제35회 대화회에서 최성업과 함께 목사 안수를 받고 온전히 하나님께 헌신된 삶을 시작했다.

투옥생활

─── 그가 목사 안수를 받던 1940년도에 태평양전쟁이 발발했다. 침례 교단의 동아기독대란 명칭이 일제에 의해 주목되었다. 일제는 교단에 교규를 제출하라는 등 박해를 가하기 시작했다. 일제는 황국신민화 정책을 내놓으면서 신사참배를 강요했다. 교인들에게는 사상범을 예방하기 위한 명목을 씌워 구금령이 내려지기도 하고 한일동조론과 교단 통폐합정책을 펴는 등 탄압은 날로 그 강도를 더해갔다. 징병제 학병제를 통해 젊은 청년들을 일본군에 편입시키고 전쟁의 총알받이로 만들었다.

　　　　이때 일본 총독부는 원산의 교단본부인 총부에 들어와 서류일체와 성경 6천5백부, 찬미가 등을 압수했다. 1942년 6월 10일 이종근 감목을 구속하고 그 다음날은 김영관 목사와 전치규 안사를 구속했다. 이렇듯 전국에 있는 교단 목회자를 포함한 지도자들에 대해 구속령을 내렸다.

김용해 목사도 그해 9월 4일 군산검사국에 의해 강경에서 체포되어 원산형무소로 이송되었다. 침례 교단 대표 32인의 일원이었던 김용해 목사는 매일 구타와 모진 고문을 받았다. 남달리 체구가 작았던 김 목사에게 가해지는 혹독한 고문과 발길질을 견디기란 매우 힘들고 어려웠다.

주먹으로 패고 발로 차기 시작하면 쓰러져 기절할 때까지 쉬지 않았다. 전신을 피로 물들여야만 그쳤다. 몽둥이로 전신을 두들겨 맞아 온몸이 까맣게 멍이 들어 오랫동안 고통 속에 빠져 있어야만 했다. 더욱 참을 수 없었던 것은 시멘트 바닥에다 무릎을 꿇게 하고 몇시간씩 무거운 의자를 들게 했는데 어떤 고문보다 무서운 고문이었다고 진술하곤 했다.

이러한 옥중 생활로 몸은 쇠약해질 때로 쇠약해져 갔다. 사는 것이 죽는 것만 못했다고 후에 여러 번 간증을 통해 증언한 적이 있다. 옥중생활 중에 가장 기다려지는 시간이 있었는데 바로 일광욕하는 시간이었다. 잠깐이지만 밖에서 따스하게 몸을 덥혀주는 햇볕이 그렇게 고마울 수가 없었단다. 그 해는 이상 기후가 나타나 원산에서 북으로 20리 남으로 20리 안팎에 이상하리 만큼 포근한 날씨가 계속되었다고 한다. 혹시 임마누엘의 하나님이 고문당하는 그들을 위로하기 위해 따스하고 보드라운 햇살을 보내준 건 아닐까.

1943년 5월 1일 교단의 32인 대표와 함께 함흥형무소로 이감하게 되었고 함흥재판소에 끌려나가 재판을 받을 때 이들의 모습을 비로소 볼 수 있었는데 그 참상이란 차마 눈뜨고 볼 수 없었다고 한다. 파란 미결수 복에 일본 짚신을 끌고 굴비같이 엮여 10리 길을 걸어서 재판을 받으러 다니는 모습은 참혹하기 이를 데 없었다.

이들을 호송하는 간수들이 수시로 구두발로 걷어 찰 때는 마른 명태같이 야윈 대표들이 우르르 쓰러지곤 했다. 이토록 가혹한 수감생활은 만 2년만인 1944년 5월 15일 20여 명의 대표들과 함께 기소유예로 나올 수 있었다.

교단재건의 기수

─── 1945년 8월 15일 마침내 미국에 의해 히로시마에 투하된 원자폭탄은 일본의 항복을 받아냈다. 전쟁이 종식되고 우리나라는 해방의 기쁨을 맞이하게 되었다. 36년이란 긴 세월 동안 암흑과도 같은 세월을 살아오면서 숱한 고난과 역경을 이기고 맞이하는 광복의 기쁨은 무엇에 비길 수 없었다.

그러나 광복과 더불어 이 땅의 또 다른 비극이 시작되었다. 미소 양국이 38선을 중심으로 긴 선을 긋고 남과 북으로 갈라놓았다. 갈린 것은 남과 북이 아니었다. 사랑하는 부부가 남북에 나뉘어 만날 수 없었고 부모와 자식이 생이별의 아픔을 가슴에 묻으며 살아야 했다.

침례 교단의 교회들도 북한에 있는 교회들에게 다시 갈 수 없었다. 더 안타까운 것은 북에 있는 교회들의 존재 여부를 60여 년이 흐른 지금도 알 수 없다는 것이다. 일제에 의해 닫혔던 북한의 교회들은 지금까지도 열리지 않고 굳게 닫힌 채 말없이 침묵을 지키고 있다.

교단 총부가 원산에 있었고 당시 감목직(현총회장)을 맡고 있던 이종근 감목의 소식을 모르고 있었기에 남한에 남아 있던 교회들은 당황할 수밖에 없었다. 미군정이 치안을 담당하고 있었던 남한에서는 지하 공산당원들의 폭동과 암살, 공산주의자들과 연관된 많은 사건들이 하루가 멀다하고 일어나고 있었다.

교단 재건을 염려하던 교단 지도자들 중 김용해 목사는 노재천 목사와 협의하여 교단 재건 문제를 협의한 뒤 함께 장석천 목사를 찾아가 교단 재건 문제를 구체적으로 의논하고 1946년 2월 9일 충남 부여군 칠산 교회에서 교단 재건 회의를 개최했다.

함께 참석한 점촌 노재천, 익산 김용해, 부여 장석천, 이상필, 김순오, 최종석, 김만근, 공주에 오경환, 이현구, 예천 이덕여, 예천 박기양, 점촌 신성균, 이종만, 김주언, 이덕상, 영일 이종학, 강경 윤상순 등이 발기위원이 되었고, 김용해 목사가 임시 의장을 맡아 교회를 재건하는 데 힘쓸 것을 결의했다. 또한 임시 대리감목으로 노재천 목사를 선임하고 서기로 김용해 목사가 추대되었다.

이날 결의된 내용으로는
1. 자립존속하기로 하되 교역자를 청빙제로 하고, 개교회나 구역에서 생활비를 부담키로 하고,
2. 총부 사무실은 강경 교회에 두고 유지비는 자원 거출금으로 하기로 했다.
3. 남한의 각 구역 기성 임원 및 교역자들은 자진하여 교회 재건에 노력하기로 하다.
4. 교회 연합 기구가 생길 때는 합동하되 교리와 신조 등 탐지문제는 대표 노재천, 김용해, 김주언 제씨들에게 위임키로 하다.

5. 당년 대화회를 소집키로 결의하여 사실상 김 목사는 교단재건에 중추적인 역할을 감당했던 것이다.

역사와 전통의 계승자

─── 한국 침례교회는 1950년 점촌교회에서 개최된 제40회 총회에서 미국 남침례교와 정식 제휴하기로 하고 이듬해 1951년 부여에 있는 원당 교회에서 개최된 제41회 총회를 시점으로 남침례교 선교사들이 많이 내한하여 선교에 적극적으로 참여하면서 침례교회는 크게 부흥하게 되었다. 순항을 하고 있는 침례교회의 부흥은 타교단의 부러움을 사기에 충분했다.

1959년 3월 18일 대전 침례신학교 강당에서 개최되었던 한미전도부 연석회의 중에 사건이 발생했다. 선교회 실행위원회에서 한국총회 전도부장인 안대벽 목사와 여전도회 회장 이순도에 대한 불신임이 가결되었다. 이와 더불어 한국 총회는 그동안 선교부로부터 지불된 선교금 중 남은 금액을 전액 반환하라고 요구했다.

그동안 한국총회 전도부는 부장과 서로 다른 의견을 가지고 있었다. 이것이 갈등으로 나타난 것이다. 이러한 사실이 알려지자 김용해 목사는 선교부에 대해 총회가 선임한 임원을 불심임하는 것은 잘못된 것이므로 불신임안을 보류하라고 권했다.

그러나 선교부는 이를 무시하고 전국 교회에 성명서를 발송하면서 강력하게 대응했다. 이로 인해 총회와 선교부 사이에 갈등이 노골적으로 노출되면서 총회는 분열될 위기에 몰리게 되었다.

총회에서는 김용해 목사를 실행위원장 대리직으로 임명하면서 갈등을 해소하려는 노력을 기울였다. 그러나 김용해 목사는 역사와 전통을 중요하게 여겼다. 무엇보다 불의와는 절대로 타협할 줄 모르는 강직한 성격을 가지고 있었다. 그래서 선교부와의 타협은 이루어지지 않고 팽팽한 대립이 계속되었다.

이 일이 계기가 되어 1959년 대전총회와 포항총회가 서로 다른 곳에서 열리면서 교단은 둘로 나뉘게 되었다. 그동안 미국선교부와 연합하여 순조롭게 부흥되던 교단에 검은 구름이 짙게 덮이게 된 것이다.

김용해 목사는 포항총회 총회장으로 추대되었다. 대전총회는 총회대로 총회장을 강성루 목사로 선출하고 교단을 조직했다. 그러나 침례 교단의 분열은 교단의 발전에 커다란 저해 요소로 등장했다. 교회발전에 막대한 지장을 초래했던 것이다.

교단의 분열이 교리가 다르다거나 신조의 문제로 야기되지 않고 당시 교권을 중심으로 한 감정적인 요인이 많았다는 데 문제가 있었다. 이렇게 분열된 교단은 또한 하나로 통합할 수 있는 여지도 남겼다.

양측의 실행위원들은 통합만이 교단의 장래와 발전을 위한 길임을 알고 있었다. 그래서 양측의 실행위원들은 통합을 이루기 위해 모든 방법을 동원하면서 힘을 기울였다. 1961년 2월 2일 부산 충무로교회에서 양측 실행위원 연석회를 갖는 쾌거를 이루어 냈다.

포항측에서 이원균, 유흥만, 이원도, 박경배, 이덕근, 김갑수, 박춘복 목사와 대전측의 장일수, 김기석, 유영근, 조효훈, 한태경, 김병욱 목사 등이 참석하여 통합에 대해 토론하면서 원칙에는 합의를 도출했다. 그러나 세부 조항을 이야기하면서 의견이 엇갈리기 시작했다. 결국 통합을 이루자는 원칙에 의견의 일치를 보는 데 만족하고 다음을 기약했다.

　　　　김용해 목사는 통합에 매우 적극적이었다. 물심양면으로 후원을 아끼지 않았다. 그러나 한번 분열된 교단을 통합하는 것은 그리 쉽지 않았다. 양측에서 서로를 조율하고 노력을 하면서 기회를 만들고 있었다. 이러한 노력은 1966년 실무진이 구성되면서 합동총회를 조용히 추진하기에 이르렀다.

　　　　1968년 드디어 포항측의 김갑수 목사, 남용순 목사, 박경배 목사와 대전총회의 우성곤 목사, 정인도 목사, 김원일 목사 등이 주축이 되어 먼저 합동을 이루고 후에 수습하자는 통합 원칙에 합의를 보게 되었다. 그 해 분열된 지 10년 만에 합동총회를 열고 교단은 하나로 통합되었다.

　　　　이렇게 통합된 교단은 하나님이 가장 아름답게 보시고 칭찬을 아끼지 않았을 것이며 사회와 교회들이 찬사와 후원을 아끼지 않고 박수갈채를 보냈다. 김용해 목사는 교단의 숙원이자 그의 소망이던 합동총회를 열면서 교단이 하나로 통합되는 것을 기쁨으로 여겼다. 합동총회에서 김용해 목사가 합동총회장으로 추대되어 여과기를 잘 수습하면서 교단은 완전히 안정을 이루게 되었다.

　　　　그후 일선에서 은퇴하여 후진들을 위해 헌신하다가 1971년 12월 10일 미망인과 3남 1녀를 남기고 하나님 품에 안겼다. 그의 생애는 가파르고 험한 세월 속에서 하나님의 일꾼으로 꿋꿋하게 사역을 감당하면서 이 땅에 하나님의 복음이 퍼지는 데 크게 기여하였다.

경주문화교육재단을 설립하고
교육의 횃불을 든 목회자
허 담 목사

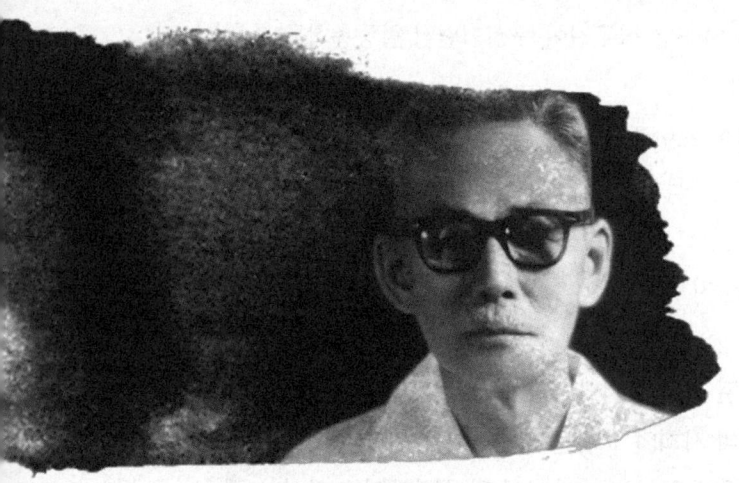

허 담 목사

우리 교단의 정책 중 자녀교육을 금하는 것에 대해 불만을 가졌던 그는 확실히 앞을 내다보는 인물이었다. 그러기에 그는 진명학교를 비롯 고향에서 경주문화교육재단을 설립하고 문화중·고등학교를 세워 후세 교육에 힘썼다. 노년기에는 침례신학교 부교장으로 재직하면서 후진 목회자 양성에 최선을 다하였다.

　　　　허담(許譚) 목사는 1886년 8월 7일 경북 영일군 송라면 조사리에서 허씨의 9형제 중 막내로 태어났다. 고향에서 자란 허담은 다른 어린이들과 같이 서당에 다니면서 한학을 공부했다. 당시 신학문이 들어와 젊은이들이 신학문을 공부하기 위해 고향을 떠나 도시로 나갔다. 허담도 22세 되던 1908년에 일본 동경 기독교 청년회관에서 2년간 공부했다. 귀국하면서 침례교회에서 교회생활을 시작했다.

　　　　교회생활을 하면서 박병식, 이명서 등과 함께 고향에 교회를 세우자고 의견을 모으고 먼저 이명서의 집 사랑방에서 예배를 드리기 시작했다. 1911년 펜윅 선교사가 충남 공주에서 개최한 제6회 대화회에서 총찰(개척 전도인들의 책임자로 전도 보고서를 책임졌다)의 직분을 받고 강원도 울진구역에서 순회전도인으로 사역했다.

　　　　1912년 펜윅 선교사가 경상북도 산점에서 개최한 대화회에서 전치규, 안대벽 등과 함께 교사 직분을 받았다.

허 교사의 교육사역

──── 허담 교사는 이론보다 현실에 중점을 두고 사역하는 교사였다. 당시 펜윅 감목은 대한기독교가 한국 사람이 자주적으로 일을 맡아 처리해야 한다고 주장하면서 제2대 감목으로 이종덕 목사를 선임했다. 이에 대해 교단 내에서는 두 가지 의견이 대립하게 되었다. 처음에는 몇몇 사람이 대립된 의견을 제시하는 듯했는데 시간이 지나면서 교단에서 일하고 있는 지도자들과 교회들이 다른 의견을 들고 나와 교회들이 분열되기에 이르렀다.

허담 교사는 교단에 분열이 일어나고 어수선해지자 1914년 교단에 더 이상 머물러 있을 수 없다고 생각하고 평소 뜻을 함께하던 교우들과 함께 가까운 곳에 교회를 개척하여 장로회로 교단을 바꾸려는 계획을 교인들에게 이야기했다.

이러한 사실을 알게 된 가족들과 교인들이 모두 찬성했으나 그의 맏형인 허만 씨가 반대 의사를 표명하면서 오히려 만류하였다. 수차례 맏형을 설득하면서 의견을 개진했으나 합의점을 찾지 못했다.

그러나 허담 교사는 자신의 판단을 돌이키려 하지 않았고 그와 의견을 같이하는 사람들 30여 명과 함께 조사리에 장로교회를 개척하고 장로교의 일원이 되었다. 1916년 교회에 진명학교를 사립으로 세워 이 민족이 살길은 교육에 있다는 확고한 신념을 가지고 학교를 운영하면서 인재를 양성했다.

독립만세 사건과 허 교사

─── 1919년 3·1 운동이 전국에서 동시에 일어났다. 전국민이 맨손으로 독립을 위해 봉기한 것은 세계적으로도 유례를 찾을 수 없는 역사적인 사건이다. 전국에 있는 교회는 독립만세 사건에 앞장 섰다. 상해에서는 임시정부를 수립하고 독립의 염원을 세계에 알렸다. 일본의 동경에서도 유학생들을 중심으로 2·8 독립선언서를 작성하여 일제의 압제에서 벗어나려는 몸부림을 계속했다.

허담 교사는 고향에서 독립운동에 참여했다. 독립만세를 외치며 마을 주민들을 이끌고 있을 때 일본 경찰에 체포되어 6개월간 형무소에 갇혔다. 복역을 마치고 출옥한 허담 교사는 곧 장로교 전도사로 임명되어 인근 마을을 돌며 하나님의 복음을 열심히 전했다.

1920년 평양신학교에 입학하여 4년간 본격적으로 신학을 공부하고 1924년 신학교를 졸업했다. 이후 25년간 하나님 앞에서 목회자로 사역하였다. 1926년 경주에 있는 계남학교 교장으로 취임하여 교육계에서 봉사하기도 했다.

1945년 조국이 광복을 맞게 되자 교육의 중요성을 절감하고 있던 허담 목사는 경주문화교육재단을 설립하고 문화중·고등학교를 설립하여 후학들의 교육에 전력을 기울였다.

침례교와 허 목사

─── 조국은 해방이 되었으나 38선이 가로 막히며 남북이 갈라지

더니 급기야는 1950년에 북한의 공산당이 남침을 감행하면서 삼천리 강산은 피로 물들었다. 연합군의 참전으로 9·28 서울이 수복되었고, 이후 지리한 전쟁은 2년 더 지속된 후 38선을 기준으로 남과 북으로 갈라졌다.

허담 목사는 동족상잔의 비극을 보면서 영혼에 대해 깊이 생각하게 되었다. 이미 삶의 원숙기를 벗어난 허담 목사는 삶을 정리하는 시간이 다가 왔음을 알게 되었다. 그러자 옛날이 그립고 교단을 바꿨던 자신을 돌아보게 된 것이다.

그래서 1951년 경주시에 동경 침례교회(현 경주 침례교회)를 개척하고 침례 교단으로 돌아왔다. 당시 침례 교단은 일본의 박해와 전쟁으로 문을 닫았던 교회를 다시 수습하고 미국 남침례교와 제휴를 맺고 선교사역을 활발히 전개하고 있었다. 교단은 세계침례교에 가입하면서 많은 선교사들이 내한하고 있었다.

본 교단으로 돌아온 허담 목사는 과거와 같이 복음 전선에서 일하던 동역자들을 만나 기쁨으로 하나님의 사역을 감당하고 있었다. 1956년에는 한국 침례회 총회에서 교육부장을 맡아 봉사했다. 그 해에 침례 교단은 국제적인 교류가 활발했는데 아시아 침례회 청년대회에 김인영, 김광택, 김한희 등을 파송하였다.

미국 남침례교 총회는 주일학교 교육부장인 하우스 박사와 텍사스 주 총회 주일학교 부장 알렌 박사가 한국 침례회 주일학교 상황을 점검하기 위해 내한했다. 같은 해에 세계침례회 부인회 총회장이며 미국 남침례교 부인회 회장인 말탄 여사가 내한하여 우리 교단과 친교를 하였다. 세계침례회 연맹 총회장인 아담스 박사 부부와 같은 기관에서 일하고 있던 때니 씨 등 침례교 지도자들이 대거 내한하여 친교를 더욱 두텁게 했다.

　　　　미국 워싱톤에서 개최된 세계침례교 대회에 한국 대표로 안대벽 목사 부부가 참석하여 한국의 침례회를 소개하는 등 활발한 교류와 활동이 1956년 그해에 있었다.

　　　　허담 목사는 1957년 침례신학교 교무과장으로 신학교에서 사역을 시작했다. 후에 부교장으로 승진하여 후학들 양성에 힘을 기울이며 하나님 앞에 봉사하다가 은퇴하여 고향에서 하나님의 부름을 받고 주님의 품에 잠들었다. 후손(손자)으로는 허걸 목사가 미국의 뉴욕에서 하나님의 사역에 헌신하고 있다.

아름다운 교회 건물로 하나님께 영광 돌린
김주언 안수집사

김주언 안수집사

김주언 집사는 1907년 경상북도 문경에서 태어났다. 어려서부터 서도(書道)와 음악에 뛰어난 재능을 발휘하여 인근에서 유명한 예능인으로 소문난 김주언 집사는 효성이 지극하여 효자상을 수차례 받기도 했다. 그리스도인으로서도 손대접을 잘하기로 소문이 났으며 교단 사역에서도 많은 공적을 남겼다.

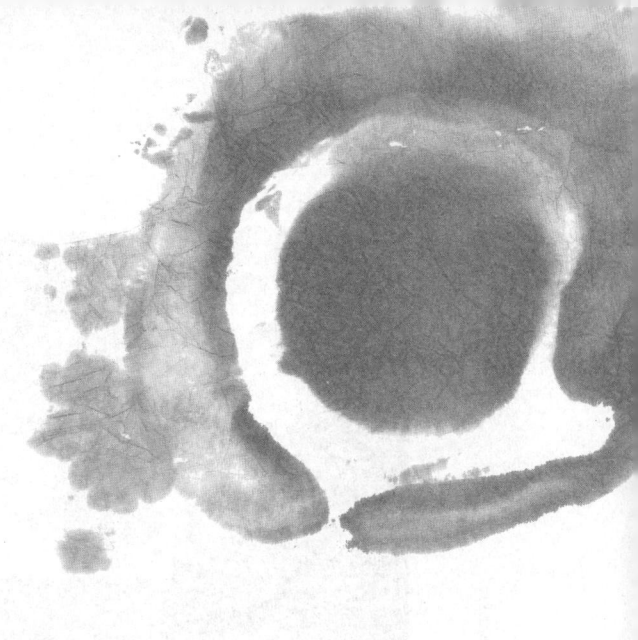

───── 일제 말엽 신사참배 반대로 본 교단 교역자들이 모두 검거 당한 32인 중 1인으로 함흥 형무소에서 옥고를 치른 김주언(金周彦) 감로는 1907년 12월 9일 경북 문경군 호서남면 점촌리에서 김창원 씨의 장남으로 태어났다.

고향에서 어린 시절을 보낸 김주언은 마을에 있는 서당에 나가 한문을 공부했다. 천자문을 배우고 명심보감을 배우면서 김주언은 붓글씨에 유달리 재능을 보였다. 그의 붓글씨는 마을은 물론 인근 고을까지 널리 알려져 지방의 명필로 유명했다고 한다. 부유한 가정에서 자라면서 바이올린을 배웠고 성악에도 소질을 보였다.

김주언은 부모를 잘 섬기는 효자였다. 아버지는 몸이 불편하여 병마와 싸우는 삶을 살았다. 그래서 아버지와 같이 다닐 때는 의자를 들고 다니면서 아버지가 힘이 들면 앉아 쉴 수 있도록 배려를 했다.

총회 재무부장으로서 재무 보고를 하고 있는 김주언

뿐만 아니라 무엇이든지 먹고 싶은 음식이 있으면 어떻게 하든지 드실 수 있도록 마련을 했다고 한다.

한번은 아버지께서 물고기를 먹고 싶어하셔서 아버지를 혼자 집에 계시게 할 수 없었던 관계로 등에 업고 냇가로 나가 물고기를 낚았다. 김주언은 아버지가 살아계실 동안 그 곁을 떠나지 않고 그림자처럼 같이 다니면서 효도를 했다고 한다. 그래서 고향에서 주는 효자상을 수차례 받았다.

아버지는 정미소를 운영했다. 정미소를 운영하면서 아버지는 어려운 이웃을 보면 서슴없이 쌀을 나누어 주었다. 당시는 보릿고개를 지나면서 마을에는 굶주리는 사람들이 많았는데 그의 아버지는 어려운 이웃을 보면 한 번도 그냥 지나치지 않고 먹을 것을 나누어 주곤 했다.

이러한 환경에서 자란 김주언은 언제나 어려운 이웃을 돌보고 구제하는 일에 열심이었다. 그의 집에서는 노인들을 잘 대접하여 노인들의 발길이 끊이지 않았다고 한다. 마을에 아기를 낳는 가정에는 쌀과 미역을 풍성하게 사들고 가서 새로운 생명의 탄생을 즐거워했다고 한다.

정미소에서 나오는 왕겨를 무료로 가져갈 수 있도록 배려하기도 했는데 인근 마을에서 이 정미소의 도움을 받지 아니한 사람이 거의 없을 정도였다. 이같이 평소에 신앙인의 본분을 잘 지켜 어려운 이웃들과 함께하는 실천적인 신앙인으로서의 본을 보였다.

1942년 9월 6일 전국 침례 교단의 교역자들이 신사참배를 반대하면서 일제에 의해 구속될 때 김주언 감로도 검거되어 원산 경찰서 유치장에 갇혔다. 이곳에서 혹독한 고문을 받았으며 1943년 5월

오른쪽 아랫 줄 첫 번째가 김주언 집사

1일 함흥 형무소로 이감되었다. 함흥 재판소에서 재판을 받았고 1944년 5월 10일 교단 해체령이 함흥 재판소에서 내리면서 5일 후에 이상필 감로와 함께 옥에서 풀려났다.

김주언 감로는 용모가 단정한 분이었다. 언제 어디서나 가지런한 몸가짐과 자세가 품위를 돋보이게 했다. 이러한 한결같은 인격을 가지고 있어 많은 사람들이 그를 좋아하고 따랐다.

김주언 감로는 미적 감각이 탁월했다. 특히 건축 부문에 관심이 많았는데 새로운 건물을 발견하면 즉시 도면을 그리고 집을 개조할 때 응용했다. 그래서 그의 집은 편리하고 살기에 아주 이상적인 환경으로 꾸미며 살았다.

점촌에서 처음으로 건평 2백평의 교회를 건축할 때 혼자 설계하고 집적 작업을 지휘해서 교회를 지었다. 이후에도 수시로 교회를 개조해서 아름다운 교회를 만들어 교인들을 즐겁게 했다.

아직까지도 김주언 감로가 세운 교회가 그대로 전해오는데 현재 건축하는 교회건물들과 비교해도 조금도 손색이 없다.

그는 1946년부터 1964년까지 총회의 재무부장으로 18년간 봉사하였다. 비록 집사의 지위에 있었지만 총회 임원회에서 모든 사안을 날카롭게 지적하여 바른 판단을 유도하는 지혜로운 사람이었다. 또한 그의 성품은 교단을 운영하는 모든 사람들과 화합하여 밝은 마음으로 교단 일을 해냈다.

김주언 감로는 손님을 잘 대접했다. 집에 찾아오는 손님을 정성껏 대접했다. 조금도 소홀함이 없는 대접을 받게 된 손님들은 늘 감사하고 즐거운 마음으로 돌아가곤 했다고 한다.
　　　김 감로는 1982년 11월 20일 75세의 일기로 부인과 슬하에 4남 1녀와 손자와 손녀를 남겨 놓고 하나님 품에 안겨 고이 잠들었다.

푯대를 향해 오직 한길을 걸은
신성균 목사

신성균 목사

신성균 목사는 1897년 경상북도 문경에서 태어났다. 17세에 교회에 입교하여 3년 후 전도인으로 파송을 받고 전국을 다니며 하나님의 복음을 전했다. 문중으로부터 모진 박해를 받았으나 굴하지 않고 일생 동안 주의 종으로 헌신했다. 신성균 목사가 평생 동안 기록한 일기가 남아 있다.

──── 신성균(申聖均) 목사는 1897년 10월 12일 경북 문경군 점촌읍 점촌1리에서 신학희 씨의 차남으로 태어났다. 1912년 11월 26일 15세가 되던 해에 같은 마을에 사는 박음점 양과 결혼하여 일찍 가정을 꾸렸다.

결혼 후 2년이 되던 1914년 1월 5일 이만기 성도가 전하는 복음을 듣고 주님을 구주로 영접하고 대한기독교 유곡 교회에 출석하기 시작했다. 같은 해 9월 25일 이종덕 목사에게서 침례를 받았다. 침례를 받고부터 성경의 진리에 깊이 빠지기 시작했다. 성경 말씀을 통해 하나님의 은혜를 체험하기 시작하자 자연스럽게 이웃과 친척들에게 하나님의 복음을 전했다.

교회에서는 신성균을 전도인으로 임명했고 이를 계기로 더욱 열심히 전도했다. 이 사실을 알게 된 가족들은 극구 만류했다. 그러나 한번 하나님의 은혜에 빠진 신성균은 교회생활과 복음을 전하는 일을 버리려 하지 않았다. 문중의 어른들이 그의 상투를 자르며 반대했지만 신성균의 신앙생활을 멈추게 할 수는 없었다. 하나님의 성령은 그가 고난을 받으면 받을수록 더욱 더 큰 은혜로 감싸 안았다. 신성균은 이러한 고난을 통해 더 깊게 주님의 은혜 속으로 빠져 들었다. 그래서 더욱 담대하고 굳게 서서 고난과 박해를 헤치고 주님의 사역을 이루어 나갔다.

1917년 3월 10일 집을 나와 본격적으로 하나님을 위한 사역을 시작했다. 김용해 편저「대한기독교사」31쪽에는 신성균 목사에 대해 다음과 같이 기록되어 있다 :

"1896년에 경상도 점촌 출생인 신성균 목사는 1915년에 입교한 후, 성경을 숙독한 끝에 1917년 3월부터 전도하기로 작정하고 복음을 전하다가 상투까지 베이어 단발로 짚신 감발하고 보따리 한 개 짊어진 그대로 충청도 단양 가철백이 교회를 거쳐 서울, 원산을 돌며 만주 길림성, 임강 구역, 대목송 교회까지 도보로 도착할 때 백미와 소금을 짊어지고 가면서 자취하였고 임강지방에서 전도하다가 간도 종성동 대화회에 참석키 위하여 1천4백리를 귀립밥 한그릇으로 조반에서 점심까지 분색하면서 보행하여도 피곤한 줄 몰랐으며 단벌 옷으로 과동하면서 그 어간 로령 땅인 수청, 연추 지역에 거주하는 동포들에게 전도할 때 때로는 강도들의 위협을 받으며 또는 공산당들에게나 독립당에게 신문을 받는 일이며 그 위에 시장과 싸우는 일로 용의한 바 아닌 5개월 생활의 희비의 쌍곡은 우리 단체 역사를 만들게 된 상아탑이라 아니할 수 없다."

1917년 10월 20일 종성동 대화회에서 전도인의 직분을 받고 러시아 땅에서 21개월 동안 사역했다. 1920년 10월부터 1923년 9월까지 제2차 전도여행을 러시아 아라사에서 사역했다. 1923년 10월 25일 충청남도 강경 교회에서 개최된 대화회에서 교사 직분을 받았다. 이로부터 일 년 후인 1924년 10월 25일 경상북도 울진 행곡 교회에서 개최된 대회회에서 목사 안수를 받고 평안북도 자성 구역과 중국의 임강 구역에서 순회 목사로 사역했다. 넓은 지역의 교회들을 돌보았던 신성균 목사는 하루에 백리 길을 걸으면서 예배를 인도하고 교회와 교인들에게 주님의 말씀을 선포했다.

1927년부터 1942년까지 충청북도 제천 구역에서 사역을 시작하여 경상북도 예천 구역과 포항 구역에서도 사역했다. 이후 평안북도 초선 구역과 평안남도 맹사 구역에서 순회 목사로 사역하면서 교회를 돌보고 하나님의 복음을 전했다.

1941년 일본이 진주만을 공습하고 미국과 영국에 선전포를 하고 태평양전쟁을 일으켰다. 전쟁에 광분한 일제는 한반도에서 혹독한 강압정치를 시작했다. 특히 일본의 제국주의는 한국 교회에 탄압을 일삼았다. 기독교 박멸 정책으로 신사참배를 강요하였다.

1942년 9월 3일 일본 제국주의에 의해 신성균 목사는 교역자들과 함께 체포되어 원산 경찰서에 구금되었다. 원산 경찰서에서 교단의 지도자들에게 가한 고문은 가혹하기가 말로 할 수 없을 정도였다. 신 목사는 함흥 형무소에서 1년 5개월 23일 동안 옥고를 치루고 1944년 2월 15일 병보석으로 출옥했다. 출옥 후 가정에서 요양하던 중인 1945년 8월 15일 조국이 해방되었다.

이후 신성균 목사는 1946년부터 일 년 간 공주 지역, 포항

1959년도 충서지역 지도자 강습회 기념촬영(둘째 줄 왼쪽에서 여섯 번째가 신성균 목사).

구역, 예천 구역, 울릉도 구역 등 경상북도 구역에 파송되어 순회 목사로 하나님 앞에 봉사했다. 1957년 4월부터 충청남도 공주 구역 대교 교회에서 담임으로 목회했다.

      1959년 2월에는 충서 구역 구항 교회에 부임하여 목회했으며 1959년 8월에는 충서 구역 월임 교회를 담임했다. 1960년 12월에는 다시 포항 구역으로 내려가 덕전 교회에서 사역하다가 1962년 6월에는 충서 구역 황산 교회에 파송되어 목회하다가 1965년 11월에 은퇴하였다.

      은퇴 후에는 모교회인 점촌 교회에서 원로 목사로 남은 생애를 하나님 앞에 봉사했다. 신성균 목사는 평생 복음을 전하는 전도자로 한길을 걸으며 하나님 앞에 사역했다. 목회자로서 사명에 성실하고 충성스럽게 봉사하기 위해 조금도 게으르지 않고 충성을 다했다.

신성균 목사에게 목회사역은 이 세상에서 가장 고귀한 일이었다. 복음전도자로 살면서 이웃의 비난을 받은 적도 있고 세상의 부귀영화에 유혹당한 적도 있었지만 한 번도 흔들리지 않고 여호수아처럼 하나님 앞에 봉사했다. 일생 동안 소박하고 규칙적인 삶을 살았고 손에는 메모지가 24시간 들려 있어 생각나는 것과 새로 알게 된 지식과 기도제목을 메모하여 조금도 빈틈없는 삶을 살면서 그와 함께 신앙생활 하던 교인들에게 아름다운 믿음의 향기를 남겼다.

1982년 10월 29일 노환으로 병석에 누운 후, 1985년 12월 2일 오후 4시 30분 한 해가 기우는 길목에서 89세의 일기로 하나님 품에 안겼다. 당시 5남 2녀를 세상에 남겨 하나님 앞에 헌신을 이어가게 했다. 자손으로는 고 신현만 목사가 있다.

이상적인 교회를 꿈꾼 혁신적인 목회자
장일수 목사

장일수 목사

장일수 목사는 1913년 충청남도 부여에서 출생했다. 모태신앙으로 성장하여 3대째 목회자가 되었다. 부요한 가정에서 자라난 장 목사는 신학 문제에 깊은 관심을 가졌다. 항상 이상적인 꿈을 가지고 그 꿈을 실현시키기 위해 부단히 노력했다. 시행착오를 겪을 때마다 옹고집쟁이라는 지탄을 받았으나 자신의 신념을 위해 꿋꿋히 일했던 장 목사는 끝내 교단 개혁이라는 뜻을 이루지 못하고 세상을 하직했다. 그러나 그의 높은 뜻은 교단을 안정시키고 놀라운 부흥을 위한 초석이 되었다.

─────── 장일수(張―秀) 목사는 1913년 5월 26일 충남 부여군 임천면 칠산리에서 장석천 목사의 1남 3녀 중 맏아들로 태어났다. 부유한 가정의 외아들로 태어난 장일수는 부모님을 비롯한 온 가족으로부터 넘치는 사랑을 받으며 자랐다.

모태신앙으로 태어나 가족들을 따라 교회에 나갔다. 장일수 가정은 3대째로 내려오는 신앙인의 가정이었다. 할아버지가 전도자의 복음을 듣고 일찍부터 예수 그리스도를 구주로 섬기는 당시에는 보기 드문 기독교 가정이었다.

성장하면서 임천 공립보통학교를 졸업하고 전주 신흥중학교에 입학했다. 그러나 1926년 침례 교단에서는 일제가 세운 학교교육을 중단하자는 결의를 하고 전국의 모든 교회에 공문으로 전달했다.

결의 내용은 교역자들이 솔선수범하여 일본인 학교를 보내서는 안 된다는 내용이었다. 아버지인 장석천 목사는 아들에게 전주 신흥중학교를 자퇴할 것을 권했다. 그러나 장일수는 학교에 다니면서 공부를 계속했다. 이 때문에 장석천 목사는 총회의 징계를 면할 수 없었다.

그러나 장일수는 하루라도 빨리 공부하여 지역사회와 민중들에게 신학문을 가르쳐 계몽운동에 일조하려는 의지가 있었다. 일제 압제에 놓여 있는 우리 민족이 독립하기 위한 지름길은 공부하는 길이라고 생각했다.

부여 양화 초등학교를 방문하고

학교를 졸업하자 장일수는 고향에 야학당을 세웠다. 부인들과 청년들을 모아 공부를 가르쳤다. 학생들이 이들과 함께 청년운동을 벌였다. 그의 고향인 칠산리는 금강이 흐르는 강 언덕에 200여 세대가 옹기종기 모여 있는 제법 큰 마을이었다.

일제는 이곳이 곡창지대인 점을 이용하여 큰 창고를 짓고 인근 7개 면에서 생산되는 곡식을 착취하기 위한 전초기지로 삼았다. 농민들이 추수를 시작하면 이를 현미로 만들어 군산항에서 배를 이용하여 일본으로 운반했다. 일본 군국주의자들은 일본인들을 농촌에 상주시키면서 양곡을 지키도록 했다. 농민들은 꼼짝도 못하고 일 년 동안 땀흘려 지은 곡식을 모두 빼앗겼다.

1928년 8월 12일 18세 되던 해에 칠산 교회에서 노재천 목사의 주례로 침례를 받았다. 이후 어디에 있든 무엇을 하든 하나님의 복음을 전했다. 1946년 9월 교사 직분을 받고 순회하며 유리방황하는 영혼들에게 생명의 복음을 전했다. 1948년 대한민국 정부가 세워지던 해에 교단 총회로부터 목사 안수를 받고 본격적으로 교회를 돌보고 영혼을 구원하는 일에 전념하기 시작했다.

    1948년 목사 안수를 받고 동아기독교 총회 산하 성경학원에서 교사로 학생들을 가르쳤다. 1951년 구제위원으로 봉사했으며 인천 시은중학교와 성애원을 설립하여 교육사업과 전쟁으로 생긴 고아들을 돌보는 사역을 했다.

    1953년 침례회 성경학원 이사장을 역임했으며 부산 침례병원 자문위원도 겸임했다. 침례회 신학교를 창립하는 데 힘을 합친 장일수 목사는 이사장에 취임했다. 침례회 회보를 창간하여 문서선교에 기여했으며 침례회 총회장을 역임했다.

교회역사 좌담회를 끝내고(좌로부터 신혁균 목사, 박기양 목사, 장일수 목사, 김장배 목사, 김갑수 목사)

1965년 제2차 총회장에 추대되어 전국에 있는 교회를 안정적으로 돌보고 발전시키는 데 기여했다. 목회한 교회들은 점촌 교회, 공주 교회, 인천 교회, 부산 범일동 교회, 대전 대흥 교회, 울릉도 저동 교회 등에서 담임 목사로 28년간 목회하다가 1972년에 은퇴했다.

장일수 목사는 교단이 새로워져야 한다는 의지를 가지고 교단을 힘있게 발전시키려고 하였다. 진보적인 사고를 가지고 교단을 혁신적으로 발전시키고자 했던 장일수 목사는 그의 꿈을 실현시키기 위해 줄기차게 노력했다.

이러한 그의 앞선 생각은 교단의 교회와 지도자들과 의견 충돌을 야기했다. 보수적인 원로 목사들과 의견이 대립되었다. 그러나 장 목사는 본격적으로 새롭고 젊은 인물들과 함께 구태의연했던 교단의 정책을 혁신적으로 바꾸려고 노력했다.

교회를 담임하고 있던 목회자들이 참가하면서 힘을 얻었고 선교부 회원들이 가세하면서 가속도가 붙었다. 1959년 수습총회를 열고 이러한 계획을 실현시키려 하였지만 그 계획은 결국 총회분열로 이어지면서 장일수 목사의 의도와는 다르게 침례 교단의 분열로 막을 내렸다.

장 목사는 분위기 파악을 잘못한 것이다. 그래서 본의 아니게 분열 총회로 내몰리게 되어 수습할 여지도 없이 순식간에 분열 총회의 두목자로 악명을 입게 되었다. 아무리 회개하고자 해도 돌이킬 수 없는 지경으로 빠지게 되었다. 그러므로 회한의 날들을 보낸 셈이다. 본래 장 목사는 개혁을 원했지 분열을 원한 것은 아니다. 그가 분열을 원할 이유가 전혀 없었다.

장일수 목사는 의지가 대단히 강한 목회자였다. 그러기에 혁신하고자 하는 외로운 길을 고집했을 것이다. 그러나 삶 속에서는 어려운 이웃에게 온정을 베풀고 어려운 목회자들에게 아낌없는 도움을 줄 줄 아는 훈훈한 정도 많은 목회자였다.

　　1986년 3월 16일 장일수 목사는 군산의 자택에서 73세의 일기로 하나님 품에 안겼다. 미망인과 슬하에 2남 3녀를 남겼다.

전국감사독립가를 작사한 독립운동가의 후예
문규석 목사

문규석 목사

문규석 목사는 1889년 경북 울진에서 태어났다. 어려서부터 한학을 공부하였다. 일제가 조국을 침략하여 강제로 점령하자 나라를 빼앗긴 울분에 사로잡혀 애국지심이 불일듯 일어났다.

3·1 운동이 일어나자 그는 선두에 서서 조국의 광복을 외쳤다. 이로 인해 고향을 떠나 만주로 향했다. 만주에서도 위기가 고조되자 보신지책으로 교회에 들어왔다. 조국을 사랑하는 일념으로 살아오던 문규석은 어느 날 하나님의 진리를 깨닫고 평생을 목회자로 헌신하였다.

─── 문규석(文圭錫) 목사는 1889년 7월 16일 경북 울진군 울진읍 화성리 273번지(용장동)에서 아버지 문영모 씨와 어머니 이내곡 씨 사이에서 3대 독자로 태어났다. 3대 독자인 문규석은 부모의 극진한 보살핌 속에서 성장했다. 당시의 유일한 교육기관이었던 서당에서 천자문과 동몽선습을 시작으로 10년간 한학을 공부했다.

1910년 우리나라는 일제의 강압으로 한일합방이 체결되었다. 일제는 우리나라를 침략하고 애국지사들을 제거하기 위해 극심한 탄압과 박해를 가했다. 그러나 우리의 애국지사들의 반발은 더욱 거세졌다. 전국 각처에서 독립운동을 위한 민간인들로 구성된 독립군이 조직되어 일제에 저항했다. 문규석도 이때 애국운동 단체에 들어가 일본에 저항했다.

일제의 탄압은 날로 노골화되면서 국내에서는 독립운동이

불가능하게 되었다. 독립운동을 하던 지사들은 일제의 탄압을 피해 만주와 러시아 등으로 피신할 때 문규석도 이들과 함께 만주로 피신했다. 강압에 의해 한일합방이 체결되자 세계 각국에서 들어온 선교사들은 항일민족 세력을 교회를 통해 애국정신을 고취하는 교육과 강연회를 열었다. 그래서 한국의 교회는 민족의식이 고취되면서 이들이 일본의 제국주의에 대항했다. 이러한 민족의식은 3·1 운동으로 이어졌고 결국은 상해에 임시정부를 세우는 계기가 되었다.

　　　　만주로 피신한 문규석은 독립군들의 사기를 진작하고 용기를 복돋기 위해 독립운동가를 작사하였다. 조선인들은 문규석이 작사하여 만든 독립운동가를 즐겨 부르며 독립의 그날을 기다렸다. 또한 독립운동가를 통해 애국심을 마음에 간직한 많은 조선인들이 독립운동에 가담했다.

　　　　만주가 일제의 손아귀에 들어가 독립운동가들이 만주에서 활동하는 데도 어려움을 겪게 되자 다른 은신처를 찾아 흩어졌다. 문규석도 밤낮 없이 이리저리 피해다니는 고달픈 생활을 독립군들과 함께 하고 있었다. 몸은 지치고 마음에는 외로움이 엄습하면서 자기와 함께 하고 위로하고 의지할 수 있는 피난처가 필요하게 되었다.

　　　　이 때 문규석의 눈에 들어온 것이 선교사들이었다. 독립군들을 도와주고 숨겨주기도 했던 선교사들을 알고 있었다. 1911년 25세 되던 어느 날 교회를 찾아갔다. 선교사는 문규석을 반갑게 맞아주었다. 당연히 복음을 듣게 되었고 예수 그리스도를 구주로 고백하고 교회생활을 시작했다. 문규석 외에도 많은 독립운동을 하던 사람들이 교회에 입교하여 신변의 보호를 받으면서 교인이 되었다. 이러한 관계로 일제는 교회를 가장 부담스러운 존재로 자기들의 목적을 달성하는 데 저해

요인으로 생각하게 되었다.

　　　문규석의 교회생활은 성실하고 진실했다. 얼마 지나지 않아 하나님의 오묘한 진리를 깨닫고 진실로 예수 그리스도를 구세주로 영접하게 되었다. 또한 젊음과 열정을 주님을 위해 모두 드리기로 결심하고 만주 일대를 복음을 전하는 자신의 구역으로 생각하고 하나님의 기쁜 소식을 전하기 시작했다. 이때 함께 사역하던 사람이 최응선 감로였는데 그는 이후 러시아 선교를 가는 도중 순교했다.

　　　문규석은 1919년 손상열, 김용제, 이종근 등과 함께 교사직분을 받았다. 그리고 15년 동안 주님의 기쁜 소식을 만 천하에 전하다가 1934년 제29회 대화회에서 박성도, 방사형 등과 함께 목사 안수를 받았다.

　　　문규석 목사도 신사참배에 불응했다는 이유로 교단의 교역자들과 함께 함흥 형무소에 수감되어 무서운 고문을 받고 2년 동안 감옥생활을 했다.

　　　1945년 조국이 광복되자 조국의 재건과 더불어 교회를 재건하기 위해 활동을 시작했다. 1946년 9월 이승만 박사를 정점으로 대한독립 촉진군민회를 결성하고 울진군 지부 부위원장을 통해 위원장에 취임하여 일제 36년 동안 무너졌던 사회 기강을 바로 세우고 울진 지역 발전에 공헌했다. 또한 문규식 목사는 울진 사회를 안정적으로 이끄는 한편 울진 구역과 울릉도 구역에 있는 일제의 만행으로 파괴된 교회를 재건하는 데 힘을 합했다.

　　　문규석 목사는 아버지로서 자녀들의 교육에도 소홀함이 없었다. 그의 교육방법은 솔선수범하는 것이었다. 한 예로 주일에 자녀들에게 헌금이나 감사헌금 등을 주어 각자 하나님 앞에 드리도록 하였고,

가정예배 시간에는 자녀들에게 기도를 하도록 했다. 봉사할 일은 자신이 찾아서 하는 버릇이나 자신이 해야 할 일은 자신이 처리하도록 배려하는 자상함을 보였다.

현 용장 교회를 자비로 건축하고 교인들과 함께 마을에 나가 전도하면서 개척하여 지금의 교회로 성장시켰다. 문규석 목사의 자녀들은 지금 전국 각지에서 목회자로 또는 집사 직분을 받고 주님의 교회를 섬기고 있다.

문규석 목사는 계획하고 추진하는 사역을 고집스러우리 만큼 우직하게 추진했다. 일을 하면서 난관이 찾아오게 마련이지만 어떤 난관이 다가와도 조금도 흔들리지 않고 꿋꿋하게 일에 매진했다. 그러기에 그를 따르는 교인들도 문규석 목사가 시작하는 일에는 열과 성의를 다해 함께했다.

문규석 목사의 자료를 모으고 그의 생애를 연구하던 필자는 한 가지 의문스러운 점을 발견했다. 본 교단의 사역자들은 교사 직분을 받은 후 2-3년이면 특별한 사건이 없는 한 목사로 안수를 받았다. 그런데 문 목사는 15년간 교사 직분으로 있다가 목사 안수를 받았다. 특별하다 아니할 수 없다.

문규석 목사가 교사로 재직하던 당시 휴직한 일도 없고 휴직할 이유를 발견할 수 없었다. 필자는 이러한 문 목사의 특별한 사항을 다른 이유로는 설명할 방법이 없었다. 다만 문규석 목사는 목회자이면서 또한 대한민국의 애국지사였다는 것이다.

독립운동을 하다가 자발적으로 교회에 들어왔으며 만주 일대에서 독립군에 편입되어 일본군들과 싸우면서 정신무장도 잘된 편이었다. 이러한 사실로 미루어 볼 때 문규석은 교사로 있으면서 목사로 안수를 받는 데 시간이 필요했을 것으로 생각된다. 문규석 목사는 평생 국가를 사랑하고 이 민족을 사랑한 애국지사였다. 또한 하나님의 일꾼으로 교회를 치리하는 목회자였다.

      1949년 3월 26일 향년 60세의 일기로 하나님 나라에 편안히 잠들었다. 만주에서는 독립운동가로 이 땅에서는 목회자로서 하나님이 문규석 목사에게 준 사명을 온전히 감당하고 하나님의 부름에 순종하여 주님의 나라로 옮겨 간 것이다. 당시 미망인과 4대 독자인 문제익 목사를 이 땅에 남겼으며 오늘까지 문규석 목사의 후손들이 3대째 목사로 사역하고 있다.

문규석 목사가 작사한 독립운동가

建國感謝獨立歌

이야바라돗타 뚜여라
獨立國權이 도라왔다.

1. 太極肇判 하실적에 東亞半島 朝鮮이라
   白頭圭山 屹立하와 兜河淡牆 造化無極
2. 山上으로 허른물은 東西海로 分派로다
   東流하니 豆滿이오 西流하니 鴨綠이라
3. 兩江流水 國境되니 南北滿洲 中華로다
   東望하니 滄海되고 西南으로 黃海로다

4. 東藩으로 鬱陵島며 西墻으로 江華島라
　　神奇하고 묘하도다 濟州安民 巨濟列島
5. 太平洋은 橫隔하니 外숙來侵 干城이라
　　四面境界 縮尺하니 二千餘里 分明하다
6. 장하고도 장하도다 平壤聖都 장하도다
　　神聖하신 檀君이며 聖德하신 箕子로다
7. 繼繼繩繩 相傳하니 二千年이 分明토다
　　魏韓辰韓 馬韓이여 新羅百濟 高麗我朝
8. 各分都城 治國하니 二千餘年 歷史로다
　　世界公園 金剛山은 萬二千峰 靈特도다
9. 聖地江山 우리朝鮮 英持로다 우리半島
　　歷代年數 計上하니 半萬年이 되였도다
10. 錦繡山下 우리半島 장할시구 우리朝鮮
　　萬壽無康 우리列朝 忠孝兼全 우리祖先
11. 不幸하다 庚戌八月 歷代國史 읽고보니
　　不忠不孝 우리들이 仰愧不作 어이할까
12. 九曲공상 깊은結怨 一片丹心 뿐일느니
　　萬幸으로 乙酉八月 天運巡環 興復이요
13. 三十六年 매인結縛 解放되어 感謝토다
　　할렐루야 할렐루야 하나님께 할렐루야
14. 四千餘年 歷史시니 歷史인들 不足하며
　　二千餘萬 人口오니 人口인들 不足한가
15. 忠孝功烈 重重하니 道德인들 不足하여
　　文章才士 繼承한가 文化인들 不足한가

16. 當當하다 우리獨立 世界公法 當當토다
　　感謝로다 우리國民 西向?禱 感謝로다
17. 東西列邦 본을떠서 共和政體 되였으니
　　解放이요 解放이요 專制下에 解放이오
18. 東振國旗 높이들고 東亞大洲 憲章앞에
　　世界列强 손목잡고 共和共榮 萬歲로다
19. 萬歲로다 萬歲로다 우리國體 萬歲로세
　　萬歲로다 萬歲로다 우리國民 萬歲로다
20. 感謝토다 感謝토다 우리共和 感謝로다
　　萬歲萬歲 萬萬歲요 우리共和 萬萬歲요

울진기독교 총궐기 대회광경(1953년도)

서울침례교회를 개척한
안대벽 목사

안대벽 목사

안대벽 목사는 1950년 목사 안수를 받았다. 교사 직분을 받고 교단 일을 했지만 사업가로 일하면서 많은 재물을 모았다. 그러나 해방 후 이북이 공산치하로 바뀌면서 모든 재산을 몰수당했다. 이북에서 더 이상 희망이 없음을 깨닫고 남쪽으로 내려왔다. 남쪽으로 내려온 안대벽은 그동안의 삶을 뉘우치며 주님께 헌신하기로 결심하고 목사 안수를 받았다. 그동안 쌓은 사회경험과 능수능란한 대인관계는 목회자로서의 입지를 튼튼하게 했다. 교단 일을 보면서 이러한 그의 능력은 유감 없이 발휘되었다. 더구나 이순도 사모의 후원도 큰 힘이 되었다. 그러나 말년에 교단의 분열에 충격을 받고 이민 길을 택하게 되었다.

─── 안대벽(安大闢) 목사는 1894년 1월 16일 황해도 장연군 대구면 송천리에서 태어났다. 아버지는 공무원이었다. 안대벽 목사가 출생하기 전, 1890년 침례교회 초대 선교사인 펜윅 선교사가 그의 집에서 하숙을 하였다. 펜윅 선교사는 하나님의 복음을 전했고 아버지와 어머니는 예수 그리스도를 나의 하나님으로 고백하고 신앙생활을 하기 시작했다.

이러한 인연으로 안대벽이 14세가 되던 1908년 어머니는 원산에 있는 펜윅 선교사를 찾아가 아들을 맡겼다. 한나가 아들을 낳자 엘리를 찾아가 사무엘을 맡기고 그가 성전에서 자란 것처럼, 펜윅 선교사도 안대벽을 양아들로 삼고 그를 양육했다. 기록은 없지만 이때 안대벽의 아버지가 돌아가셨기 때문에 양육을 펜윅 선교사에게 맡긴 것 같다.

당시 신학문을 배우는 것이 우리나라 젊은이들의 소망이었

안대벽 총회장 기념(앞줄 왼쪽부터 이완균 목사, 최성업 목사, 안대벽 목사, 신혁균 목사, 김용해 목사, 김주언 집사 / 뒷줄 왼쪽부터 박경배 목사, 김의경 목사, 김갑수 목사)

기 때문에 안대벽이 펜윅 선교사에게 성경을 배우고 새로운 학문을 배우게 된 것은 다행한 일이 아닐 수 없었다. 뿐만 아니라 사업 수완도 남달라 1945년 해방될 때까지 원산에서 사업을 했다.

1945년 8월 15일 해방이 되었다. 그러나 광복의 기쁨은 잠깐 38선을 중심으로 남과 북이 갈라지자 북한에는 소련군이 들어오면서 사유재산권이 박탈되었다. 안대벽도 가지고 있던 모든 재산을 공산주의자들에게 빼앗겼다. 신앙의 자유 또한 어려워졌다. 이러한 사실을 미리 짐작한 안대벽 목사는 1946년 가족들과 함께 38선을 넘어 서울로 왔다.

서울에서 생활을 시작한 안대벽은 친구들과 친지들의 도움으로 직장에 다니며 생활을 했다. 생활에 안정을 찾자 그해 9월 충무로에 있는 자신의 집에 교회를 개척했다. 이 교회가 지금 충무로에 있는 서울 교회이다.

당시 남한의 교회들은 국가 재건사업에 적극적으로 참여하였다. 사회 질서를 유지할 수 있는 조직을 가지고 있지 않은 광복 직후였기 때문에 교회의 목회자들이 청년들을 모으고 지방 유지들과 함께 치안을 담당했다.

1950년 목사 안수를 받은 안대벽 목사는 교단에서 일했다. 미국 남침례교 외국선교부와 제휴를 맺을 때 지도자로 큰 역할을 했다. 안대벽 목사는 영어를 능숙하게 구사했는데 이것은 펜윅 선교사와 생활하면서 배웠기 때문이며 이러한 언어구사 능력이 주님 앞에 아름답게 쓰여졌던 것이다.

안 목사 부부는 대인관계가 원만했다. 그래서 많은 사람들과 친분을 가지고 지냈는데 이때 주요한 위치에 있는 지도자들과도 친하게 지냈다. 안대벽 목사는 교단에서 대외적인 일을 맡았다. 6·25 전쟁 때 필리핀으로 피난 갔던 애버내티 선교사가 9·28 수복 후 한국으로 다시 돌아오게 하기 위해 경상남도 도지사를 움직여 성사시켰다. 또한 부산시 충무로에 있던 적산 건물을 국방부 장관에게 청하여 교회와 병원으로 사용할 수 있도록 하였다. 이외에도 인천 성애원과 시은중학교 건물, 대전 중동에 일본인들이 쓰다 버리고 간 적산 건물들을 사들여 신학교를 만들기도 했다. 서울시 동자동에 있던 건물을 매입하여 총회 사무실로 쓰도록 했다.

안대벽 목사는 1952년부터 교단 총회장을 맡아 봉사하였는데 이후 53년, 57년, 61년, 62년 등 다섯 번이나 총회장을 역임하면서 6·25 전쟁으로 폐허가 된 교회들과 교단을 중흥하는 데 크게 기여했다.

1962년 미국의 남침례교에서 파송된 애버내티 선교사가 유

1916년도 제51차 교단총회 때 기념촬영 (서울 종로 교회)

엔군 종군 목사 초청 만찬회에서 한국 침례 교단의 현황을 보고하면서 한국 침례회의 역사를 모두 제외하고 남침례회 선교부의 공적만을 보고하자 종군 목사들은 큰 박수를 보냈다.

　　　　이 상황을 보다 못한 안대벽 목사는 한국 침례회의 산 역사를 발표하면서 애버내티 선교사가 말한 것들에 대하여 시정하였다. 이 때부터 안 목사는 애버내티 선교사와의 갈등이 시작되었다. 이 일 후에 남침례교 선교부에서는 안 목사에 대한 불신임안을 총회에 제출하면서 각종 악성 루머에 시달리게 되었다.

　　　　불신임안이 통과되었다. 안대벽 목사는 교단으로부터 모든 직함이 정지되었다. 이후 해외로 망명하여 생활하였다. 물론 그 당시의 정황을 확실히 알 수는 없지만 안대벽 목사의 불신임안은 재평가되어야 옳을 것이다.

안대벽 목사가 교단의 총회장으로 있으면서 교단을 효과적으로 운영하기 위해 고향인과 함께 일하기를 즐겨하면서 파벌을 만들었다는 오해를 많이 받았다. 그러나 교단을 운영하면서 자연스럽게 자신과 손발이 맞은 사람들과 일하고자 하는 것을 크게 오해한 것 같다.

불신임안이 통과되자 안 목사는 곧바로 해외로 나갔다. 오랫동안 살던 땅을 떠나 자신이 살아온 삶을 돌아보고 싶었던 것이다. 아마도 가장 마음이 아프고 그를 고통스럽게 한 것은 불신임이었을 것이다. 선교부에서 불신임당할 때는 해명할 기회가 있었지만 포항총회로부터는 변명할 기회도 주어지지 않았다.

안대벽 목사는 과도기에 처했던 침례 교단을 전쟁의 폐허로부터 복구하는 데 많은 기여를 했었던 지도자였다. 이러한 그의 지도력은 전국의 교회들이 순조롭게 복구되어 교회로서의 면모를 갖추게 했다. 이후 70년대부터 시작된 놀라운 부흥의 기틀을 마련한 침례 교단의 훌륭한 지도자 중의 한 사람이었다. 자신의 영화보다 교단을 아끼고 사랑했다. 자신이 불이익당할 것을 알면서도 교단을 위해 말을 아끼지 않았다. 그렇게 헌신적으로 봉사했으나 불명예스러운 은퇴는 유감이라 할 수 있다.

파란만장한 삶을 주님의 사역에 헌신적으로 드렸던 안대벽 목사는 1987년 93세 일기로 하나님 품에 안기면서 망명생활을 끝내고 고이 잠들었다.

한국 침례교 조직신학의 기초를 세운
침례신학대학교 제3대 학장
지대명 선교사

지대명 선교사

지대명 선교사는 1958년 미남침례회 외국선교부의 파송을 받고 내한했다. 신학교 조직신학 교수로 취임하여 20여 년 간 침례신학대학에서 후학들을 가르쳤다. 지학장은 지혜롭고 준법정신이 투철한 분이었다. 항상 동료들과 원만한 입장을 유지하려고 노력했으며 흐트러짐이 없는 몸가짐으로 모범을 보인 그리스도를 닮은 선교사였다.

─── 조직신학자 지대명(A.Gammage, 池大明) 선교사는 침례신학대학교 제3대 학장으로 침례교 교리를 정립하는 데 많은 공헌을 했다. 1929년 9월 3일 미국 플로리다 주 마이애미 시에서 태어난 그는 어렸을 때부터 기독교 가정에서 성장했다.

그가 8세 되던 해에 목사였던 조부에게서 구원의 도를 듣고 예수님을 구주로 확신하게 되었다. 1951년 플로리다 대학에서 문학사 학위를 받았으며, 55년 미국 골든 게이트 침례신학교에서 신학사 학위를, 58년 동신학교 신학원에서 신학석사 학위를 받았다. 1965년 미국 남침례신학원에서 신학박사 학위를 받았다.

신학원에 다니던 어느 날 몸이 아파 하루 종일 꼼짝도 못하고 집에서 누워서 지냈다. 강의도 듣지 못한 채 이불을 뒤집어 쓰고 기도하고 있을 때 주님이 그에게 나타나 선교사로 소명을 주었다고 한다. 하나님의 소명을 받은 지대명은 재학 중에 선교지를 알아보기 시작했다. 학생들과 선교회를 통해 정보를 수집하고 정리하면서 아시아 지역에 관심을 가지게 되었다.

신학교를 졸업하자 해외선교부에 아시아 지역 선교사 지원을 요청하였다. 해외선교부는 마침 한국의 신학교에서 강의할 자격이 있는 선교사를 물색 중에 있었기 때문에 지대명 선교사를 한국에 파송하기로 결정했다.

1958년 선교사로 떠날 준비를 마치고 가족들과 함께 한국에 왔다. 이듬해인 1959년 침례회신학교 조직신학 교수로 취임하여 학생들에게 강의하기 시작했다. 1965년 학생들을 가르치던 지대명 선교사

침례신학대학으로 승진하고 2년 후 1975년도 교내 부흥회 기념

는 신학교 교장으로 취임했다. 이로부터 8년 후인 1973년 문교부로부터 침례신학대학으로 4년제 인가를 받아 초대학장으로 취임하기에 이르렀다.

지 학장은 한국 교회의 교리에 많은 관심을 가지고 신학적으로 잘 정돈된 교리를 정립하고자 힘을 쏟았다. 이러한 교리의 정립을 통해 신학적인 체계가 세워지면 교역자를 양성하는 데 크게 보탬이 될 것이라 여겼기 때문이다.

학장으로 일하면서 선교사 본연의 자세인 하나님의 복음을 전하는 데도 게으르지 않았다. 특히 지대명 선교사는 교도소에 수감되어 있는 죄수들에게 관심이 많았다. 그래서 이들과 인연을 맺고 복음을 전하는 데 힘썼다.

이렇게 열심히 하나님의 사역을 감당하였지만 몸이 약한 지 선교사는 한국 선교사로 부임한 지 8년째 되던 해인 1966년 악성관절염이 발생했다. 치료를 받았지만 날이 갈수록 더 악화되어 몸은 점점 더 나빠졌다. 간호대학을 졸업한 부인 네티 선교사의 간호와 치료가 많은 도움이 되었지만 완치되지 않았다. 지병으로 고생하던 지대명 선교사는 한국 선교를 끝내고 1979년 필리핀으로 요양차 떠났다.

지대명 학장은 학교의 업무를 혼자하는 법이 없었다. 모든 일을 직원들과 의논해서 결정했다. 지대명 학장은 영국계 미국인으로 신사였고 또한 훌륭한 교육가요 탁월한 행정가였다. 일을 할 때는 조금도 빈틈을 보이지 않았다. 매사에 완벽하게 처리하려고 노력했다. 또한 준법정신도 투철해서 학교에서 어떤 규칙이나 법을 정하면 조금도 어긋남이 없이 철저하게 지켰다.

상대방의 입장을 이해하고 배려하는 부드러운 심성을 지니

1993년 개교기념일에 지대명 선교사 부부를 모시고

고 있으면서도 때론 냉철하기도 했다. 특히 지대명 선교사는 가정에 충실한 사람이었다. 가족과 약속을 하면 일순위로 지켰다. 가족들을 존중했고 부인과는 동료 이상으로 친근하고 자녀들에게 친구 같은 훌륭한 아버지였다.

　　　　지대명 선교사는 건강하지 못한 몸을 이끌고 학교를 돌보고 있었을 즈음 학교는 확장을 위한 장기 계획을 세우고 있었다. 모든 교수들과 교단 관계자들까지 이 프로젝트에 참여했다. 학교를 이전하고 미래를 대비하여 대학의 면모를 갖추기로 한 것이다. 몸이 건강하지 못한 지대명 선교사는 학교를 한국인들이 맡는 것이 당연하다고 생각했다. 그래서 모든 운영권을 한국인에게 이양했다.
　　　　모든 경영권을 이양하고 나면서 한국에서 본인에게 맡겨진 사명을 다했다고 생각했다. 더 이상 한국에 머물 필요를 느끼지 못했다. 더구나 쇠약해진 몸을 추스르기 위해 기후 조건이 좋은 필리핀으로 출국하면서 한국에서의 하나님의 일을 모두 마쳤다.

성직자 양성의 사명자
이원균 목사

이원균 목사

이원균 목사는 1887년 함경도 북청에서 태어났다. 이 목사는 어려서 한학을 공부했다. 청년기에 하나님의 복음을 듣고 예수 그리스도를 구주로 영접했다. 경성신학에서 신학을 공부하고 성결 교단에서 목회를 시작했다.

일본으로 건너가 동경에서 사역하기도 했으며 다시 한국에 돌아와서는 평양신학에서 공부하고 장로교 함남노회에서 사역했다. 일찍이 펜윅 선교사와의 만남이 인연이 되어 그립던 침례 교단에서 일하게 된 것은 1955년도부터였다. 침례 교단에 정착하여 여생을 복음을 위해 헌신했다.

─── 이원균(李元均) 목사는 복음적 성경관이 정립된 주경신학자로 복음의 진리를 후진들에게 전승하고자 자신의 모든 역량을 쏟은 하나님의 일꾼이다.

1887년 4월 10일 함경도 북청에서 태어난 이원균 목사는 어려서는 한국의 전통교육인 한문을 공부했다. 한학을 공부하면서 공자사상 속에 나타난 정치사상과 도덕율과 윤리의 근본을 배웠다. 소년기를 이렇게 보낸 이원균은 청년기에 이르렀을 무렵에 복음을 듣고 교회를 다녔다.

현 서울신학대학인 경성신학에서 신학을 공부했으며 평안북도 방현 교회에서 목회를 시작했다. 이후 일본의 수도 동경의 나까와시마 교회 목사로 시무했으며 일본 YMCA 위원장으로도 일했다.

또한 예수교 장로회 평양신학교 이사장과 예수교 장로회 함

총회장 아원균 목사와 함께(앞줄 좌로부터 이덕근 목사, 노재천 목사, 이원균 목사, 김장배 목사, 유흥만 목사 / 뒷줄 좌로부터 김갑수 목사, 박경배 목사, 이원로 목사)

남 노회장을 역임했다. 1955년 침례교로 이임해와 부산 충무로 침례교회를 담임하면서 우리 교단에서 일하기 시작했다. 1961년 5월까지 충무로 교회에서 목회했다. 1957년에 교단 총회에서 교육부장으로 교단 일을 시작한 이후 1965년에도 교육부장을 두 차례 역임했다. 1969년에는 부총회장으로 피선되어 교단을 위해 봉사했으며 1970년 총회장으로 교단을 이끄는 지도자로 주님을 위해 헌신했다.

    교육에 남다른 열의를 가졌던 이원균 목사는 1962년 대한침례신학교에서 교수로서 학생들을 가르쳤다. 1966년에는 신학교 교장으로 봉직했다.

    이원균 목사는 성결교단 신학교인 경성신학에서 신학을 공부하면서 성결론에 대한 문제와 자유의지설에 대한 교리적인 문제로 많은 고민을 했다고 한다. 이러한 의문점을 해결하기 위해 장로 교단

신학교인 평양신학교에서 공부했지만 칼빈주의에서 가르치는 예정론에 부딪혀 신학적인 고민만 가중되었다고 증언하곤 했다. 이러한 신학 문제에 대해 해결방법을 찾지 못하고 고민하던 이원균 목사는 금강산에 들어가 금식하고 기도를 했다.

이러한 사실을 잘 알고 있었던 한기춘 목사는 한 통의 편지를 써서 이원균 목사에게 보냈다. 편지에는, "여기 참 복음이 있으니 속히 하산하고 그를 만나시오. 세계적인 주경학자 미국 고든 박사의 문하생인 펜윅 선교사가 한국 선교를 위하여 와 있소"라고 쓰여 있었다.

편지를 읽고 난 이원균 목사는 산에서 내려와 펜윅 선교사를 만났는데 함께 성경에 대한 교리를 토론했다. 이때 고민하던 의문점들이 하나씩 풀려지면서 가슴이 후련해졌다. 이때의 경험과 자신이 연구한 성경적인 지식들을 모아 「율법과 복음」이란 책을 펴냈다. 이 책을 추천한 채필근 목사는, "하나님의 예정과 사람의 자유와 같은 문제, 믿음과 행함에 관한 문제, 예수님의 재림, 끝날 심판에 대한 문제와 같은 일은 어려운 문제 중에서 가장 어려운 문제라고 아니할 수 없다. 나의 옛 친구 이원균 목사는 오랫동안의 목회생활과 성경연구를 통하여 하나님의 무한한 은혜를 받고 그리스도의 위대한 진리를 깨달아 '율법과 복음'의 미묘한 관계를 똑바로 붙잡고 미로에서 방황하는 신자들을 위하여 이 책을 썼다"라고 소개하였다.

이원균 목사는 이외에도 「구원의 3단계론」과 「순정 기독교」, 「로마서 강해」 등의 저서를 펴내면서 자신의 신학적인 견해를 발표했다.

1955년에 이원균 목사는 침례 교단으로 교단을 옮겼다. 일찍 펜윅 선교사와의 친분을 통해 인연을 맺고 있었던 터여서 침례 교단으로 옮겨 오자 자기 집에 들어온 것 같았다고 증언했다. 펜윅 선교사를 통해 복음을 배웠던 때를 항상 잊지 못하고 있었기 때문에 적당한 시기에 침례 교단에 몸을 담고 사역하기를 원했다. 그래서 기회가 생기자 1955년 침례 교단으로 옮겨 사역하기 시작했다.

이 목사는 본 교단에 입교가 되고 곧이어 부산 충무로 교회에 발탁이 되어 목회자로 시무하게 되었다. 그리고 3년이 되면서 총회 임원진에 등용이 되었으며 교육부장으로 활약하였다. 그의 이론은 정연했고 정치력도 명석하여 타의 인정을 받았다.

이원균 목사는 건장한 체구와 강한 체력을 갖춘 분이었다. 더구나 학문에도 열정적이어서 지적인 갈증을 느끼고 항상 새로운 지식을 습득하기 위해 정진했다. 침례 교단에 들어와서는 누구보다도 짧은 시간에 교단 총회장으로 사역할 수 있었던 것은 그의 적극적인 성

1958년 제48회 총회(점촌교회) 사실상 교단 분열 직전 해였던 역사적인 총회였다. 캐나다 토론토에서 개최된 제5차 세계 침례회청년대회에 한국대표로 김용구 씨가 참석하다.(아래에서 두 번째 행열 임원석 왼쪽에서 두 번째가 이원균 목사이다.)

품과 인품이 교단의 모든 교역자들 사이에서 신뢰감을 주었기 때문이었다.

  이원균 목사는 은퇴한 후에도 줄곧 보다 많은 사람들에게 자신이 평생 동안 이룬 신학적인 성과를 알리기 위해 노력했다. 1969년 12월 6일 향년 82세의 일기로 미망인과 슬하에 2남을 남기고 하나님나라로 부름을 받았다.

죽으면 죽으리라 주님 섬긴
이덕상 목사

이덕상 목사

이덕상 목사는 1889년 경상북도 상주에서 태어났다. 부요한 가정에서 부모님의 총애를 받으며 성장하였다 자유분방한 성격이었던 이 목사는 청소년 시절 타락된 생활을 하기도 했지만 어느 날 하나님의 복음을 듣고 개종하였다. 인근에 교회가 없어 60여 리를 걸어서 예배에 출석하면서도 한 번도 거르지 않는 열심을 보였다. 1933년 전도인이 되었으며 주의 이름으로 옥중생활을 겪는 등 고난 속에서도 당당하게 목회자로서의 삶을 살았다.

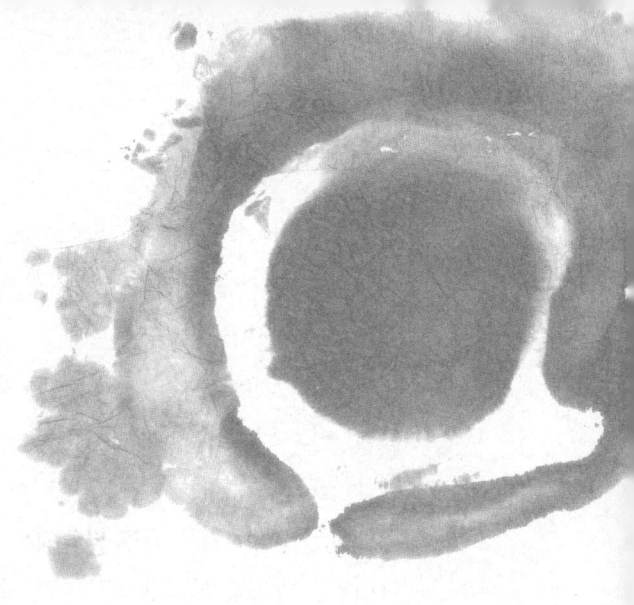

─── 이덕상(李德相) 목사는 1889년 4월 25일 경북 상주군 공검면 중소리 478번지에서 이연우의 4대 독자로 태어났다. 부잣집 귀공자였던 이덕상은 부모는 물론 마을 사람들의 사랑을 한 몸에 받고 자랐다.

소년이 된 이덕상은 서당에 다녔다. 당시 마을 아이들은 모두 서당에 다녔다. 그러나 아무 어려움 없이 자란 때문인지 이덕상은 자유분방한 생활을 좋아했다. 그의 어머니는 평소 "너는 이 많은 재산을 다 먹고 써라"고 말했다. 젊음을 즐기는 것이라고 생각한 그의 주위에는 술친구들도 많았다. 그는 방탕한 생활을 즐기며 살았다.

매일 다람쥐 쳇바퀴 돌듯 술에 찌들어 살고 있는 자신에 회의를 느끼기 시작한 건 방탕한 생활을 시작하고 얼마 지난 때였다. 먼저 술을 끊어 보려고 했지만 항상 작심삼일이었다. 그러던 어느 날 예수를 믿고 교회를 다니면 술을 끊을 수 있다는 말을 들었다. 교회를 찾아 보았지만 쉽게 찾을 수 없었고 교회에 다니는 사람을 만나기도 쉽지 않았다. 안타까운 일이지만 복음을 접할 기회를 얻지 못한 이덕상은 늘 같은 생활에서 벗어나지 못했다.

그러나 하나님은 간절히 자신을 찾는 자를 그냥 버려두지 않았다. 어느 날 마을에 복음을 전하는 사람이 왔다. 그에게 하나님의 복음을 들은 이덕상은 가정에서 몇 명이 모여 예배드리는 곳에 참여하여 예배를 드렸다. 이후 고향 마을에서 60리나 떨어진 점촌 교회에 걸어 다니면서 예배를 드렸다. 주일이면 새벽에 집을 나와 교회로 향했다. 4시간 이상을 걸어 교회에 도착했다. 예배를 드리고 집에 오면 하루 해가 다 지나곤 했다. 그러나 그에게 있어서 주님을 섬기는 믿음생활은 한없이 즐거운 일이었다.

이렇게 교회생활을 시작한 이덕상은 김찬원 성도의 주선으로 점촌 교회 근처로 이사를 했다. 교회 가까이 이사온 이덕상은 교회생활에 더욱 열심이었다. 지금까지 친구들과 어울려 술에 취해 살았던 이덕상에게는 매우 새로운 경험이었고 사실 교회생활은 보람있고 값진 것이었다.

얼마 지나자 가족들을 김찬원 성도에게 맡기고 자비량으로 전도하기 위해 인근 마을은 물론 타지방까지 순회 전도를 다녔다. 이후 하나님의 인도하심으로 성경을 더 공부하려는 계획을 가지고 원산으로 가서 펜윅 선교사가 하는 성경공부반에 들어가 성경공부와 전도훈련을 받았다.

1933년 전도인으로 사명을 받은 이덕상은 평안북도 초산지방으로 파송되었다. 문규석 교사와 함께 이곳에서 많은 사람들에게 복음을 전했고 섬기던 교회는 부흥되었다. 맹산 지방과 산수갑산 등지에서 복음을 전했으며 서간도와 북간도에서도 사역했다.

러시아와 중국에서의 전도 여행은 목숨을 내놓아야만 했다. 워낙 넓은 지역이어서 산을 넘고 물을 건너 며칠을 걸어도 마을은 보이지 않고 눈보라 치는 허허벌판을 한없이 헤매고 다니다 보면 엄습하는 추위와 기근을 참아야 했는데 이것은 죽음을 담보하지 않고는 가능하지 않았다.

선교비를 지원하는 곳은 없었다. 그러나 복음을 전하는 전도인들은 자비량으로 사역을 했으며 그렇지 못한 이들은 마을과 교회에서 약간의 음식을 제공받았다. 몇 달씩 이곳저곳을 헤매면서 복음을 전하다가 배가 고프면 솔잎을 따 먹기도 하고 소나무 껍질을 벗겨 먹으면서 몇 달씩 여행하기도 했다. 이러한 사정은 당시 전도인으로 사역하던 대부분의 성도들이 겪는 고통이었다. 그러나 누구 한 명도 불평하거나 복음 전하는 일을 그만 두는 사람은 없었다. 오직 주의 이름으로 복음을 전하는 것을 보람으로 여기고 기쁨으로 하나님의 복음을 전했다.

이들이 복음을 전하다가 일 년에 몇 번씩 열리는 총회에 참석하기 위해 천리가 넘는 길을 걸어서 참석했다. 총회에서는 이렇게 헌신적으로 일하는 전도인들에게 교사로 또는 목사로 안수했는데 목사 안수를 받는 것을 가장 큰 영광으로 알았다.

태평양전쟁을 일으킨 일제는 처음에는 승승장구했다. 그러나 미국의 공세가 점차 강해지자 전세가 불리해지기 시작했다. 일제의 강점하에 있던 우리나라에 가혹한 탄압을 시작했다. 농민들이 일 년간 힘들여 지은 쌀을 모두 공출로 빼앗아 갔고 젊은이들은 모두 전쟁터로 불려갔다. 심지어는 교회의 종까지 떼어갔다.

내선일체라는 미명 아래 창씨 개명을 강요하고 한국말 사용을 금지하고 일본 이름과 일본말을 쓰도록 했다. 말을 듣지 않는 사람들은 어김없이 잡혀가 가혹한 고문을 받거나 총살당했다.

미국의 선교사들이 많았던 한국에서 일제는 교회를 탄압하기 위해 아래와 같은 지침서를 만들었다 :

"예수교 교역자 좌담회를 개최해 교인들의 지도계몽을 담당하며 교회 안에 국기 게양탑을 건설하여 일본 국기에 대한 경례와 황국신민의 서사를 제창하며 찬미가와 기도문과 목사의 설교는 검열을 받아야 한다."

일제의 이러한 정책은 결국 국내의 많은 교회와 교단들이 참여할 수밖에 없었다. 그러나 침례교회는 일제의 탄압에 순교정신으로 맞섰다. 일제는 침례 교단을 해체하고 교회를 폐쇄했다. 그때 신앙의 지조를 지켰던 이덕상 교사도 감옥에 끌려갔다. 일제에 끌려가 혹독한 고문을 당하면서 죽으면 죽으리라는 신념으로 신앙의 절개를 지켰다. "나 같은 부족한 사람이 훌륭하신 선배 목사님들과 같이 주님 이름으로 고난을 당한다는 것이 황송할 뿐이다"라고 말하며 옥중생활을 하던 중 1944년 5월 15일 기소유예로 23명의 교역자들과 함께 감옥에서 나왔다.

옥에서 나온 이덕상 교사는 가족을 부양할 책임을 다하기 위해 충청도를 왕래하면서 보따리 장사를 했다. 고향의 명주와 충청도의 한산모시를 가지고 다니면서 팔았다. 그 당시 필자의 모교회에서 머물면서 장사를 했는데 만나면 지나온 이야기를 많이 해주었던 기억이 새롭다. 장사를 해서 남은 이익금으로 가족들을 돌보았고 때로는 인근의 어려운 교회의 교역자들을 많이 도왔다.

1945년 8월 15일 해방이 되면서 무너진 교회들이 재건되었다. 교회가 재건되면서 교역자들이 필요했다. 가사를 돌보고 있던 이덕상 교사는 1953년 경북지방 수평 교회에서 사역하기 시작했다. 이후 마성 교회에서 사역했고, 1958년 목사 안수를 받고 울릉도 지방에서 2년간 목회하다가 은퇴했다.

　　　　이덕상 목사는 주님의 은혜로 살았던 보기 드문 목회자였다. 온유하고 겸손한 주님의 멍에를 메고 전국은 물론 러시아와 만주 벌판을 삶의 터전삼아 하나님의 복음을 뿌리며 일생을 주님 앞에 헌신했다.

　　　　슬하에 1남 6녀를 두었는데 5대 독자 이희조 목사를 비롯하여 3명의 사위가 목회자로 하나님 앞에 사역했다. 안재민 목사를 비롯하여 후손들이 전국에서 교회를 섬기며 믿음의 삶을 살고 있다. 1961년 6월 28일 72세의 일기로 하나님의 부름을 받고 하나님 품에 고이 안겼다.

3대째 선교사의 전통을 이어온
이대복 선교사

이대복 선교사

이대복 선교사는 1953년 한국 선교사로 임명을 받고 내한했다. 그는 할아버지 때부터 3대째 선교사로 한국에 온 것이다. 이대복 선교사는 미국 남침례회 외국선교부 한국선교회 소속으로 여러 가지 직책을 맡고 많은 일을 했다. 이대복 선교사는 몸집이 크고 마음도 넓었으며 정도 많아 6·25의 참상을 겪고 있던 한국사회를 위해 많은 일을 했다. 특히 군인전도부를 조직하고 군인선교를 시작한 것은 잊을 수 없는 그의 업적이다.

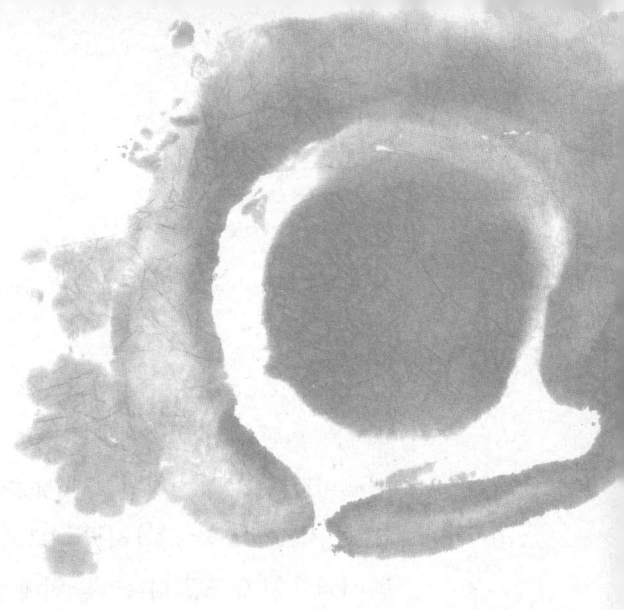

　　─── 이대복(李大福) 선교사는 헌신적인 사역자로 아름다운 인상을 남긴 하나님의 일꾼이었다. 1923년 12월 25일 중국의 광시성 오주에서 렉스 레이(Rax Ray) 선교사의 아들로 태어났다. 1950년 28세 되던 해에 텍사스 본헤임 침례교회에서 목사 안수를 받았다. 1953년 사우스 웨스턴 침례신학교를 졸업했고 그해 이혜란(Rray Frances)과 결혼해서 가정을 꾸렸다. 같은 해 10월 한국 선교사로 파송을 받았고 한국에 내한했다.

　　　　　이대복 선교사의 할아버지 필립 길만(Franklin Philip Gilman) 선교사는 중국에서 1886년부터 1918년까지 32년간 하나님의 복음을 전하다가 중국에서 그 생애를 마쳤다. 지금도 중국의 해남도라는 섬에는 그의 무덤이 있다. 이대복 선교사의 아버지는 할아버지의 대를 이어 중국에서 1920년부터 1950년까지 선교사로 일하다가 1950

년 공산혁명으로 중국이 공산화되자 한국으로 피신하여 5년간 선교활동을 하다가 미국으로 돌아가 그곳에서 하나님의 품에 안겨 텍사스에 묻혔다.

1953년 한국의 선교사로 파송받아 한국에 들어온 이대복 선교사는 34년 동안 한국에서 하나님의 복음을 전하고 은퇴하여 미국으로 돌아갔다. 그의 장남인 마가(Mark) 목사도 선교사로 소명을 받고 선교지에서 헌신했다. 그래서 이대복 선교사의 가계는 4대째 해외 선교사로 사역한 보기 드문 하나님을 위해 일한 가족이다. 더구나 마가 선교사는 자기의 아들도 한국에서 일할 수 있게 해달라고 기도한다고 한다.

한국에 들어온 이대복 선교사는 1954년 침례신학대학교에 영어교수가 되었다. 이후 1955년 전도부장, 1968년 지방협동 선교사 겸 선교부 재단 부장, 1971년 기금위원회 위원장 등을 거치면서 한국에서 주어진 사역을 감당했다.

1966년 이 선교사는 침례교 군인전도부를 창설하고 군인들에게 복음을 전할 수 있는 기회를 마련했다. 1971년에는 침례신학대학장 서리로 취임했으며 1979년부터 1986년까지 협동학장을 지냈다. 1985년부터 87년까지 2년간 그가 창설한 군인전도부에서 부장을 역임했다.

이대복 선교사는 경제적으로 어려움을 당하는 사람들에게 많은 도움을 주었다. 장학회를 조직하여 어려운 학생들이 계속 공부할 수 있도록 하였으며 돈이 없어 병원에 가지 못하는 병자들을 입원할 수 있도록 했다. 개척교회들도 잘 살펴 도움을 주었다. 이대복 선교사는 자신에게 도움을 원하는 모든 사람들에게 친절하게 대했으며 최선을 다해 그들과 고통을 함께했다. 전쟁으로 폐허가 되어 헐벗고 굶주린 사람들이 많이 있었던 시기에 이대복 선교사는 한국에서 사역했다.

이대복 선교사는 "나는 중국 사람도 미국 사람도 한국 사람도 똑같이 사랑하고 싶어요"라고 말하면서 34년 동안 인생의 황금 같은 시기를 자기가 사랑하는 한국 땅에서 열정적으로 복음을 전했고 전쟁의 폐허 속에서 소망을 잃고 방황하는 우리 민족과 눈물을 같이 흘리는 데 주저하지 않았다.

이대복은 한국 선교사로 재직중 가장 힘들었던 때는 한국 침례회가 둘로 나뉘어지려고 할 때였다고 회고했다. 미국에서 안식년을 지내고 있을 때 이 소식을 들었는데 그는 크게 걱정하여 날마다 기도했다고 한다. 얼마되지 않아 갈라졌던 총회가 다시 하나로 합쳐지자 그는 가장 기뻤던 때는 "총회가 분열되었다가 합해졌을 때"라고 서슴없이 말하며 밝게 웃었다고 한다.

1968년, 전국교역자 심령부흥대회가 총회 주최로 대전 대광동 교회에서 4일간 개최되다. 특히 이 부흥회는 지난 1959년도 이후 교단분열을 애석히 여기던 양측 후진지도자들이 중심이 되어 교단합동을 추진하여 오던 중 전교회들의 호응을 받아 (포항·대전) 극적으로 통합되어 은혜스런 분위기였고 교단 명칭을 '한국침례회연맹'으로 개칭했다.

이대복 선교사는 미남침례교 한국 선교회에서 보낸 두 번째 선교사였다. 그의 아버지는 1951년부터 1956년까지 부산에서 6·25 전쟁 직후 폐허가 된 이 나라에서 지방협동 선교사로 사역했다. 세계 적십자사를 통해 들어오는 구호물자들을 차에 싣고 전국 각지에 흩어진 침례교회를 찾아다니며 헐벗고 굶주린 사람들을 구호하는 데 진력했다.

이대복 선교사는 키와 몸집이 큰 거구였다. 몸이 큰 만큼 마음도 크고 넓었다. 타고난 성품이 온화하고 덕과 정감이 있는 친절한 사람이었다. 이대복 선교사는 우리나라에서 가장 오래 사역한 선교사 중 한 사람이었다.

그는 말하였다. "나는 이 땅에 묻히고 싶다"고 이 세상 어디고 모두가 하나님이 창조한 땅이다. 나의 조국과도 같은 이곳 한국 땅도 마찬가지이다. 내가 가장 고생한 곳도 이곳 한국 땅이요, 가장 많이 밟은 곳도 이곳 한국 땅이다. 그래서 나는 이 땅에서 생활하는 사람들에게 가장 많은 정을 주었고 또한 많은 정을 받으며 살아왔다. 희노애락을 이 땅 위에서 누리고 살아왔기에 잠든 후에도 이땅 위에 묻히는 것이 당연한 나의 소망이다"라고 심정을 토로했다.

어려움에 처해 있던 한국의 교역자들과 폭넓게 사귀면서 이들에게 많은 도움을 주었다. 또한 여러 기관에서 일하면서 감사패와 공로패 그리고 표창장도 많이 받았다. 34년 동안 그가 일한 사역을 좁은 지면에 다 기록하기에는 불가능하다. 다만 이대복 선교사가 성공적으로 그의 사역을 이룬 것은 경건한 믿음 생활이었다는 것을 강조하고 싶다. 그는 매일 3장의 성경을 읽으며 기도했고, 주일이면 5장의 성경을 읽으며 경건한 신앙인으로 살기 위해 끊임없이 하나님께 기도했다.

한평생을 이땅에서 우리들과 함께 살면서 주님의 사명의 복음을 증거한 이대복 선교사는 이땅의 사람들이 가장 어려웠던 시절 주님의 교회를 위하여 헌신 봉사했던 선교사이며 우리의 벗이었다.

　　　　이처럼 충성스럽게 사역하는 이대복 선교사와 하나님은 늘 함께하셨고 위로하셨다. 하나님은 이대복 선교사에게 5남매의 자녀를 선물로 주었다. 대한민국을 사랑하고 하나님을 자기 몸보다 더 사랑한 그는 충성스런 하나님의 일꾼으로 하나님나라에 그 이름이 기록되어 있을 것이다.

「한국 침례교의 산 증인들」을 쓴 순교자의 아들
김장배 목사

김장배 목사

김장배 목사는 어느 누구보다 교단을 사랑한 목회자였다. 부모가 섬기고 일을 하다 순교한 교단이므로 더욱 애착심이 강했던 것 같다. 교단의 일이라면 조금도 양보하지 않았다. 동료들 간에도 언제나 다정다감한 분으로 알려져 있다. 특히 「한국침례교회의 산증인들」이란 책을 저술하여 남겼다.

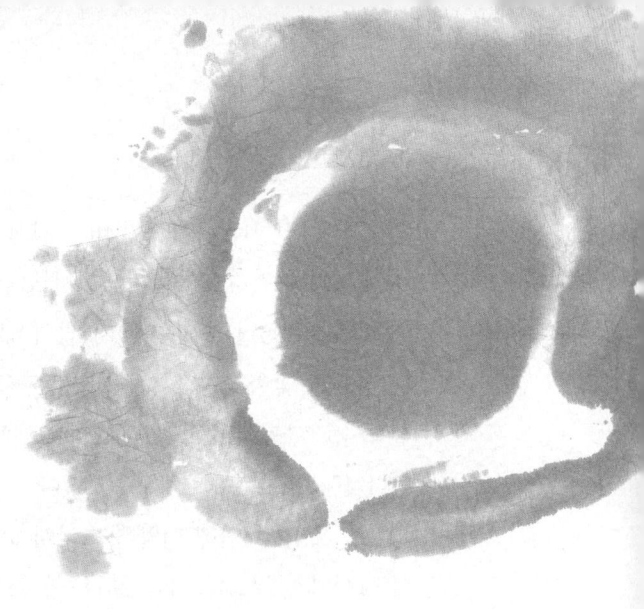

─── 김장배(金長培) 목사는 1916년 7월 21일 충남 부여군 임천면 두곡리에서 김희서 교사의 4남 2녀 중 막내아들로 태어났다. 1930년 이종덕 목사의 주례로 침례를 받은 김장배는 1935년 칠산에 있던 교회에서 반장(현 집사) 직분을 받고 충청남도와 전라북도를 구역으로 순회 전도자로 사역했다. 1952년 목사 안수를 받았고 충청남도 원당 교회에서 목회를 시작했다. 1954년 이리 교회, 1957년 창리 교회에서 2년 동안 일했고, 그후 점촌 교회에서 목회했다. 이후 여러 교회에서 목사로 시무하였으며 1959년과 1960년 두 번 교단 부총회장으로 피선되어 교단에서도 봉사했다.

일생을 침례 교단을 위해 헌신하던 김장배 목사는 1981년 「한국 침례교회의 산 증인들」이라는 책을 저술하여 한국 침례교회의 역사를 주관해온 산증인들의 사역을 정리하여 출판했다.

김장배 목사의 아버지 김희서 교사는 그가 학문을 하는 선비로 살기를 바랐다. 그래서 어려서부터 서당에서 한문을 공부하게 했다고 한다. 1895년 그의 아버지 김희서는 예수 그리스도를 믿고 전도자의 사명을 받아 복음을 전하다가 교사 직분을 받았다. 1918년 러시아 선교사로 파송되어 배를 타고 보시엘해 모커 지점을 지나던 중 풍랑을 만나 45세의 젊은 나이에 순교했다.

이로 인해 연약하기 짝이 없던 김장배 목사의 어머니는 김희서 교사가 남겨 놓은 4남 2녀를 홀로 키웠다. 손이 부르트도록 길쌈을 하고 삯 빨래를 하면서 생계비를 벌었다. 그러면서도 하나님을 의지하는 신앙인으로서의 삶을 잃지 않았다.

그의 자녀 중 한 명이 믿음이 없는 사람과 결혼한 것을 알게 된 교회에서는 그의 어머니를 징계했다. 그러나 어머니는 불평 한마디 하지 않고 순종하고 근신했다. 이러한 그의 깊은 신앙심은 그의 자녀들

김장배 목사 안수식 기념

에게 큰 감동과 교훈을 주었다. 이러한 환경에서 김장배 목사는 어머니의 지극한 보살핌과 하나님의 사랑을 한 몸에 받으며 자랐다.

김장배 목사의 큰형 김연배 감로는 1942년 일제의 박해로 교단의 지도자 32명이 옥고를 치를 때 함께했던 신앙인이었다. 이러한 아름다운 믿음의 가정에서 김장배 목사는 신실한 믿음의 사람으로 성장했다. "우리 교단 믿음의 선배들은 피와 목숨을 바쳐 순수한 복음의 진리를 지켜왔다. 그러므로 우리 후진들도 이를 수호해야 한다"고 버릇처럼 교단을 자랑했던 김장배 목사는 누구보다 침례 교단을 사랑했다. 교단이 분열되는 큰 슬픔이 발생하자 "비록 우리 교단이 소교단이긴 하지만 자부심과 의지가 대단했던 선배들처럼 오늘 우리들도 긍지를 가지고 선배들에게 부끄러움이 없는 후배들이 되자. 각 교회의 형제자매들이여 총회로 돌아오라"고 역설하며 개인 명의의 성명서를 전국 교회에 보내어 안타까운 심정을 밝혔다.

김장배 목사는 언제나 정감이 넘치는 분이었다. 그리고 언어 구사력이 풍부한 김장배 목사는 설교를 잘했다. 그의 설교는 청산유수와도 같이 부드럽고 강했으며 진리가 촉촉이 배어 넘쳤다. 솔직하고 꾸밈이 없고 정의감이 투철했던 믿음의 선배였다. 그는 우리에게 아름다운 믿음의 유산을 가득히 남기고 1993년 7월 5일 향년 77세의 일기로 하나님의 품에 안겼으며, 서울 연세중앙교회에서 장례예배를 드렸다. 유족으로는 부인 나상천 씨와 2남 4녀와 여러 손들을 남겼다.

12세 최연소 전도인
신혁균 목사

신혁균 목사

신혁균 목사는 조국 해방과 함께 만주에서의 이민생활을 청산하고 고향으로 돌아와 목회를 시작했다. 신혁균 목사는 최연소 전도인으로 임명된 우리 교단에서 모르는 사람이 없을 정도로 유명한 사람이다. 교단에서 일을 시작하자 큰 영향력을 발휘했다. 그는 일을 맡으면 불철주야 활동하는 것으로도 유명하다. 이러한 그의 성품은 그의 어머니의 훌륭한 교육에서 온 것이다.

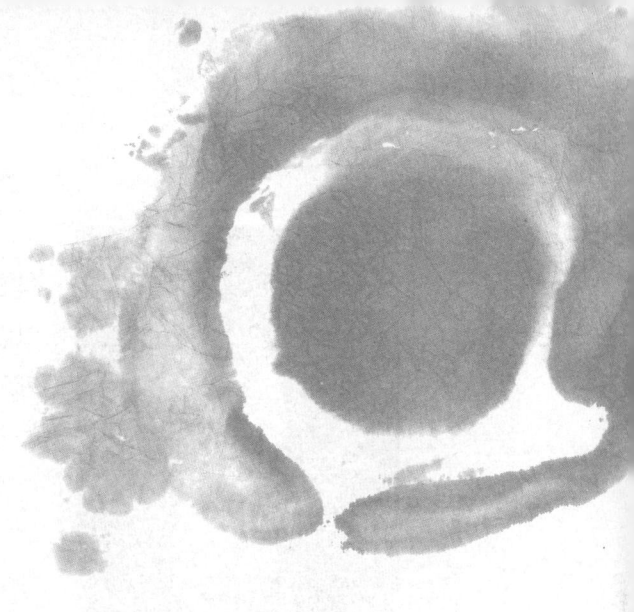

한국기독교 사상 12세의 최연소 전도인

신혁균 목사는 1905년 5월 5일 경상북도 문경군 호서남면 유곡리에서 아버지 신치희(申致熙)의 2남 2녀 중 막내로 태어났다. 부모는 독실한 기독교인으로 신혁균을 어려서부터 그리스도의 사랑으로 양육했다. 모태 신앙인으로 태어나 5세 때부터 유곡 침례교회의 유치부에 출석하여 하나님의 말씀을 배웠다.

1911년부터 서당에 나가 6년간 한문을 공부했다. 공부를 하면서도 교회생활에는 조금도 소홀함이 없었다. 9세 되던 1914년에 신앙고백을 하고 침례문답에 최연소로 합격하였으며 1914년 8월 13일 점촌 교회에서 이종덕 목사의 주례로 침례를 받았다.

2년 뒤인 1916년 11세의 어린 나이에 전도 사명을 받고 12세 때 전도인들 대열에 동행하여 전도지를 들고 집집마다 찾아다니면서

12세 전도인 신혁균

전도하고 거리에서도 전도를 했다. 이렇게 4년여 동안 전도에 헌신했다. 이러한 소문은 많은 교회에 알려졌다. 신혁균은 침례교회의 교인들에게는 장래가 촉망되는 청년으로 알려지게 되었다.

신혁균은 이종덕 목사의 장녀 이옥분(李玉粉) 양과 결혼하고 가정을 이루었다. 1926년부터 침례 교단에서 운영하던 성경학원에 입학하여 신학을 공부했다.

만주 이민 길

─── 일본은 러일전쟁과 중일전쟁에서 이기면서 승리에 도취하여 태평양전쟁을 일으켰다. 이에 따라 일본의 식민지 정책은 날로 그 강도가 높아졌다. 사회는 날로 흉흉해지고 민심은 사나워졌다. 이러한 정국에 불안을 느낀 사람들은 조국을 등지고 어디론가 뿔뿔이 흩어졌다. 신혁균의 가정도 국내에서의 신앙생활이 어려워져지자 몇몇 교회의 가정들과 함께 만주로 이민을 떠났다. 오랜 여행 끝에 만주 봉황성에 정착한 이들은 봉황성 침례교회에 출석하며 하나님께 예배를 드리고 믿음을 키웠다.

신혁균은 1938년 봉황성 교회에서 감로 안수를 받았다. 정국은 계속되는 전쟁으로 어려움에 빠져 많은 교회들이 문을 닫았다. 봉황성 교회도 운영난에 빠지자 신혁균은 경작조합에 취직하여 회사원으로 생활하면서 교회를 살리기 위해 노력했다.

　　　　한편 일제는 교회 탄압정책의 일환으로 만주에 있는 모든 기독교회를 하나로 합쳐 만주 기독교회로 만들었다. 장로 교단, 감리 교단, 성결 교단, 동아기독 교단(침례교), 만주 기독교단 등 5개 교파가 참여했다. 이때 신 감로는 침례 교단의 합동 준비위원으로 이 일에 참여했으며 1941년 11월 28일 신경 협화회관에서 합동 결성식을 가졌다.

　　　　1945년 8월 해방이 되자 신 감로는 망명생활을 청산하고 서둘러 고국으로 돌아왔다. 함께 귀국한 사람들은 모두 자신의 연고지를 찾아갔다. 신 감로도 가족들과 함께 충청남도 광천에 정착했다. 첫 해 하나님께 예배 드릴 성전을 건축하고 예배를 드리기 시작했다. 청교도

총회장이 된 신혁균 목사 기념촬영(1958년도 점촌 교회)

적인 신앙생활을 방불케 할 만큼 경건하고 절제 있는 신앙생활을 가르쳤으며 또한 몸소 실천하려고 노력했다.

목사의 사역

──── 1948년 교단에서 목사 안수를 받은 신혁균 목사는 주님의 일에 더욱 헌신했다. 먼저 그 지역에 있었던 교회들인 담산, 화계, 광시, 예산 교회들과 연합하여 지역 발전과 함께 복음을 전파하는 데 크게 기여했다.

1952년 그동안 개척한 죽림, 월림, 주포, 홍원, 황산 교회들을 모아 충서지방회를 조직하고 초대 지방회장을 역임했다. 1951년 필

1953년 교단 총회를 개최한 점촌 총회 광경

자인 김갑수 목사는 신 목사의 추천으로 동지방 죽림 교회 교역자로 파송되어 하나님의 사역을 시작했다.

특히 6·25 전쟁 이후 교단을 재건하는 일에 힘썼으며 미남침례교와 제휴 이후 제반 일을 주관하면서 많은 일을 하였다. 신 목사는 중국어가 능통했고 마침 중국에서 선교사로 사역했던 애버내티 선교사와 의사가 잘 통하면서 일하는 데 어려움이 없었다. 뿐만 아니라 신 목사는 인격적으로나 신앙적으로 많은 분들에게 신임이 두터웠다. 첫인상이 좋을 뿐 아니라 마음도 겸손하여 남을 배려하는 마음이 넓었다. 그래서 때론 일을 처리하면서 우유부단하다는 말을 들을 때도 있었다.

교회와 교단을 위해 많은 일을 한 신혁균 목사는 1954년 침례회신학교 이사장에 취임하고 동년에 본 교단 총회장으로 선임되어 전쟁의 폐허에서 허덕이던 전국의 침례교회들을 복구하면서 부흥할 수

대한기독교 침례회 전국 교역자 캠프 기념

있는 기틀을 마련하는 데 공헌하였다. 1958년에도 총회장을 역임하면서 교단 발전에 크게 헌신했다. 그러나 총회장을 역임하고 있던 1959년 총회가 포항 총회와 대전 총회로 갈라지는 아픔을 겪었다.

목회의 대를 이룬 기쁨

─── 신혁균 목사는 평소 "나는 아들이 셋이나 있지만 목사가 되려고 하는 아들이 없다"며 아쉬움을 드러내며 기도하였다. 이러한 간절한 기도를 하나님이 들으셨다. 미국에 가 있던 두 아들인 석태와 석환이 목사가 된 것이다. 이때 신혁균 목사는 이보다 더한 기쁨은 없었다고 간증하곤 했다.

신혁균 목사가 훌륭한 목회자로 하나님의 사역을 훌륭하게 감당할 수 있었던 것은 기도하시는 어머니가 있었기 때문이다. 나이가 90세이던 이월규 여사는 조금도 흐트러짐이 없는 단정하고 초롱초롱한 눈빛을 가진 아름다운 여성이었다. 자녀들에게는 항상 교육적인 말을 많이 하셨는데 특히 "사람이란 덕이 있어야 한다"고 믿음에 덕이 있어야 함을 강조하였다.

필자는 죽립과 담산 두 교회를 맡아 목회할 때 홍성군 광천을 지나칠 때면 꼭 신혁균 목사님을 방문하였다. 그 때마다 신 목사님의 어머니는 좋은 말씀으로 가르쳐 주셨는데 이러한 말씀들이 지금도 기억에 새롭다.

신혁균 목사는 자신이 개척한 광천 교회에서 30년간 목회했다. 은퇴한 후에는 자녀들이 살고 있는 미국으로 건너가 여생을 보냈다. 1982년 4월 21일 하나님의 부름을 받고 이 땅에서의 생을 마치고 편안히 잠들었다. 유족으로는 미망인과 3남 3녀 외에 많은 후손들이 있다. 그중 차남 석태, 삼남 석환 목사가 사역하고 있다.

한결같은 마음으로 주님께 헌신한
왕은신 선교사

왕은신 선교사

왕은신 선교사는 1955년 미남침례교 외국선교부로부터 선교사로 임명을 받고 내한했다. 황금 같은 청년기에 선교사로 이 땅을 밟은 왕 선교사는 60여 년을 독신으로 살면서 우리나라의 복음화를 위해 헌신했다. 특히 한국침례회 소년회와 여전도회의 발전을 위해 불철주야 헌신적으로 일했다. 은퇴 후에 귀국하였지만 그녀가 심어놓은 복음의 씨는 이 땅에서 끈임없이 성장할 것이다.

─── 왕은신(Wagner Lucy) 선교사는 1928년 2월 21일 미국 중서부 지역의 미주리캐스 카운티에서 로스 와그너 안수집사의 2남 1녀 중 막내딸로 태어났다. 그리스도인 가정에서 태어난 왕은신은 부모님이 섬기는 교회에 출석하며 믿음을 키웠다. 신앙이 독실했던 그의 부모의 헌신적인 신앙생활에 많은 영향을 받았다.

이 때문에 왕은신은 어렸을 때부터 교회에 나가 신앙생활을 했다. 교회생활이 모범적이었고 학교생활도 잘 하였고 학구적이었다.

1939년 왕은신이 11세 되던 해에 어머니가 세상을 떠났다. 12세 되던 1940년에 젊은 전도자에 의해 예수 그리스도를 인격적으로 만날 수 있었다. 믿음을 고백한 왕은신은 모든 삶을 주님께 드리기로 다짐했다.

이때 부친은 "주님께 헌신한 너를 보니 참으로 기쁘다"고 하

며 함께 즐거워했다. 왕은신은 조상들이 대대로 지켜온 농장 안에 있는 연못에서 여러 교인들이 지켜보는 가운데 침례를 받았다.

그러나 고등학교에 다닐 때 아버지마저 왕은신의 곁을 떠나 하나님나라에 가고 말았다. 부모를 모두 잃은 왕은신은 가까운 친척집에서 학창시절을 보냈다. 한창 예민한 사춘기에 부모를 모두 잃고 혼자 살아가게 된 그녀는 인간적인 외로움을 가슴에 쌓아가며 살 수밖에 없었다. 그러나 믿음이 독돈했던 까닭에 주님을 더욱 가까이 의지하며 주님만을 위해 살아가기로 다시 한번 결심했다.

고등학교를 졸업하고 미주리 주립대학에 진학했다. 대학생활은 신앙생활의 새로운 전기를 마련해주었다. 신앙이 더욱 돈독해지면서 하나님의 복음을 전하는 선교사로 사명을 받게 되었다.

학교에서 진행하는 선교 강좌에는 빠짐없이 참석하면서 선교사로서의 자질을 키웠다. 특히 한국에 파송될 예정인 부래념 선생의 강의는 늘 그녀에게 감동을 주었다. 이때 캔터키 루이빌의 여전도회 훈련학교에서 영적 지도자들과 교제하면서 자신이 해외 선교사로 부름받았음을 확인하게 되었다.

왕은신은 공개석상에서 선교사로 자신의 삶을 하나님 앞에 헌신하겠다고 서원했다. 이때 한국 유학생 노영하와 노영구 두 여학생을 알게 되었다. 이들을 통해 한국에 대한 정보를 많이 알게 되었으며 한국에 선교사로 가겠다는 결심을 하게 되었다.

선교 사역

──── 1955년 3월 미남침례교 해외선교부로부터 선교사로 임명을 받았다. 한국에 하나님의 복음을 전하기 위한 첫째 조건인 언어를 습득하기 위해 정규과정을 이수했다. 왕은신 선교사는 한국 교회에 선교사로 파송되면 여전도회를 위해 일해야겠다고 생각했다.

한국침례교 전국여선교 연합회는 1954년에 조직되었는데 이때 이순도, 방효성, 라이트 선교사가 여전도회를 맡아 일하고 있었다.

한국에 파송된 왕은신 선교사는 여전도회의 활성화를 위해 전국 각지에 흩어져 있는 개교회를 방문하여 여전도회를 조직하고 이들을 격려하였다. 1959년 월간지 「성광」을 발간하여 여전도회의 사업을 모든 교회에 알렸다. 여전도회가 전국 교회에서 활성화되면서 산하 기관으로 소녀회(GA)를 조직하여 초창기에 파송되어 사역하던 루비 휫(Ruby Wheat) 선교사와 함께 일했다.

왕 선교사는 여전도회를 이끌고 갈 지도자를 양성하기 위해 여전도회 회원들을 위한 교육에 몰두했다. 이때 교육을 받은 김한희, 윤옥석, 구난서, 이치강, 조혜도, 한정희 등은 이후 여전도회를 발전시키는 데 결정적인 역할을 하게 된다.

선교 공적

──── 여성이라면 누구나 이상적인 가정을 꾸리고 행복한 가정을 꾸리고 싶어한다. 그러나 왕 선교사는 오직 주님을 위해 헌신적인 삶을 사느라 가정을 꾸리지 않았다. 꽃다운 젊음은 물론 36년간의 긴 세월을 한국인들에게 하나님의 복음을 전하기 위한 섬김의 세월을 보냈다. 한국 침례교회의 여전도회를 세계적인 전도회로 그 위상을 높이는 데는 왕 선교사의 헌신적인 노력이 결정적인 역할을 했다. 왕 선교사는 평소 다섯 가지 선교를 위한 지침을 가지고 있었다. 첫째는 기도이며, 둘째는 성경과 선교에 대한 공부이며, 셋째는 복음을 전하는 일이며, 넷째는 청지기 직분이며, 다섯째는 아동과 청소년 양육이었다. 왕 선교사는 이 일들이 우리가 해야 할 책임이지만 하나님의 능력으로만 모든 일을 할 수 있다고 믿었다.

머나먼 타국 땅에서 독신으로 혼자 살면서도 후회하지 않았으며 오히려 자유롭게 주님을 위해 일할 수 있어 행복하다고 했다. 왕 선교사는 "한국 생활에서 가장 어려웠던 일은 교통사고로 운전면허가 정지당하고 일 년의 실형을 받았을 때였다"고 말했는데 외국인이라는 점이 참작되어 집행유예로 풀려났다.

1960년대 여전도회 임원으로 봉사하신 분들(두 번째줄 왼쪽부터 말라 부인, 양신옥, 브레드리, 윤옥석, 스넬 부인, 김혜경, 구난서, 이차강. 첫째 줄 왼쪽부터 김한희, 신보향, 버긴, 왕은신, 방호선 따월 부인, 한정희)

    36년 동안 한국땅에서 하나님의 복음을 위해 사역한 왕 선교사는 평소에 손님을 대접하는 일을 매우 즐겁게 여겼다. 늘 근검절약하는 검소한 생활을 했으며 훌쩍 큰 키로 성큼성큼 사람들에게 다가가 친절하게 하나님의 복음을 전하고 여전도회를 위해 일한 그녀는 얼굴에 늘 미소가 떠나지 않았던 하나님의 일꾼이었다. 지금은 은퇴하여 고국으로 돌아가 여생을 보내고 있다.

한손엔 복음을 한손엔 사랑을
최희준 선교사

최희준 선교사

최희준 선교사는 1957년 미남침례교 외국 선교부의 임명을 받고 한국 선교사로 내한했다. 한국선교회 사무총장으로 재직하면서 종교음악 분야에서 부인과 함께 활약했다. 최희준 선교사는 선교사로서 조금도 흐트러짐이 없는 몸가짐으로 선교사 본연의 자세를 보여준 모범적인 사람이었다. 그리스도의 사랑으로 일하고 그리스도를 본받는 삶을 살아온 선교사로 이땅에 오래도록 기억될 선교사였다.

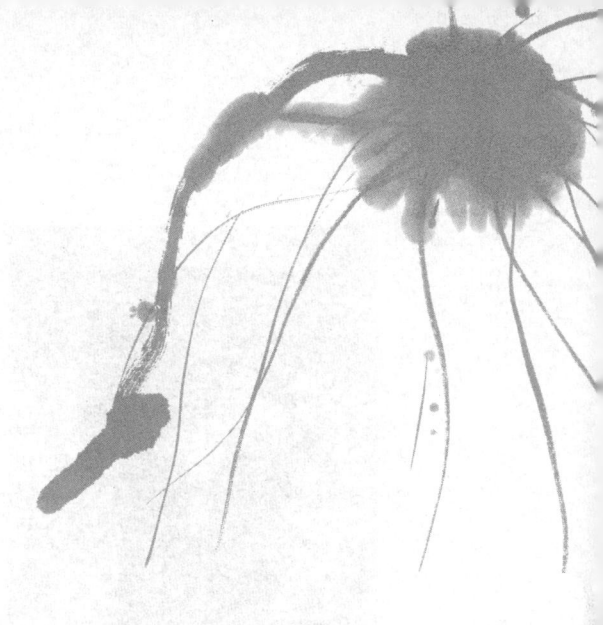

―――― 최희준(Don C. Johns) 선교사는 인생의 황금기를 다 바쳐가며 한국 선교를 위해 그리스도의 아름다운 사랑을 보여준 하나님의 일꾼이었다.

최희준 선교사는 1928년 11월 13일 미국 텍사스 주 갈베스톤에서 태어났다. 부모의 따뜻한 보살핌 가운데 성장하며 유년기를 보냈다. 하워드 페인 대학에서 학사학위를 받았고 서남침례신학대학에서 신학석사(M.Div, M.R.E.) 학위와 목회학박사(D.Min) 학위를 받았다.

1946년부터 1948년까지 3년간 한국 주둔 미 육군 7사단 군악대에서 군생활을 하면서 처음으로 한국과 인연을 맺었다. 이후 2년간 텍사스 주 총회 음악부에서 일했다. 한국전쟁이 일어나던 1950년부터는 팜피 마운틴 골든웨이트 스트란 침례교회에서 목회했다.

한국 선교

최 선교사 부부와 자녀들

노년의 최 선교사 부부

─── 최희준 선교사는 1957년 예일대학에서 한국어를 수학했으며 그해 10월 선교사로 부름을 받고 한국에 왔다. 한국에 도착해서 1958년부터 침례신학대학교에서 강의를 시작했다. 1960년 미남침례회 한국 선교부 재무부장을 역임했으며 1963년 침례교 교회행정과 출판부장으로 봉사했다. 또한 1973년에는 선교부 북부지역 전도부장을 겸해서 한북지방 협동 선교사로 사역했다.

한편 최 선교사의 부인인 최희신(Juanita Ann Johns) 선교사는 1956년 텍사스 휘트니스 서남침례신학대학을 졸업하고 최희준 선교사와 함께 한국 선교사로 파송받았다. 1958년 침례신학대학교 교수로 한국에서의 사역을 시작했으며 1959년에는 서울 교회 장년성가

대 지휘를 맡아 봉사했으며 피아노를 개인지도하는 등 교육에 힘썼다. 1968년에는 서울 외국어학교 밴드부를 맡아 봉사했으며 1974년 연세대학교 강사 겸 교회진흥원 음악부 협동부장을 역임하기도 했다. 특히 서울 교회 샤론 합창단과 어머니 합창단을 맡아 봉사했다.

선교사로 지원한 동기

─── 선교사로 사명을 받기 전에 최희준 선교사는 미국에서 목회하기를 원했다. 그러나 주님과 깊은 기도를 하면서 평안하기를 원했던 자신의 생각보다 하나님이 원하는 일을 해야 한다는 사명감을 깨닫고 한국 선교를 결심했다. 1946년부터 2년간 한국에 주둔하고 있던 미군 7사단 군악대에서 근무했는데 이것은 한국과 인연을 맺게 된 계기를 마련했다. 이것은 하나님이 원하시는 것이었으며 섭리였다.

최희준 선교사가 한국 땅을 밟을 무렵은 6·25 전쟁으로 전 국토가 황폐화되어 민중들이 극도로 어려움을 겪고 있던 시기였다. 이러한 상황을 직접 눈으로 본 최희준 선교사는 한손에는 복음을, 다른 손에는 구호의 손길을 병행하지 않으면 안 되었다.

최희준 선교사는 누구보다도 한국 상황을 잘 알고 있었고 이해하고 있었다. 그래서 폐허 속에서 몸부림치는 한국인들을 위해 사랑의 손길을 아낌없이 펼쳤다. 한국인들은 그의 헌신적인 사랑에 감동했다. 겸손하고 사랑이 풍성한 그의 헌신적인 모습에서 그리스도의 사랑을 느꼈다. 그래서 사람들은 그를 "작은 예수"라고 불렀다. 여하튼 최희준 선교사는 이 땅에 그리스도의 아름다운 사랑의 향기를 가득 남겨놓았다.

영예로운 은퇴

조효순, 노창우, 노영식 목사와 함께 이리 밤개교회에서 강습회 때 (65년 1월)

사론 합창단 연습 광경(78년 6월)

1957년 한국 선교사로 파송되어 1993년까지 37년 동안 하나님이 주신 사명을 충실히 잘 감당하고 영예롭게 은퇴했다. 인생에서 가장 아름다운 시절을 한국의 민중들에게 하나님의 사역을 위해 모두 바쳤다. 선교 사역에 충성한 그들은 미련도 후회도 없다고 증언했다.

한국 선교사로 파송을 받고 고국을 떠나올 때 가장 마음에 깊이 남았던 건 부모님이었다.

"선교사 임명을 받고 고국을 떠나올 때 자식된 자로서 부모님에게 효도도 못하고 이별하고 돌아섰을 때 가장 섭섭했는데 이제 37년의 선교 사역을 마치고 한국의 사랑하는 형제들을 두고 이 땅을 떠나는 나의 마음은 더욱 섭섭하다"고 그때의 심정을 밝힌 적이 있다.

그러나 "다행인 것은 91세의 아버님과 89세의 어머님이 아직 생존해 계셔서 얼마남지 않은 기간이라도 효도할 수 있는 기회를 얻었다"며 기뻐했다.

필자와 함께 일했던 최 선교사는 깊은 인상을 남겼다. 선천적으로 온유하고 겸손한 성격을 타고난 사람으로 언제나 미소를 잃지 않고 친절하게 사람들을 대했다. 뿐만 아니라 어려운 이웃을 만나면 최선을 다해 도와주었다. 필자가 만난 그리스도의 사역자 중 가장 성실하게 살면서 모든 사람의 본이 되기에 부족함이 없는 사람이었다.

또한 최희준 선교사는 한국 침례 교단과 미남침례교 해외선교회와 제휴한 이래 상호간의 깊은 유대관계를 맺고 한국 교회의 발전을 위해 중추적인 역할을 하는 데 크게 기여했다. 최희준 선교사는 어려운 시기에 한국 침례교회의 부흥을 위한 기틀을 마련하는 데 초석을 다진 하나님의 일꾼이었다.

총회 합동을 기념함(왼쪽부터 우성곤 목사, 김갑수 목사, 정인도 목사, 최희준 선교사, 신혁균 목사, 김용래 목사)

한국침례교 약사

한국기독교사	국사
1889 침례교 초대 선교사인 펜윅(Malcom C·Fenwick) 씨가 12월 8일 28세의 청년의 몸으로 내드. 이 땅에 복음 선교의 문을 열기 시작한 것이 한국 침례교의 첫 시발이다. 그는 캐나다 토론토 출신으로 그곳 토론토 대학 기독청년회의 후원을 받아 한국 선교 위해 불타는 사명감으로 수륙만리(水陸萬里)를 거쳐 한국 땅 서울에 여장을 풀고 한국어 공부와 전도를 시작하다.	**1889** 방곡령 사건 제2회 인터내셔널 결성.
1890 서울에서 한국어를 배우던 펜윅 선교사가 황해도 송천(黃海道 松川)에 있는 어학선생 서경조 씨를 찾아가 그에게 한국어 공부와 한국민속 연주, 그리고 전도를 본격적으로 시작하다.	**1890** 양화진에 외국인 공동묘지 설치
1893 펜윅 선교사는 재정적인 협조를 얻기 위해 도미(渡美), 그곳에서 침례교회의 지도자이며 세계적으로 유명한 거성 고든(Adoniran Judson Gardon) 박사로부터 신학(神學)을 공부하며 미국 전역에 걸쳐 순회, 집회를 가지며 한국선교 후원인 및 모금운동 전개(~1896년까지)	**1893** 황해도 재령에서 민란 일어남. 러시아령 블라디보스톡에 한인촌 건설
1895 미국 보스톤 시에 있는 클라렌돈가 침례교회(Clarendon Street Baptist church:고든 박사 시무)내 엘라딩(Ella thing) 기념 선교회로부터 1차로 폴링(E.C.Pauling) 목사 부처와 아멘다·가드라인(A manda Gardeline) 양을 한국에 선교사로 파송. 충남 강경(忠南 江景)에서 선교사역을 착수했고, 2차로 스테드만(F.W.Steadman) 목사 부처와 새디	**1895** 을미사변. 단발령. 시모노세키조약(청·일) 3국간섭. 영국의 존 번연의 작품 천로역정 간행 단발령 반포

한국기독교사	국사
액클스(Sadie Ackles) 양과 알마 엘머(Arma Ellmer)양을 추가로 파송함으로 이들은 공주(公州)에 주재하며 선교 사역을 시작했다. (※엘라딩 기념선교회란 클라렌돈 침례교회에 신앙이 독실한 딩 (S.B.Thing)이라는 집사가 있었다. 그에게는 사랑하는 외동딸 엘라 딩(Ella Thing)이 있었는데 불행하게 일찍이 죽었다. 그때 펜윅 선교사로부터 한국 선교에 대한 설교를 듣고 깊이 감명을 받은 딩 집사는 사재를 털어 죽은 딸을 기념하는 '엘라딩선교회'를 조직하고 한국 선교를 했던 것이다)	
1896	**1896**
펜윅 선교사가 재미시(在美時)에 협조를 얻어 조직한 한국순회전도단(The Korean Itinerant Mission)의 책임자로 재차 한국에 돌아왔으나 황해도 송천(黃海道 松川)에는 이미 타 교파가 주둔하고 있어 함경도 오산(咸鏡道 元山)으로 선교 본부를 옮기다.	아관파천 독립협회 조직 제1회 국제 올림픽대회 개최 독립협회, 영은문 자리에 독립문 기공
1899	**1899**
펜윅 선교사는 한국성서번역위원회에 부회장직에 있었으나 성경번역에 있어 타 교파 선교사들과 의견이 맞지 않아 부회장직을 사임하고 단독으로 요한복음과 빌립보서를 번역, 단권으로 출판함과 동시, 14장으로 된 복음찬미와 전도용 소책자〈만민 좋은 기별〉을 발간하다.	전화·전차 개통 서울에 전등 가설 경인선 철도 개통 (인천~노량진간)
1900	**1900**
펜윅 선교사가 당시 감리교 선교사이며 개성 호수돈 여학교 초대 여교사와 결혼, 일심동체로 복음 전파에 뜻과 마음을 봉헌하다.	만국 우편연맹 가입 중국, 의화단 사건
1902	**1902**
충남 강경(忠南 江景)과 공주(公州)에서 선교사역을 해오	영 (英)·일(日) 동맹

한국기독교사	국사
던 폴링 목사와 스테드만 선교사는 타 교파의 선교 방해와 재정난으로 선교를 포기하고 그동안 이룩한 23명의 침례 받은 교인과 전 소유권(全所有權)을 원산(元山) 펜윅 선교사에게 이양(移讓)하다. 편 선교사는 강경, 공주(江景, 公州) 지역 교회들을 모으고 12월에 대사경회(大査經會)를 인도(引導)하다.	
1903 충남 지방의 전도사역을 인수한 편 선교사는 한국 전역에 전도인을 파송, 활발히 선교사역을 추진하다. 이때 초기로 신명균, 황상필 두 분이 교사직을 받다.	**1903** 러시아 용암포 점령 경부선 철도 영등포-수원 간 준공
1905 교세가 확장됨에 따라 교역자 양성이 시급하자 침례교 최초로 공주(公州)에 성서학원을 개원하고 원장에 신명균 목사를 임명하다. 학생으로는 장석천, 이종덕, 황태봉 등이 있었다.	**1905** 을사조약(제 2차 한·일 협약) 경의·경부선 개통 제 1차 러시아 혁명.
1906 충청도 강경 교회에서 첫 대화회를 개최하고 교단 명칭을 '대한기독교회'라 하고, 초대 감목(현 총회장)으로 펜윅 선교사를 추대하다. 그리고 교단 본부를 원산에 두기로 하고 한국은 물론, 남북만주와 露嶺, 시베리아 등까지 전도 지역을 확장키로 결정하다. 그리고 1차로 전북 용안 출신 한태영 외 4인을 함경도와 간도에 전도인으로 파송하고, 교단을 4구역으로 나누는 등 1백여 교회와 1백여 명의 전도인을 확보하다.	**1906** 통감부 설치 이인직 「혈의 누」 신소설 발표. 초대 통감 이토(伊藤博文) 부임
1907 제 2회 대화회를 공주에서 개최하고, 공주에 이어 원	**1907** 헤이그 밀사사건. 고종퇴위

한국기독교사	국사
산에 성서학원을 설치하다. 전치규 씨는 원산 본부에서 편 선교사를 보필하도록 하는 한편, 단양 교회 김재형 씨, 칠산 교회 김경춘 씨를 경흥 간도지방으로 파송하여 전도케 하다.	정미7조약. 한·일 신협약. 군대 해산. 내각관제 공포 군대 해산 조치 내림
1908 제3회 대화회를 칠산 교회에서 소집하다. 예천구역을 증설하고 총찰로 신시우 씨로 임명하다. 이영구, 장데부라(女) 양씨와 김재형 제씨에게 교사직을 주다.	**1908** 최남선 〈소년〉지(誌) 발간 사립학교령 공포
1909 장석천, 손필환 씨에게 목사 안수하다. 간도 구역 설립하다. 편 선교사 전도여행으로 전 지역 교회를 일제히 순회하다.	**1909** 안중근 의사 이토를 암살
1910 제5회 대화회를 강경에서 개최하고, 진주지방 총찰에 장기덕씨, 강경구역 총찰에 김희서 씨로 임명하는 한편, 울진 포항 구역에 손상필 목사, 영동구역에 신명균 목사로 전도케 하다. 전도하는 교역자들에게 여비를 책정 지급하다 (※매월 1人에 10원씩을 지급하되 5원은 현금으로 5원은 전도용 책자로 지급했음)	**1910** 한일합방 일본은 조선총독부를 설치하여 무단정치 시작.
1911 제6회 대화회를 공주에서 개최하다. 그동안 14장까지 번역하여 불러오던 복음찬미를 25장으로 번역, 출판하다. 박노린 교사에게 목사 안수하다.	**1911** 중국, 신해혁명.
1912 제7회 대화회를 경북 산점 교회서 개최하다. 김규면, 이종덕, 이영구 제씨에게 목사 안수하다. 그리고 허담, 전치규, 안대벽 제씨에게 교사직을 주다.	**1912** 토지조사사업 시작. 중화민국 성립.

한국기독교사	국사
1913 제8회 대화회를 공주 신리 교회에서 개최하다. 예천 구역 총찰에 이종덕 목사로 임명하다. (※편 선교사가 공주, 신리에 온다는 소식을 듣고, 교회에서는 大宴을 배설하고 三人六角을 잡히여 인산인해를 이룬 군중은 신리 밖에까지 장사진을 이루었고 특히 양반을 자처하는 유한층에서 거의 입교하였다 함)	
1914 제9회 대화회를 원산에서 개최하고 제2대 감목으로 이종덕 목사가 취임하다. 교단지도권(2대 감목직)을 둘러싼 교단 파동이 일다(※감목직을 계승받을 것을 꿈꾸었던 몇몇 목사들이 이 목사를 감목으로 임명하자 반기를 들어 각 교회를 선동, 분리 이탈되어 나갔거나 타 교파로 전환해 갔음)	**1914** 호남선, 경부선 개통. 제1차 세계대전 발발
1915 제10회 대화회를 포항 조사리 교회에서 이종덕 감목이 소집함. 편 선교사 장(長)·감(監)선교사들로부터 선교분담지역 침해라는 이유로 다각적인 침해를 받다가 조선총독부에까지 호출을 당하는 등 수난을 받음. 펜윅 전 감목을 功傳이라는 칭호를 드리기로 만장일치로 가결하고 실행에 옮김. 자문기관인 '원노회' 설치, (※사태 수습기구로)	**1915** 일본, 중국에 21개조 요구. 중국, 문화혁명운동.
1916 제11회 대화회를 경상도 새원(新院)교회에서 개최하다. 일본정부 종교법안 선포와 함께 교회 탄압의 손길이 서서히 뻗쳐와 본 교단에도 布敎屆를 제출하라는 명령이 떨어지다. 그러나 본 교단에서는 하나님의 교회를 일정(日政)에 제출할 이유가 없다고 단정. 이에 거부에 나섰으나	

한국기독교사	국사
핍박이 가중(加重). 집회금지 또는 총책임자인 이종덕 감목을 구금하는 등 수난을 받기 시작하다.	
1917	**1917**
제12회 대화회를 간도, 종성동에서 소집하다. 이 회의에서 노재천, 한봉관, 두 교사에게 목사 안수하고, 박성은, 최응선 신용호 씨 등에게 감로로 각각 안수하다. 펜윅 선교사 부처 5월에 도미했고, 이종덕 감목은 간도 종성동으로 이사하다.	이광수 「無情」 발표. 러시아 혁명.
1918	**1918**
세계정세의 급전으로 제13회 대화회를 사정상 임원들만(각구역 목사, 감노) 원산에 소집, 당면에 속한 사무만을 처리하다. 초창기 교회 창실에 수고하던 장기영 감로 별세하다. (1월 18일) 한국 침례교 선교사상 최초로 순교자 4人이 탄생했는데 이는 러시아 시베리아 지역 전도를 위해 파송했던 박노기 목사, 김희서 교사, 전영태 총찰, 최응선 감노 등 4人이 보시엘(海) 모커우 지점에서 풍랑을 만나 순교하다(1918. 10. 20).	제 1차 세계대전 종결. 토지조사 사업 완료. 파리강화회의.
1919	**1919**
제14회 대화회를 간도 종성동에서 개최하다. 신약전서 본 교단 단독으로 출간하다. 펜윅 선교사에 의해 1889년부터 번역에 착수. 침례교 단독으로 번역 완료와 함께 일본 요꼬하마 인쇄소를 통해 1919년 10월 18일자로 출간하다. (※세침 "원산번역") 백남조, 김재형, 김영진 제씨에게 목사 안수하다. 김경춘 목사 41세의 일기로 순직하다. 일본의 교회탄	문예지 〈창조〉 발간. 3·1 운동 발발. 상해에서 임시정부를 수립하고, 정부 임시 주석 선출. 동경에서 2·8 독립 선언. 간디(인도) 반영(反美)운동 시작.

한국기독교사	국사
압이 날로 심각하였으나 교역자들의 열심은 절정에 달했다. 노재천 목사 중국 임강현 파송을 비롯, 전치규 목사 원산, 예산, 강경, 한봉관 목사 해삼위(海參威), 慶興, 종성, 백남조 목사, 예천, 제천, 김재형 목사 시베리아 水淸, 煙秋, 김영진 목사, 간도, 자성 지역에 각각 파송, 선교에 충성하다.	
1920 제15회 대화회 영일 광천(光川)에서 소집하다. 손상열 교사를 목사로, 박병식 총장을 감노로 안수하고, 손 목사는 慈城으로 망명하다.	**1920** 조선일보·동아일보 발간 〈개벽〉지 창간 청산리 전투 조선 체육회 발족 국제 연맹 발족
1921 제16회 대화회를 광천에서 개최하다. 본 교단 명칭을 일정(日政)의 강요로 대한이란 명칭을 동아(東亞)로 하여 '동아기독교회'라 개칭함. 손상열 목사 본 교단 두 번째로 순교하다. (손 목사는 만주 임강현(臨江駱)과 압록강 연안에 교회를 설립키 위해 분주히 활동 하던 중 평북 자성, 오수덕(烏首德)에 있는 오봉산 교회에서 주일예배를 인도하다가 수비대(守備隊)인 일본 헌병에게 조선 독립당 밀정이라는 오인으로 총살을 당하여 순교하였음) 종전 25장까지 번역, 불러오던 복음찬미를 78장으로 제3판을 출간하다. 전국 교회에 독경운동(讀經運動)을 전개하는 한편, 만주 종성동에 성경학원을 설립하고 이종덕 감목이 원장으로 부임하다.	**1921** 중국 장사(長沙)에 韓中 互助社 조직. 손문, 광동정부 대총통에 취임. 조선어연구회 '조선어학회' 발족.

한국기독교사	국사
1922 제17회 대화회를 함북 경흥군 증산에서 개최하다. 이종근 교사를 목사로, 박성은, 최성업, 박성홍, 박성도 제씨를 감노로 안수하고 중국인 이충신(여), 왕수용 모자에게 전도직을 주다. 로서아 신·구당 정치파동과 함께 공산당 혁명으로 전도의 길이 막히는 동시 기성교회에 대한 공산당 탄압이 시작되다.	**1922** 조선교육형 공포 제1회 조선미술전람회 개최. 잡지 〈신천지〉, 〈신생활〉, 〈조선지광〉 발간 헤이그 상설 '국제 재판소' 개설 전남 등지에서 소작쟁의
1923 제18회 대화회를 충남 강경에서 소집하다. 1917년도 도미했던 펜윅 선교사가 5월 10일 귀한, 8월 30일부터 교역자 대안회(待安會)를 원산에서 15일간 개최하고 많은 은혜를 받다. 그리고 9월 14일은 편 공부가 한국에서 선교 32년을 기록, 드디어 편공부의 60년 회갑 기념식을 거행하다.	**1923** 조선학생회 창립 총회 조선여자기독청년회 결성 일본, 관동 교포 다수 학살됨
1924 제19회 대화회를 울진 행곡(杏谷) 교회에서 개최하다. 이종덕 감목이 10년 기한을 채움과 동시 사임하고, 제3대 감목으로 전치규 목사가 부임하다. 편 공부와 이종덕 목사를 증경감독(曾經監督)으로 추대키로 하다. 김용제, 신성균, 박기양 제씨에게 목사 안수하고 임학준, 이종우, 김해익 제씨에게 감노 안수하다. 각구역 책임자로, 간도구역 이종근 목사 포항, 울도, 울진에 백남조 목사, 예천, 제천에 노재천 목사, 경흥, 종성에 한봉관 목사, 로령개척 전도에 김재형 목사, 강경에 김용제 목사, 왕청(만주)에 김영관 목사,	**1924** 경성제국 대학설립. 조선청년총동맹설립 통의부 의용군 국경시찰 중제 등 총독습격 北風會 선언서와 강령 발표

한국기독교사	국사
임강현(만주)에 신성균 목사, 예산에 박기양 목사가 각각 부임하다. 몽고(蒙古)지역 선교사로 이현태 교사, 이충신 여사, 방사현 교사를 파송하고 내몽고까지 선교할 것을 계획하다. 당시 교세는 국내, 만주, 시베리아를 연하여 총 17개 구역에 3백여 교회, 개척 전도사 160명, 정교역자는 70명에 이르다.	
1925 제20회 대화회를 만주 관두구(官頭溝)에서 개최하다. 신약전서를 재판하여 5월에 발행하다. 자성(慈城) 한기훈, 해삼위(海參威) 한병학 씨에게 감노 안수하다. 만주 길림성(吉林城), 봉천(奉天), 북만주 화전현(化田縣) 등지로 개척전도자로 파송받은 김상준, 안성찬, 이창희, 박문기, 김이주, 윤학영 등 6人이 일본 정탐꾼이란 누명으로 공산당 및 독립군에게 악형으로 순교당하다.	**1925** 김혁, 김좌진 등 寧安에서 신민부(新民府)조직. 김재봉, 조봉암 등 조선공산당 조직. 조선사 편수회 설치.
1926 제21회 대화회를 경북 점촌(店村)에서 개최하다. 150장으로 편찬된 복음찬미 2천부를 원산에서 출판하다 (5월 14일) 편 공부는 〈달편지〉를 각 교회에 발부, 그때 그때의 소식과 복음이 실리므로 은혜가 많았고, 외국에는 월보를 발간 발송하는 한편, 그의 저서 〈잔속의 생명〉을 비롯한 몇 권의 저서는 초교파적으로 환영을 받는 동시, 미국의 유명한 신학교 도서관에는 거의 비치되다.	**1926** 隆熙황제 승하. 6·10만세 사건. 전국 중학교 군사훈련 실시. 국민당 북벌. 동척 투탄 사건(나석주)

| 한국기독교사 | 국사 |

편 공부 학교교육 폐지 지시를 내리다. (성도의 자녀들의 세상교육은 신앙생활 심령에는 불가함을 지적, 성경 많이 보는 사자로 양성하라고 지시했음).

1927
제22회 대화회를 함북 고읍(古邑)에서 개최하다.
시베리아, 만주 등지에서 공산당들의 박해로 고국으로 피난오는 교인들 수용 대책을 세우다.

1927
신간회 조직 대한민국 임시 약헌(約憲) 공포. 山梨半造 총독 취임. 난징(南京)국민정부 취임.
흥남비료공장 설립

1928
제23회 대화회를 원산에서 개최하다. 수청구역 김창호, 정천일, 두분에게 감노 안수하다.
이현태 교사 몽고에서 순교하다. 그는 전북 익산(益山) 출신으로서 몽고지역에서 선교하던 중 몽고 토족(土族)들의 습격을 받아 순교하다

1928
이시영, 김구 등 상해에서 한국독립당 조직. 함경선 철도 완성.

1929
제24회 대화회를 원산에서 개최하다. 시베리아 지역에서 계속 공산당에게 추방되어 나오는 기독교 피난민 수용대책을 새우다.
김용제 목사 숙환으로 순직하다.

1930
제25회 대화회를 원산에서 개최하다. 한기춘 씨를 교사로 임명하다.

1930
북만주에 新韓農民黨 조직됨. 지방제도 개정 부전강 수력발전 시작.

1931
제26회 대화회를 원산에서 개최하다. 박성래, 이상현, 정영길 씨등 시베리아, 남북 만주 등지에 어려움

1931
상해에 국우회, 공평사 조직됨, 신간회해산. 宇壇一

한국기독교사	국사
을 무릅쓰고 전도에 힘써 큰 성과를 얻다.	成 총독 취임. 萬寶山사건.
1932	**1932**
제27회 대화회를 원산에서 개최하다. 김영국 감노, 김영진 목사 형제분 순교하다. (당시 만주 종성동 교회에 시무하고 있던 두 형제분은 마을로 침입한 30여 명의 공산당들에 의해 교인들 앞에서 살가죽이 벗겨지도록 매질을 받고 참혹한 순교를 당했다) 정천일 씨에게 목사 안수하다.	이봉창 의사 동경에서 일황에게 수류탄을 던졌으나 실패. 윤봉길 의사 상해에서 폭탄을 던져 백천대장 등 사살. 국제연맹 조사단 경성통과 국제연맹 한국 대표로 이승만 참석. 大旬子嶺大提문학단체 「九人倉」 발족. 조선 혁명군 총사령 양세봉 피살. 일본국제연맹 탈퇴. 루즈벨트 미 대통령 취임.
1933	
제28회 대화회를 원산에서 개최하다. 교단 명칭을 동아기독대라 개칭하다. 그동안 78장으로 불러오던 복음찬미를 256장으로 출간하다.(재4판) 이윤용 교사, 한기춘 교사에게 목사 안수 하다. 윤창준(간도), 김윤선(종성) 두분에게 감노 안수하다. 편공부 부인 내한 40년에 타계하다.	
1934	**1934**
제29회 대화회를 원산에서 개최하다. 전치규 감목 직위 10년의 공적을 남기고 제4대 감목으로 김영관 목사가 취임하다. 전치규 전 감목을 안사직으로, 문규석, 방사현, 박성	조선농지령공포. 진단학회 창설. 중국 노동자의 입국을 금지. 滿洲國執政 薄儀 皇帝 卽位

| 한국기독교사 | 국사 |

도 제씨를 목사 안수하다.
박형순, 위춘혁, 김용해 제씨에게 교사 임명하다. 성경출판을 위한 경비조달로 전국 각 교회에 모금운동을 전개하다.
그동안 강경구역에 속해 있던 공주 지방을 분립, 공주 구역으로 창설하다.

1935

제30회 대화회를 원산에서 개최하다. 일정은 한국민족에게 황궁요배(皇宮遙拜)와 신사참배(神士參拜)를 강요하였으나 김영관 감목은 각 교회에 이를 시행할 수 없다는 공문을 발송했다가 이로 인해 김영관 감목, 백남조 목사(총부서기), 이종덕 안사, 전치규 안사, 노재천 목사 등 5人이 원산경찰서에 3개월간 구금, 형무소에서 5개월간 영어생활을 하다.
전도용 소책자 「만민 좋은 기별」 7판으로 출간되다 (2월 27일)
편 공부 12월 6일, 72세의 일기로 별세하다. 그는 46년간을 한국 선교를 위해 헌신, 찬란한 공적을 남겼으나 그의 유언대로 평장(平葬)으로 원산 그의 부인묘지 옆에 묻히다.

1935

한국독립당 등 5당 대표 남경에서 회합하여 민족혁명당 조직. 장진강 수력발전 공사 완료. 필리핀 공화국 성립.

1936

제31회 대화회를 원산에서 개최하다. 문재무, 김한식 씨 등이 감노 안수 받고, 김주언이 예비 감노로 피선되다.

1936

甫次郞 총독취임. 손기정 선수 올림픽에서 마라톤으로 우승. 일장기 말살 사건.

1937

제32회 대화회를 원산에서 개최하다.

1937

일어사용 강제실시. 중일전쟁 발발. 루즈벨트 대통

한국기독교사	국사
	령 뉴딜정책 수행을 성명.
1938 제33회 대화회를 원산에서 개최하다. 이유용 목사 만주 영안현에서 각 교회를 순회하다가 순직하다. 신약전서 개역판을 출간하다(12.25. 원산 인쇄소)	**1938** 조선교육령개정 공포 (교명을 일인학교와 동일케 함)중등학교에서 조선어과 폐지. 안창호 별세. 국가총동원법 발포. 조선의용대 편성 (지원병제도실시)
1939 제34회 대화회를 원산에서 개최하다. ※ 이에 앞서 김영관 감목은 황궁요배, 신사참배 점고로 3월에 임원회를 소집하고 비상시국 대책을 논의하고 감목직을 사임하다. 김창호, 박성래 두 분에게 감노 안수하다. 복음찬미 274장으로 인쇄 발행하다. (2.28)	**1939** 임시정부 小沓으로 이전. 제 2차 세계대전 발발.
1940 제35회 대화회를 원산에서 개최하다. 양의 무리라는 뜻으로 대(隊)라고 했던 것을 일정의 주목 및 탄압의 대상이 되어 다시 교로 환원하여 교단명칭을 동아기독교회라 개칭함. 최성업, 김용해 두분에게 목사 안수하다. 일정 교파 폐합정책이 수립되다.	**1940** 창씨개명제도 시행. 한국독립당 조직. 〈조선일보〉 및 〈동아 일보〉 폐간됨. 임시정부 重慶으로 이전 重慶에서 광복군 사령부 성립. 국민 총력연맹 조직하여 황국신민화 운동 강화.

한국기독교사	국사
1941 시국이 불안하고, 집회의 자유의 박탈로 대화회를 갖지 못하는 동시 일반 교회 집회까지도 제한받다. 재만교회 분립하다. (일정의 교파 폐합정책으로 인해 만주에 있는 장로회, 감리회, 성결교회, 동아기독교회, 만주기독교회 통합을 일정이 감행. 우리측 대표로 전치규, 안대벽, 이종덕, 한기춘, 신혁균 제씨가 참석, 신경(新京) 협화회관(協和會館)에서 11월 28일에 합동 결성식을 거행하므로서 재만교회들은 본국교회와 형식상이나마 분리되었음) ※ 이때 교회분포를 보면 한국전역에 24개 구역에 1백여교회, 만주지방 6개 구역에 1백여 교회 중국인교회 7개 교회, 시베리아 지방 2개 구역에 47개 교회와 몽고 지방에 수개 처 교회가 있었음. 일정의 탄압에 의해 교규(敎規) 및 성경 및 복음찬미, 교단 비치 서류 소각당하다. (※일정은 우리교단 출판물인 신약전서와 복음찬미를 불온문서라는 트집으로 원산본부에 비치되었던 성경(약6천 5백부), 복음찬미 (약5백부) 기타 비치서류 일체를 압수 소각했음).	**1941** 하와이에 재미 한족연합위원회 성립. 중경에 한·중문화협회 성립. 태평양전쟁 시작. 사상법예방. 구금령.
1942 원산사건(본 교단 지도자 32人투옥 사건) 발생하다. (※원산헌병대는 6월 10일을 기하여 원산총부를 습격 이종근 감목을 위시하여 전국적으로 본 교단 지도자 32人을 구속하여 함흥 형무소에 투옥했다.)	**1942** 중국정부 대한민국 임시정부 승인안 통과. 김두봉 일파조선독립동맹조직. 조선어학회 사건. 朝鮮學生 特別 鍊成令공포
1943 일정의 탄압으로 교단활동 중지되다.	**1943** 징병제 실시 인도·버마 지역의 영군

| 한국기독교사 | 국사 |

당군과 협의되어 광복군 別動隊 -支隊派遺. 카이로 선언 (한국 독립 약속됨).

1944
본교단 해체령이 내리다. (※5월10일, 함흥재판소 법정으로부터 본 교단의 해체령이 내렸다. 이로부터 각지방 교회들은 집회금지는 물론, 교회 종각은 강제 헌납당함과 동시 예배당은 매각 처분으로 국방헌금에 납입시키는 등 탄압의 거센 파도를 만났던 것이다) 전치규 안사 형무소에서 모진 고문과 극심한 옥고로 함흥 형무소에서 66세의 일기로 순교하다. (12월 13일)

1945
36년간의 흑운에 덮혔던 우리민족 해방과 함께 신앙의 자유를 얻은 기독교 신자들은 교회 재건에 분주, 김용해, 노재천 양 목사 교단재건 문제로 힘쓰다.

1946
교단재건회의를 개최하다.(※2월 9일 충남 칠산교회에서 교단재건 회의를 개최, 남북이 두절된 현황에서 남한만이라도 교단재건을 서둘 것을 결의하다).
제36회 대화회를 강경에서 개최하다. (※이 대화회는 1940년 35회 대화회 이후 만 6년만에 개최된 것인데 38선으로 이북 교회들이 참가하지 못하고 남한의 7개 구역 대표들만이 모여 그동

1944
학병제 시행
대한민국 임시헌장 수정공포 (김구 임정주석에 취임). 〈독립신문〉 임정 기관지로 속간. 평양학병모반 사건.

1945
임정 일본과 독일에 선전포고. 일제 침략으로부터 해방(8.15) 4基幹 (12.17) 미·영·소 외상 모스코바 회담(12·28) 부민관 폭탄사건. 미소양군 진주 38선 결정.

1946
미소공동위원회 설치. 미군정청교육법 개정. 국립종합대학만 발표. 전국학생총연맹 결성. 대구폭동사건. 정판사 위폐사건.

한국기독교사	국사

안의 감목정치를 회중정치 체제로 바꾸고 대화회를 총회제로 바꾸는 동시 종전의 직책을 대폭 변경시켰다.)
이종덕 목사 총회장으로 선출되다.

1947	1947
제37회 총회를 공주에서 개최하다. 복음찬미 1천부를 재7판으로 출간키로 결의하고, 그 비용을 각 구역에 할당하다. 예천구역 일부교회에서 교회명칭, 감목제도 및 임원, 당원 명칭 환원요구로 인해 분립되어 나가다. (윤종두, 박성래, 김성기, 김재덕, 박맹춘, 노성하, 윤종성, 장진규, 이종배, 임윤창 씨 등이 분열하여 헌평교회(憲平敎會)에서 별도로 대화회를 갖고 원명인 대한기독교회라는 명칭으로 분립해가는 유감스런 사건이 발생했음.)	문화만체 총연합회 발족 미소공동위원회 재개 미국 마샬플랜 수립
1948	1948
제38회 총회를 점촌교회에서 개최하다. 신혁균, 장일수 두 분에게 목사 안수하다. 울도 김해용 장노, 영양(英陽) 박두하 장노, 강경 이상필 장노, 울진 남규백 장노 등이 옥중 수욕의 영향으로 극도로 몸히 약해 신음하다가 별세하다. 미국 남침례교회와 제휴를 추진키 위해 김용해, 한기춘, 안대벽 제 목사를 선정하다.	제주도폭동사건. 총선거 실시. 대한민국 국회 개원. 대한민국 정부수립, 초대 대통령 이승만, 여순 반란 사건. UN 대한민국 승인.
1949	1949
제39회 총회를 강경에서 개최하다. 해방이후 최초로 남한 교역자 양성을 위해 강경에 성경학원을 개원하고 이종덕 목사가 원장으로 부임하다. (학생 52명). 교단명칭을 '대한기독교침례회'로 변경하다. (※일정의 탄압으로 교단이 강제 해체되었던 바 해방후 본 교단의	5개년 계획수립. 병역 국회 통과. 교육법 국회 통과. 워싱턴에서 NATO조인.

한국기독교사	국사
재건과 발전을 기하고 신앙노선을 분명히 천명키 위해「대한기독교침례회」라고 변경했음) 성경학원 운영비 및 전도비 판출을 위해 각 지방교회에 모금운동을 전개하다. 전병무 목사 공산당에게 순교하다(9월 7일). 장석천 목사 별세하다. 미국 남침례회 외국선교부 동양 총무직을 맡고 있는 고든(Dr. Cauthen) 박사 내한, 본 교단과의 제휴를 위한 시찰 및 회담을 하다.	
1950 제40회 총회를 점촌에서 개최하다. 미국 남침례회 외국선교부에서 존 애버내티 (J·Abernathy) 부처 내한, 1년간 머물면서 교리 및 행정을 연구, 정식으로 본 교단과 제휴하기로 결정하다. 안대벽 교사를 목사 안수하다. 이종덕 목사 순교하다. (※6·25 전쟁으로 인해 공산당들에게 끌려가 강경 불암나루 갈밭에서 총살로 순교하다. 향년 66세 일기로).	**1950** 국회의원 선거. 북한남침. 정부 부산으로 옮김. 서울 탈환. 중공군 한국전 개입.
1951 제41회 총회를 충남 부여 원당(元堂)교회에서 개최하다. 교회직분 명칭을 목사와 집사외에 쓰지 않기로 하고 전도사 명칭은 종전과 같이 사용키로 하다. 세계 침례회 대회에 가입키로 하다. 나요한 선교사, 6·25 전쟁을 치룬 한국 민족의 구호대책의 시급성을 감안, 구호위원회를 구성, 미 남침례회의 원조금, 의류, 식량 등으로 활발하게 구호사업 전개·렉스 레	**1951** 정부 다시 부산으로 옮김. 국민방위군 사건 발생. 서울 재탈환. 한일회담 동경에서 개최.부산·대구를 제외한 전지역에 계엄령 선포.

한국기독교사	국사
이(Rex Rey) 선교사와 요컴(Dr. yocum) 의사, 부라인 (Dr.Bryan) 의사 등이 내한, 의료사업과 구호사업을 전개, 부산 충무로 진료소를 영도로 이전 확장하고 구호 병원(현 침례병원)으로 의료봉사에 힘쓰는 한편, 수원(水原)에 진료병원 설치와 인천에 고아원을 설립, 운영하다. 재단법인을 설립하고 재단이사로 안대벽, 나요한 선교사, 신혁균, 노재천, 장일수 목사 등 5인으로 선정하고 이사장에 안대벽 목사가 취임하다.	
1952 제42회 총회를 부여 칠산(七山) 교회에서 개최하다. 총회를 연맹총회(聯盟總會)로 규약을 개정하여 '대한기독교침례회연맹총회'로 하다. 고든 박사 내한, 총회사업에 대한 구체적인 계획을 세웠는데 주요골자로는 총회 사무실을 부산 충무로 교회에 설치키로 하고 대전에 성경학원 (현 침례신학대학)을 개설키로 하다. 부래념 (I · Branum) 선교사를 비롯한 휫(R · Wheat) 간호원, 이대복(Dan Rey) 도월래(T.H.Dowell) 선교사 부처가 내한하다.	**1952** 이 대통령 평화선 선포. 발해 개헌안 국회통과. 제2대 정 · 부통형 선거. 2대 대통령 이승만, 한 · 미 경제협정 조인(12 · 14). 일본 독립. 아이젠하워 방한. 징병제 실시. 평화선 선포.
1953 제43회 총회를 점촌에서 안대벽 총회장이 소집하다. 침례회 성경학원(현 침례신학대학 전신)을 6월에 대전에 개원하고 원장에 나요한 선교사가 부임하다. 인천에 시운고등공민학교를 설립하고 교장에 이희영(李喜永) 씨가 부임하다. RA · CA · BTU를 조직하는 한편, 총회 기관지로 「뱁티스트」를 창간호로 발간하다. 당시 교세는 목사 19명, 전도사 57명, 침례인 1,356명,	**1953** 직무의원 일행 서울 입경. 제 1차 긴급통화조치령 발표. 이 대통령 반공 포로석방. 휴전협정 정식조인. 대학 입학 자격 연합 고시.

한국기독교사	국사
교회 87개소, 12구역이었다. 안대벽 총회장 유학차 도미하다. 유곡 김후암 전도사 목사 안수하다.	

한국기독교사	국사
1954 제44회 총회를 대전에서 신혁균 총회장의 사회하에 개최하다. 부산 영도명원의 원사(院舍)를 대규모로 신축하고, 라일 선교사와 와그너 여선교사 내한하다. 대전 성경학원이 문교부로부터 침례회 신학교로 인가를 받다. 울도, 김석규, 천안 임정일 전도사 목사안수하다.	**1954** 독도에 영토표지 설치. 제3대 민의원 선거. 제1회 반공아시아 민족대회. 한글 간소화안 정부 공포. 이 대통령 방미. 사사오입 개헌안 통과.
1955 제45회 총회를 서울 충무로에서 신혁균 총회장의 사회로 개최되다. RA · CA · BTU를 한국 실정에 알맞게 고쳐 운영하는 동시 명칭도 소년회(RA) 소녀회(GA) 신훈회(信訓會 BTU)로 개칭하다. 세계 침례회 총회 영국 런던 대회에 한국 대표로 김광택, 이순도 씨를 파송하다. 침례회보 창간호를 발행하다. (영문으로 번역, 미국침례교회까지 발송하였음). 장시정, 곽효정 전도사에게 목사 안수하다.	**1955** 문교부와 국방부 고교 재학생의 징집 보류에 합의. 한자 제한 지도 지시. 중고교 교과서 개편 공포. SEATO 조약 발효.
1956 제46회 총회를 부산에서 장일수 총회장의 사회로 개최하다. 아시아 침례회 청년대회에 김인영, 김광택, 김한희 제씨를 파송하다. 침례회신학교 특수과 졸업생 18명이 배출되다. 미국 남침례회 주일학교 교육부장 하우스 박사와 텍사스 주 총회 주일학교 교육부장 알랜 박사 한국 침례	**1956** 문교부 고등학교 학급당 정원 60명 결정. 경제개발 5개년계획 수립. 국방부 고교졸업자 중 부진학자 징집 결정. 정 · 부통령 선거 실시. 3대 대통령 이승만.

한국기독교사	국사
주일학교 시찰차 내한, 서울, 부산, 대전 등지를 경유하고 귀국하다. 레이 선교사 한국 구호사업에 지대한 업적을 남기고 귀국하다. 미국 워싱톤에서 개최된 세계침례회 대회에 안대벽 목사, 이순도 여사 파송하다. 한국 침례회 각종기관 캠프를 8월 7일부터 충남 사기포(沙器浦)에서 성황리에 거행하다. 김승학, 박성래, 민영호, 전홍상, 이창송, 제영기, 윤상순, 유영근, 최영선, 이덕여, 유태근 제전도사 각각 목사 안수받다. 선교사로 놀라(Parks Marler), 군원(Goodwin Jr), 위락스(R·M·Willorks) 각각 부처들과 내한하다.	
1957 제47회 총회를 서울 충무로에서 안대벽 총회장 사회로 개최하다. 재단이사 및 사무소를 개선 변경하다. 이사장 김용해, 이사, 신혁균, 안대벽, 김주언, 나요한, 이대복, 라일등이었고 부산 소재의 사무소를 서울 충무로 5가 55번지로 이전키로 하다. 침례회신학교 제1회 졸업생 39명을 배출하다. 신학교 제2대 교장으로 도웰(T·H·Dowell) 교수가 부임하다. 임암천, 권오갑, 안승수 제전도사 목사안수 받다. 「오카노」 선교사와 존스(Don. C·Jones) 선교사 내한하다.	**1957** 학교환경 정화안 발표. 우리말 큰사전 발간. 고 월남 대통령 내한. 소련 최초로 인공위성 발사.
1958 제48회 총회를 점촌에서 안대벽 총회장 사회로 개최	**1958** 제4대 민의원 선거.

한국기독교사	국사
하다. 전국 교역자 173명이 대전에서 "우리는 그리스도의 청지기이다"라는 캣치프레이스를 걸고 교역자 부흥강습회를 개최했는데, 특히 이 집회를 위하여 미국 남침례회 저명 인사인 무어 박사와 오크리호마 주의 총회실행위원인 그라인스렙 박사를 강사로 초빙, 많은 은혜를 받다. 요컴(Dr. Yocum)의사 울릉도 무의촌에 병원을 설치하고 그곳 주민들을 무료치료와 전도로 크게 성과를 거두다. 선교부의 5개년 선교정책으로 "교인마다 십일조 교회마다 자립"이란 표어 아래 자립 운동을 전개하다. 제5차 세계침례회 청년대회가 캐나다 토론토에서 개최되어 한국 대표로 김용구 씨를 파송하다. 필유일, 최완식, 조이전, 김갑수 목사 안수 받다.	이 대통령 방월 보안법 파동
1959	**1959**
제49차 총회가 불행하게도 포항파, 대전파로 분열되다. (※하나의 커다란 오점인 이 총회 분열은 3월 18일, 미남침례회 한국선교부 측이 당시 총회 전도부장이었던 안대벽 목사와 그 부인 이순도 여사(당시 여전도회 총회장)에 대한 불신임하는 요지의 성명서가 발부되자 총회 임원측에서는 이는 개인문제이기보다 총회에 대한 문제임을 제시, 취하키로 요청했으나, 선교부측이 이에 불응하자, 이를 계기로 그동안 전통만을 고집해 오던 본 교단 총회에 대하여 감정을 가지고 있던 일부 교단 지도자들이 선교부와 유대를 강화하면서 소위 수습총회라는 명칭으로 대전에 소집하고 이 모임을 총회로 둔갑 개최된 것이 소위 대전파이고, 예정대로 법적 정기 총회를 포항에서 개최한 것이 포항파로 불리는 비극의 촛	경향신문패간 제 5차 아시아 반공대회 서울에서 개최 이 대통령 학교잡부금징수금지 강조 재일 교포 북송 제 1진 출발

| 한국기독교사 | 국사 |

점이었다. 당시 포항파 총회장으로 김용해, 대전파로는 장일수 목사가 각각 당선되다.)

1960
제50회 총회를 김천(金泉) 교회에서 개최하다. 총회장으로는 이원균 목사가 당선되다. 포항측에서는 미국 침례회 실행위원회와 미국 각 교회에 성명서 발송키로 가결하다. 인천 성애원(聖愛院) 폐쇄되다(※그동안 고아원 운영비가 선교부로부터 지급돼 오던 것이 총회분규로 인해 혼란이 일어나는 반면 심한 경영난으로 급기야는 행정당국의 유지 불능이란 이유로 폐쇄령을 내려 하는 수 없이 수용 고아들은 타교파 고아원으로 보내다.)

경북 점촌에 경북고등성경학원을 설립하다. 펜윅 선교사 내한 70주년 기념예배를 거행하다.

1961
국제 기독교 연합회(I·C·C·C)에 가입하다. (단, 총회 합동에 지장이 있거나 불순한 점이 있을 시는 탈퇴할 것을 조건부로 함) 5·16 혁명정부의 사회단체 재단등록 지시에 따라 교단등록과 재단등록을 신청, 각각 인가를 받다.

합동운동 전개 및 추진위원을 선정하다. (총회분열이 교리나 신조 등에서 기인된 것이 아니고 단지 교단 지도자들의 교권중심의 감정인 것임을 알게 된 교회들이 합동을 원하는데다, 양측 후진 지도자들은 교단의 분열을 통탄하던 끝에 합동을 모색하던 중 드디어 2월 2일 부산 충무로 교회에서 양측 실행위원 연석회의 공식 개최되었다. 포항측에서는 이원균, 이흥만, 이원도, 박경배, 이덕근, 김갑수, 박춘복 제씨가 참석,사건 발단일인 3·18 이전으로 돌아가 모든것을 백지화하는 동시 무조건 합동총회를 개최하자는 합동제안을 냈고, 대전측에서는 장일수, 김기석, 유영근, 조효훈, 한태경, 김

1960
제4대 정·부통령 선거 4대 대통령 이승만 당선 4월혁명 일어남. 대통령 하야 이기붕 일가 자살. 허정 과도 내각 성립. 내각책임제 개헌 국회 통과. 아이젠하워 미 대통령 내한. 총선거 실시. 4대 대통령 윤보선. 장면 내각 성립.

1961
정부 반공법란 발표. 군사혁명 일어남. 장면내각 총사퇴. 국가재건비상조치법 공포. 박정희 최고회의 의장됨. 러스크장관 내한. 박 의장 도미. 미국 케네디 대통령 취임. 소련 인공위성 발사 성공. 미국 인공위성 발사 성공.

| 한국기독교사 | 국사 |

병욱 제씨가 참석, 합동원칙은 찬동하나 몇 개 항목의 조건을 불허 추호의 양보가 없어 실패로 돌아갔음).

1962
신학교 출신이(대전) 주동이 된 합동추판위원회 발족
(※대전파에 속했던 교역자들 중 침례회신학교 출신들이 주동이 되어, 양측 실행위가 합동에 실패하자 친안구역 등 4개 구역이 적극성을 띠고 합동을 추진, 종로교회에서 개최된 제52회 총회에 참석, 합동총회를 선언해줄 것을 요청했으나 4개 구역이 대전측을 대표할 수 없을 뿐더러 간부가 가담하지 않았다는 이유를 들어, 즉 은혜보다는 회측을 주장하는 분들이 많아 실패를 했음).

일정(日政) 때 감옥에서 고생했던 자중 생존자에게 표창장 수여식을 갖다. (수상자로는 노재천, 박기양, 신성균, 김용해, 이덕여 제목사와, 김주언, 박병식, 문재무, 김만근, 정호준 집사 등임) 서울에 대한침례회신학원을 개원하고, 원장에 안대벽 목사, 교수에 한기춘, 이원균, 박경배, 제 목사가 취임하다.

목사시취위원회를 설치하다. (교역자 존엄성을 높이기 위한 기구).

1963
제53회 총회가 서울 종로교회(포항)와 대전 대흥동교회(대전)에서 각각 개최. 포항측에는 김용해 목사, 대전측에 강성주 목사가 각각 총회장으로 선출되다.

문교부가 교단분쟁에 개입 평화선을 설치하다. (※교단분규로 은혜롭지 못한 일이 계속 발생되자 이의 분쟁종식책으로 문교부가 개입. 양측대표를 초청, 현 점유선을 평화선으로 하고, 개교회가 어느 총회에 원하는 대로 예속케 하는 방법론을 성립시켰음) 아세아 침례회 청년대회에 한국대표로 홍동겸, 박대

1962
울산공업 센터 기공
정치 활동 정화법 통과
윤보선대통령 사임 박정희 권한대행
국민투표 실시 개정안 확립
제 4회 아시아반공대회 자카르타에서 개막
케네디 큐바 봉쇄령.

1963
2·28 성명과 2·27 정국 수습 선포 김종필 외유. 박인환, 김동하 등 군 일부 쿠데타. 5대 대통령 박정희 당선. 영친왕 이은 귀국. 제6대 국회개원 대통령 취임으로 제3공화국 탄생. 월남 쿠데타 고딘 디엠정권 몰

한국기독교사	국사

순, 지덕, 정진황 제씨가 선정되다.

1964

제54회 총회가 부산 범일동교회(포4:7일)와 서울교회(대 4:27)에서 각각 개최되고 총회장으로 신혁균(포) 차광석(대) 목사가 당선되다.

대한기독교침례회사 출간하다. (그간 추진해오던 교회사를 교육부의 주선으로 편찬. 총회감수위원(노재천, 최성업, 박기양, 신성균)의 감수를 거쳐 총회장 명의로 발간하다.(포)

지방전도부 설치 및 사업전개하다. (※지방 전도부는 각지방 개교회 전도사업을 지원해 주는 한편, 특히 신학교 졸업생이 교회를 개척할 때는 실무비를 보조해 주며, 또한 지방 전도부 내에 영화전도부를 두고 시청각 전도를 담당하다).(대)

1965

제55회 총회가 4월 20일 서울 종로교회(포)와 대구 대명교회(대)에서 각각 개최. 김용해(포), 조효훈(대) 목사를 총회장으로 선출하다.

스위스, 제네바에서 개최된 1CCC 제6차 대회에 한국 대표로 김용해 총회장이 참석하다. 미국 보수침례회 중앙선교회에서 선교사 파송받다. 1963년부터 연락을 취해 오던차 미보수침례회 중앙선교회 부회장인 훼체 박사와 일본 주재 선교사 크리어 목사 부처가 내한, 협의하고 9월초에 선교사 1가정을 파송 받기로 하다. 원동(遠東)국제기독교대회가 자유중국에서 개최. 한국대표로 신혁균, 이덕근 목사가 참가하다.(포)

주일학교를 교회학교로 개칭키로 하다. 매년, 7월 1일을 '신학교의 날'로 정하고 당일 헌금을 신학교로

락. 미 케네디 대통령 암살.

1964

정부 환율 인상. 정일권 내각성립. 대일 굴욕 외교반대로 계엄령 선포. 박 대통령 서독 방문, 드골 중공 승인. 제18회 동경 올림픽. 중공 핵실험. 국군 베트남 파병.

1965

국회 월남 파병에 동의. 한일 외상 기본관계에 가조인, 굴욕외교 반대 데모. 민중당 창당. 박 대통령 방미. 한일협조인 동양 최대의 신탄진 연초공장 준공. 한일협정 비준동의안 국회통과. 한일협정비준서 교환. 미·존슨 대통령 취임. 소련 2인 우주선 발사.

| 한국기독교사 | 국사 |

우송키로 하다.(대)

침례회 신학교 제3대 교장에 지대명 박사 취임하다.

1966

제56회 총회를 서울, 종로교회(포·412)와 서울교회(대·4·20)에서 개최. 총회장에 이덕근(포), 조효훈(대) 목사가 각각 선출되다. 부산시 금정산(金井山)에 위치한 기독교 수양관에서 전국 교역자 수양회가 개최되다. 성경학원 개원으로 후진양성에 힘쓰다. (※충서성경학원 개원, 한기춘, 이원균, 이덕흥, 이덕근, 김중률 제목사가 후진 양성에 힘썼고, 울도성경학원을 개원, 김갑수, 남용순 목사가 수고하다).

미국 중앙침례 교단 외국선교부가 파송한 라이몬드 D 크리어 선교사 1가족 4人이 한국 선교사로 내한하다.(포)

대전에서 군인전도부 사업 시작하다.(군인들에게 복음을 전하기 위해 1월에 대전역 부근에다 자리를 잡고 사업을 착수하다. (※현 침례회관 전신. 지금은 대전에 2개소 논산, 원주, 부산 등 5개 지역에 회관을 설립. 본격적인 군인전도를 담당하고 있음)(대)

1966

박 대통령 동남아순방 등정. 학원정화 운동 결정. 아시아 태평양 각료회의. 한미행정협정 체결. 세계 교직단체 총연합회총회 개막. 존슨 대통령 내한. 아주경기 방콕대회 개막.

1967

제57회 총회가 부산 범일동교회(포)와 대전 대흥동교회(대)에서 개최하고, 총회장에 이덕흥(포) 목사와 조효훈 목사(대)가 각각 선출되다.

교역자 시취규정 가결하다.(포) 홍콩에서 개최되는(10일간) 제3차 동양선교협의회(14개국에) 한국 대표로 조효훈, 우성곤, 노창우, 박영록 씨 등이 참석하다. 총회와 선교부는 각각 독립된 기관이므로 상호간섭하지 않기로 하다.(대)

1967

교원 재교육기관으로 계절제·야간제의 교육대학·사범대학·교육대학원 과정 설치. 향토예비군 창설 7대 국회의원 선거. 6대 대통령 박정희 대통령 당선.

한국기독교사	국사
1968 제58회 총회가 서울에서 역사적인 합동총회로 개최. 총회장에 김용해 목사가 선출되다.(※1959년 분열이후 교단분열을 애석히 여기던 양측 후진 교단 지도자들이 중심이 되어 교단합동을 추진하던 중 전 교회의 호응을 받아 10년이 지난 1968년 8월에 은혜로운 분위기 속에서 극적으로 통합되다). 교단명칭을 '한국침례회 연맹'으로 개칭하다.	**1968** 대입예비고사제 채택. 국민교육헌장 선포. 국립대학 방송통신대학제 채택.
1969 제59회 총회가 서울침례교회에서 개최 오관석 목사가 총회장으로 선출되다. 총회비 책정하다. (개교회 총예산의 10분의 1을 총회비로 납부키로 결의되었음)	**1969** 닉슨독트린 선언 대통령 중임, 임기에 관한 개헌.
1970 '한미대여위원회'가 발족되다. (국내 침례교회가 예배당 및 교육관 신증축이나 이에 소요되는 대지를 구입할 때는 이의 자금을 대여해주기로 한·미 양측이 협의 기구로 발족했음.) 침례회 교회 확장운동을 전개하다. 또한 이를 뒷받침하기 위해 미국 루이지아나 주 침례교 부흥단이 내한 집회를 갖다.	**1970** 8·15 선언 중학교 입시제도 개혁(학군 학구별로 추첨 입학). 서울·부산지역 적용. 경부 고속도로 개통. 8·15선언.
1972 아폴로 15호에 탑승했던 우주인 제임스 어윈 대령 내한 전도대회를 개최하다.	**1972** 미 중공 관계 개선. 일·중공 국교 정상화. 7·4 남북 공동성명. 남북 조절위원회 제1차 회의. 유신헌법 제정 공포.
1973 대전 침례회 신학교가 '한국침례교신학대학'으로 문	**1973** 남북조절위원회 제2차 회

한국기독교사	국사
교부로부터 인가를 받고, 학장으로 지대명 선교사가 취임하다.	의(평양·3·15). 남북조절위원회 제3차 회의. 6·23 선언. 남북대화 중단(8·28 북한의 일방적인 거부) 주월미군 철수. 중동전 이집트, 시리아 선공.
1975 본 교단의 은퇴 교역자들에 대한 노후대책을 위한 기금을 조성키로 하다. (총회비의 10퍼센트를 이자금으로 성립키로 함)	**1975** 크메르 전에서 공산 게릴라 크메르루즈 승리. 월남 멸망(4.30) 8.18 복피의 의 판문점에서 도끼 만행. 남북한의 각각 다른 결의안 모두 UN에 통과. 지미카터 대통령 당선. 모택동 사망. 일본 조총련제 성요단내한.
1976 침례교신학대학 서울 캠퍼스(야간)를 개교하다. 교단 명칭을 '기독교한국침례회'로 개칭키로 하다.	**1976** 제3차 경제개발 5개년 계획 초과 달성.
1977 침례교 수양관을 건립키 위해 충북 옥전에 대지 6만여 평을 구입하고 착공하다. 한동안 경간 되었던 〈침례회보〉가 복간되다. 육군 제2훈련소에 침례교회와 군인회관을 건립하고 군복음화 운동에 박차를 가하다. 세계 침례교 가족 3,330만명(1977)통계가 발표되었	**1977** 박 대통령 북한에 상호불가침 협정 제의. 미 지상군 1진 6천명 철수

한국기독교사	국사
고, 한·미 전도대회가 10월 23~30일까지 개교회에서 개최되다. 세계 전도협회(회장·더브잭슨) 단원 1백 50명이 내한. 대전도대회를 개최하다.	
1978 침례교 신학대학 제4대 학장으로 최초 한국인 정진황 목사가 취임하다. 침례교 신학대학에 기독교교육학과차(정원 30명) 신설 인가를 받고, 부설로 목회 대학원이 개원되다. 아시아 침례교 여전도대회(13개국, 8백 여명참가)가 서울 엠버스더 호텔에서 개최. 회장에 한국인 조혜도 여사가 당선되다. 부산 침례병원 원장(이경수 집사)과 침례교 교회진흥원 제3대 원장(노창우 목사)에 처음으로 한국인이 각각 취임하다.	**1978** 미 해군 한반도 주변 배치. 한미군사위원회 설치 1차 회담
1979 침례교신학대학에 신문〈침신대학보〉가 창간되다. 카터 미국 대통령 내한. 여의도 침례교회에서 주일예배를 드리다. 옥천 침례교 수양관이 건립되어 본 교단의 각급 기관이 각종 집회를 갖다. 침례교신학대학에 교직 과목 설치 인가 받다.	**1979** 박정희 대통령 피살. 최규하 대통령 권한 대행하다가 제10대 대통령으로 취임. 한국무기 구매대상국 인정. 한미 합동훈련강화. 방위 산업기술지원.

한국기독교사	국사
1980 한미전도대회를 개최 1선교회 확장 운동을 전개하다. (5.19~6.20일까지 미국 플로리다 주 총회와 루이지애나 주 총회. 그리고 테네시 주 주총회에서 300명의 전도 단원들이 내한, 서울, 부산, 대구, 대전, 광주 등지에서 각각 대전도대회를 실시 크게 성과를 거두다). 총회 빌딩 건축 추진위원회 구성하다. 미국교회 부흥강사단 16명을 파송키로 하다. 무인가 신학교에 대한 위촉위원 결성	**1980** 사북탄광사건 발발. 광주사태 발발. 전두환이 제11대 대통령에 취임하고 제5공화국 출범. 계엄사령부 휴교령 해제 국가분의 입법회의 발족 새마을운동 중앙본부발족 정부 중앙정본부를 국가안전기획부(안기부)로 개편
1980년 9월 1일 정태진 총회장이 사임하고 캐나다로 이민목회차 떠나갔다. 제1부 총회장 백화기 목사가 자동 승계하여 총회장에 취임하다. **3월 9일** 침례서울신학교로 개칭하여 초대교장에 오관석 목사가 취임하다. 옥천 수양관을 본 교단 영적 훈련소로 사용하기로 하였다. 교단 정화위원회를 조직하여 그에 따른 규정을 제정하다.(교리 및 교단이탈, 교단 분열 선동, 폭력, 사기, 명예손상 등)	
1981년 9월 총회장 강원희 목사 취임 규약개정 김갑수 위원장의 사회로 본 교단 규약 개정이 대폭 이루어졌다. 한국침례교회 규약, 침례교회의 이상과 주장.	**1981년** 전두환 대통령 제12대 대통령에 당선 제11대 국회의원 총선 실시 해외여행 자유화 조치발표

한국기독교사	국사
1. 교회는 예수 그리스도께서 창설하였고 친히 머리가 되시며 그 입법자이시다. 2. 교회의 교리와 생활에 대해 유일하고 권위 있는 표준은 성경뿐이다. 3. 교회의 의식은 침례와 성찬으로서 상징적 기념일 뿐 구원의 조건이 아니다. 4. 교회의 직분은 목사와 집사로서 이들은 교회를 섬기는 이들이다. 5. 교회의 정체는 민주정치로써 행정만 할 뿐 입법은 하지 않는다. 6. 교회의 회원은 하나님의 말씀과 성령으로 거듭난 신자들의 모임으로 구성한다. 7. 교회 회원의 임무는 신앙고백으로 침례를 받고 신약성서의 모든 명령에 순종하는 것이다. 8. 모든 교회는 행정적, 독립적이나 복음전도 사업은 협동한다. 9. 교회와 국가는 상호 분리되어 있다. 10. 신앙의 자유는 절대적이다.	
1982년 9월 수도침례신학교 교장에 김장환 목사가 취임되다. 총회장에 이상모 목사가 취임하다.(성락교회 총회에서) 1990년도 개최될 '세계침례교대회'를 한국에서 유치하기 위한 준비위원회 조직하다. 형제회 전국 연합회 창립하다. 학교법인 수도침례 신학원 인가받다.	**1982년** 정부, 야간통행금지 전면 해제 체육부 발족 정부, 일본 역사 교과서 왜곡 기술 시정을 일본 정부에 요구 서울국제무역박람회개막 한국형 해군 경비함 첫진수

한국기독교사	국사
1983년 9월 총회장 한병국 목사 취임 본 교단 1889년 펜윅 선교사로 시작하여 현재 1000여 교회로 성장되다. 부산 남포동 대지 50평 판매 대금 수도침례신학교 발전을 위해 감성찬 목사가 헌납하였다. 수도침례신학교장에 김갑수 학장이 인준되다. 침례교 세계대회(16차) 유치위원장에 김장환 목사 취임하다. **1984년** 총회장 양준길 목사 취임 침례신학대학장에 허긴 박사가 취임하다. 침례교 목회자 성장대회 개최 교회음악부(핸드벨) 활동 수도침례신학교 문교부 인가 **1985년** 총회장 김인봉 목사 취임 한미교회 기금위원회 조직 일본침례교회 사절단 내한, 스미오가네고 총무 일행이 본 총회에 공식적으로 사과의 뜻을 발표하다.(일본 밥트스트 연맹 제38회 총회 결의) **5월** 목회자 성장대회 국내선교회 조직 교회진흥회 요단서적 센터 설립	**1983년** 공직자 윤리법 발효 고교생 복장자율화 실시 미얀마 아웅산 폭발사건이 북한 특수 공작원 소행임을 공식 발표 문교부 학원자율화 조치 발표 **1984년** 서산지구 방조제 축조공사 완공 서울대공원 개원 88올림픽 고속도로(광주-대구) 개통 진도대교 준공 7년만에 남북적십자 회담 개최 **1985년** 부산지하철 1호선 개통 정부학원 안정법 시안 공개 서울노동운동연합 결성 제5차 남북경제회담 판문점에서 개최 제10차 남북적십자회담 서울에서 개최

한국기독교사	국사
1986년 총회장에 우제창 목사 취임 목회자전국성장대회 개최 미 루이지애나 주 총회와 자매결연	**1986년** 신상옥, 최은희 부부 오스트리아 빈에서 미국 대사관으로 탈출 서울시경, 문익환 목사를 집시법 위반혐의로 구속
1987년 총회장에 유광석 목사 취임 개척교회 목회장 성장대회 개최 전국 청지기 수련회 개최 해외선교부 및 동남아 선교활동 해외선교회 발족 한미기금위원회를 국내선교회로 명칭 변경 침례교역사명감 편찬	**1987년** 통일민주당 창당 : 총재 김영삼 독립기념관 개관 노태우 민정당 총재 미국 방문 김종필 전 공화당 총재 정계 복귀 선언
1988년 총회장에 유병문 목사 취임하다. **4월** 침례교 목회자 성장 대회 **9월** 성락교회 본총회 탈퇴선언 수도침례신학교 주야간 분류 침례교선교 100주년 기념 행사 교역자 복지회 설립	**1988년** 노태우 대통령 당선 전두환 전대통령 대국민 사과, 백담사에서 은둔생활
1989년 총회장에 김충기 목사 취임 역사편찬위원회 개최	**1989년** 미국 부시 대통령 방한 전국농민운동연합 결성 대한항공여객기 리비아

한국기독교사	국사
8월 목회자전국성장대회개최 침례신학대학 이전(유성캠퍼스) 제16차 침례교세계대회 개최 군경특수선교회 인준	트리폴리에서 추락 80명 사망
1990년 총회장에 김병수 목사 취임 수도침신 주야간 분리 운영 결의 주간에 권혁봉 학장이 취임 미 알라바마 주 총회와 자매결연	**1990년** 노태우 대통령·김영삼 민주당 총재·김종필 공화당 총재 3당 통합선언 자유민주당(민자당) 창당 합의
1991년 총회장에 최보기 목사 취임 **4월** 목회자 성장대회 개최 총회 제2빌딩 매입 및 총회 사무실 이전(서울시 용산구 동자동 35-73) 의료법인 기독교한국침례회 의료재단(침례병원) 설립	**1991년** 소련 고르바초프 대통령 소련 국가원수로는 처음으로 한국(제주도) 방문 **9월** 노태우 대통령 유엔총회에서 연설 북한 최고사령관에 김정일 추대 소련 고르바초프 대통령 대통령직 사임
1992년 본 총회 총회장에 안중모 목사 취임 수도신학과 서울신학 통합 침신대 사회복지학과 인가	**1992년** 정부, 중국과 국교 수립 영정도 국제공항 기공식 거행 제14대 대통령 선거 실시,

한국기독교사	국사
	김영삼 후보 당선 베트남과 대사급 외교관계 수립
1993년 이창희 목사 본총회 총회장에 취임 **4월** 교단 발전 협의회 개최 **5월** 침례회 목회자 성장대회 개최 침례신문 미주판 발행	**1993년** 정부, 문익환 목사 등 사면 단행 북한, 핵 확산금지조약 NPT 탈퇴 김영삼 대통령 북한의 핵 문제 해결시까지 대북한 경제 협력 중단 지시
1994년 본 총회 총회장에 안종만 목사 취임 침례회 목회자 성장대회 개최 기독교 TV 방송 참여교단	**1994년** 북한, 국제 원자력기구의 핵사찰 수용 **2월** 전교조 교사 1,000여명 4년만에 복직 **3월** 서울지검, 12·12 사건 피고소인에 대한 조사 착수 북한, 김일성 주석 사망 김정일에 대해 수령이라는 공식 호칭 사용 북한, 단군릉 준공
1995년 본 총회 총회장에 정인도 목사 취임	**1995년** 우즈베키스탄 카리모프

한국기독교사	국사
4월 목회자성장대회 개최 미 조지아 주 총회와 자매결연 규약개정	대통령 방한 자민련 창당 : 총재 김종필 대구지하철공사장 도시가스폭발사고 발생 : 사망 100명 국민회의 창당 : 총재 김대중
1996년 본 총회 총회장에 박성웅 목사 취임 침례회 종합빌딩 건축 결의 침례교세계연맹(BWA) 보고 **4월** 목회자 부부성장대회 개최(설악산) 3천 교회 100만 성도운동	**1996년** 국민학교 명칭을 초등학교로 변경 부산, 제1회 부산국제영화제 개막 옛 조선총독부 건물 철거
1997년 본 총회 총회장에 박형중 목사 취임 목회자 부부선교대회(설악산) 개혁한글성경 개정판 '침례' 표기 삽입 세계선교훈련원 준공	**1997년** 제15대 대통령선거, 김대중 후보 당선 황장엽 전 북한 노동당 비서, 베이징 주재 한국대사관에 망명 요청 서울도착 김영삼 대통령, 유엔총회서 연설 김대중 대통령 후보 당선
1998년 본 총회 총회장에 이봉수 목사 취임	**1998년** 한나라당 전당대회에서 이회창 총재 재선출

한국기독교사	국사
5월 본 교단 목회자 세미나 **7월** 원로(은퇴)목사 초청 위로회 침례회 110주년 대회 행사 교단발전협의회 침례회 목회자부부선교대회 개혁개정판 성경 '침례' 표기 총회회관 구입 및 이전(서울시 구로구 오류2동 115-1)	김대중 대통령 베트남 방문
1999년 본 총회 양재순 총회장 취임 목회자부부성장대회 개최(설악산) 총회회관 증축(4,5층) 공사	**1999년** 김대중 대통령 러시아 방문 평양에서 남북노동자 축구대회 개최
2000년 본 총회 총회장에 안종대 목사 취임 침신대, 수도침신 양교 재단 통합 목회자 부부성장대회 개최 총회회관 증축 침례교 세계연맹(BWA) 상임위원회 절기설교집 발간 CWT 150교회 자매결연	**2000년** 김종필 국회총리 등용 포항제철, 민영화 완료 김대중 대통령, 노벨평화상 수상 결정
2001년 본 총회 총회장에 고용남 목사 취임 성지 방문 임원 30명	**2001년** 교육부 2002년부터 중학교 의무교육 전국 확대 방

한국기독교사	국사
교단발전협의회 청소년 영어선교캠프(필리핀) 미국 단기 선교훈련 파송(미국)	침 발표 북한 캐나다 공식 수교 4월 정부, 일본의 역사왜곡 교과서 검정 통과에 항의하여 주일대사 소환
2002년 본 총회 총회장에 권처명 목사 취임 목회자 부부성장대회 개최(제주도) 침례교 사직지(강경) 복원 전국침례교 청년영성수련회 서북미 주총회와 자매결연 및 협력 사업 수해구호(2개 교회당 신축)	**2002년** 북한 금강산 관광지구법 공포 노무현 대통령 후보 당선 박근혜 한나라당 복당 국립춘천박물관 개관
2003년 본 교단 총회장에 최창용 목사 취임 세계침례교 총회 상임위원회 한국 개최 한국침례교 전국지방회 106개소 목회자부부각성대회(양수리)	**2003년** 국회 주 5일제 법안 통과 신행정수도 특별법 국회 통과
2004년 본 교단 총회장 김용석 목사 취임 목회자부부 영적각성대회 수해 피해지역 선교 지원 BWA 백주년기념대회 참석	**2004년** 개성공단 시범단지 6월 준공식 개최 이라크 무장단체에 피랍된 김선일 씨 피살

| 한국기독교사 | 국사 |

2005년

본 교단 총회장에 황인술 목사 취임

목회자부부 영적각성대회(휜돌산)

수해 피해지역 선교 지원

홍콩 총회와 선교 협약

2006년

본총회 총회장에 이대식 목사 취임

목회자부부 성장대회(설악산)

본 교단 연감 출판

2005년

국내 최고(最古) 백제 목간 발굴

우리나라 총 인구 4820만 ~4830만명, 한 가족 평균 2.9명

2006년

최규하 전 대통령 사망

한국침례회 역대 총회 임원

년도	회수	총회장	명 예	부회장	총 무	전도부장	교육부장	사회부장	출판부장	재무부장	
1906-1914	1-9										江景
1915-1923	10-18	이종덕 李鍾德									浦項
1924-1933	19-28	전지규 田軽珪									吞合
1934-1938	29-33	이영한 李榮漢	(향군요원, 신사참배 거절로 日本의 탄압에 의해 취임 5년제 사직)								元山
1939	34	이종덕 李鍾德	(원노희 대표로 임시 감목(총회장) 역임)								元山
1340	35	이종근 李鍾根	(본교단 대32인 구속과 함께 교단해체령으로 이후부터 대총회 중단)								七山
1946	36	이종덕 李鍾德		노제천 盧載天	김용해 金容海		신혁규 申爀均			김주언 金周彦	七山
1947	37	이종덕 李鍾德		노제천 盧載天	장석천 張錫天		신혁규 申爀均			장석천 張錫天	公州
1948	38	이종덕 李鍾德		노제천 盧載天	장석천 張錫天		신혁규 申爀均			장석천 張錫天	店村
1949	39	이종덕 李鍾德		노제천 盧載天	김용해 金容海		장일수 張一秀			윤상순 尹相順	江景
1950	40	이종덕 李鍾德		노제천 盧載天	김용해 金容海					김주언 金周彦	店村
1951	41	노제천 盧載天		신혁규 申爀均	장일수 張一秀					장일수 張一秀	元堂
1952	42	안대벽 安大闢		신혁규 申爀均	김용해 金容海		장일수 張一秀	최형근 崔炯眼	한대경 韓泰京	김주언 金周彦	
1953	43	안대벽 安大闢		신혁규 申爀均	김용해 金容海		장일수 張一秀	한기순 韓基大	김기대 金基大	김주언 金周彦	店村
1954	44	신혁규 申爀均		노제천 盧載天	김용해 金容海		조응철 趙應哲	한기순 韓基春	장일수 張一秀	김주언 金周彦	大田

년도	회수	총회장	부회장	총 무	전도부장	교육부장	사동부장	출판부장	재무부장	
1955	45	신역균 申櫟均	최성엽 崔成業	김용해 金容海	노제천 盧齋天	따월	안대벽 安大闢	장일수 張一秀	김주연 金周彥	서울
1956	46	장일수 張一秀	노제천 盧齋天 장일수 張一秀	노제천 盧齋天	신역균 申櫟均	허담 許禫	안대벽 安大闢	한태경 韓泰京	김남 金남男	釜山
1957	47	안대벽 安大闢	한기춘 韓基春 김용해 金容海	김용해 金容海	신역균 申櫟均	이원균 李元均	최성엽 崔成業	한태경 韓泰京	김남 金남男	浦項
1958	48	신역균 申櫟均	노제천 盧齋天 김용해 金容海	장일수 張一秀	안대벽 安大闢	이원균 李元均	한기태 韓基太	한태경 韓泰京	김주연 金周彥	大田
1959	49	김용해 金容海	이종철 李鐘哲 김장배 金長培	이종철 李鐘哲	이덕홍 李德興	이덕근 李德根	안대벽 安大闢	이봉매 李鳳來	김주연 金周彥	富川
		강성주 姜晟周	이덕여 李德汝 김기석 金己石	김승학 金勝學	조스	조효훈 趙孝勳	말리	장시정 張始政	박종목 朴鐘穆	大田
1960	50	이원균 李元均	노제천 盧齋天 김장배 金長培	박경배 朴敬培	이덕근 李德根	이원도 李原道	류중만 柳興萬	김갑수 金甲洙	박순복 朴順福	金泉
		장일수 張一秀	한태경 韓泰京 조효훈 趙孝勳	김승학 金勝學	유영근 俞永根	조효훈 趙孝勳	이덕수 李德秀	한태경 韓泰京	김병옥 金炳郁	鍾路

년도	회수	총회장	부회장	총무	전도부장	교육부장	사회부장	출판부장	재무부장	청소년부장	
1960	51	안대벽 安大闢	김용해 金谷海 신억균 申檍均	박경배 朴炅培	이덕구 李德根	한기준 韓基春	류흥만 柳興萬	김갑수 金甲洙	김주언 金周彦		鐘路
		장얼수 張乙秀	이덕수 李德秀 조승학 趙勝學	김승학 金勝學	유영근 俞永根	안형직 安瑩稙	주성범 朱聖範	한태경 韓泰京	김병욱 金炳郁		
1962	52	안대벽 安大闢	신억균 申檍均 김용해 金谷海	박경배 朴炅培	이덕구 李德根	이원균 李元均	김의경 金義經	김갑수 金甲洙	김주언 金周彦		鐘路
		강성주 姜晟周	이덕수 李德秀 차광석 車光錫	신정호 申正昊	안중만 安鍾萬	안형직 安瑩稙	주성범 朱聖範	조효근 趙孝勤	이건기 李建基		
1963	53	김용해 金谷海	이덕흥 李德興	이덕구 李德根	김종율 金鐘律	김갑수 金甲洙	임병찬 林秉燦	교육부편인 敎育部編人	김주언 金周彦		鐘路
		강성주 姜晟周	이덕수 李德秀 차광석 車光錫	신정호 申正昊	안중만 安鍾萬	안형직 安瑩稙	김의정 金義晶	주성범 朱聖範	김연일 金元一		大田
1964	54	신억균 申檍均	김용해 金谷海	이덕구 李德根	김종율 金鐘律	김갑수 金甲洙	임병찬 林秉燦	교육부편인 敎育部編人	김주언 金周彦		凡一洞
		차광석 車光錫	유태석 俞泰根 이덕 李德	김승학 金勝學	남용수 南容洙	안형직 安瑩稙	최영선 崔永善	교육부편인 敎育部編人	김병욱 金炳郁	주성범 朱聖範	서울
1965	55	김용해 金谷海	이덕흥 李德興	이덕구 李德根	김종율 金鐘律	김갑수 金甲洙	이태준 李太準	교육부편인 敎育部編人	임병찬 林秉燦	신석태 申錫泰	鐘路
		조효근 趙孝勤	이덕수 李德秀 안형직	우성곤 偶成坤	안중만 安鍾萬	유영근 俞永根	정인도 鄭二道	교육부편인 敎育部編人	유정식 俞貞植	지 덕 池 德	大邱

년도	회수	총회장	부회장	총 무	전도부장	교육부장	사무부장	출판부장	재무부장	청소년부장	
1966	56	이덕근 李德根	김종률 金鍾律 安鍾織	김감수 金甲洙	남용순 南裕舜	박경배 朴敬培	이태준 李太準	교육부편인 教育部編人	배양찬 裵養贊	신석태 申錫泰	鐘路
		조효훈 趙孝勳	이덕수 李德秀 이용철 李瀟徹	우성곤 偶成坤	안종만 安鍾萬	노영식 盧永植	정인도 鄭仁道	교육부편인 教育部編人	이건기 李建基	홍동겸 洪東謙	서울
1967	57	이덕훙 李德興	신영균 申榮均	김감수 金甲洙	남용순 南裕舜	김용도 金鎔道	이태준 李太準	교육부편인 教育部編人	배양찬 裵養贊	이진석 李鎭碩	凡一洞
		조효훈 趙孝勳	구두서 具斗書 이용철 李瀟徹	우성곤 偶成坤	안종만 安鍾萬	노영식 盧永植	정인도 鄭仁道	교육부편인 教育部編人	이건기 李建基	홍동겸 洪東謙	大田
1968	58	김용해 金溶海	구두서 具斗書 오관석 吳官錫	우성곤 偶成坤 김감수 金甲洙	남용순 南裕舜	안종만 安鍾萬	김종률 金鍾律	박영록 朴永祿	이건기 李建基	정태진 鄭台辰	서울
1969	59	오관석 吳官錫	신영균 申榮均 유태근 俞泰根	우성곤 偶成坤	임경철 林敬喆	남용순 南裕舜	김인봉 金仁峯	고광현 高光鉉	박경배 朴敬培	정태진 鄭台辰	서울
1970	60	오관석 吳官錫	유태근 俞泰根 안중근 安重根 양영호 梁英豪	우성곤 偶成坤	황영호 黃永豪	노영식 盧永植	고광현 高光鉉	유광석 柳光錫	정태진 鄭台辰	강인희 姜元熙	서울
1971	61	유영근 俞永根	안종만 安鍾萬 양영호 梁英豪	우성곤 偶成坤	김용대 金鎔大	최병산 崔炳山	유계장 禹稽昌	최중열 崔忠烈	고광현 高光鉉		大田
1972	62	조효훈 趙孝勳	유태근 俞泰根 남용순 南裕舜	임경철 林敬喆		김용대 金鎔大	한대희 韓大熙	이용철 李瀟徹	양승대 梁承泰	서석구 徐錫九	서울中央

년도	회수	총회장	부회장	총무	전도부장	교육부장	사회부장	출판부장	재무부장	청소년부장	
1973	63	구두서 具斗書	임경철 林敬喆 조병진 趙炳辰 박선제 朴宣濟	우성곤 禹成坤 (사무국장)	강대진 姜大辰	이중관 李興寬				정인도 鄭仁道	裡里
1974	64	임경철 林敬喆	조병진 趙炳辰 박선제 朴宣濟	김용도 金鎔道	김성조 金聖祚	유병문 俞柄文	강창석 姜昌錫	허권기 許權基	서석구 徐錫九	송대식 宋大錫	永登浦
1975	65	지 덕 池 德	김인봉 金仁琫 김장권 金章煥	김용도 金鎔道	정태진 鄭台辰	유병문 俞柄文	이상모 李相模	최중열 崔忠烈	양제순 梁昌淳	박장옥 朴章玉	大田
1976	66	박경배 朴慶培	김장환 金章煥 최중열 崔忠烈	김용도 金鎔道	안통만 安通萬	박중신 朴柳申	강성철 姜成澈	박대순 朴大淳	장기억 張基億	이원희 李元熙	大田
1977	67	박선제 朴宣濟	최중열 崔忠烈 서석구 徐錫九	김용도 金鎔道	이용철 李庸澈	유병문 俞柄文	김중래 金洪來	신태승 申泰承	임헌승 林憲承	안중모 安重模	서울中央
1978	68	남용순 南溶舜	서석구 徐錫九 허권기 許權基	김용도 金鎔道	이병욱 李炳旭	신태승 申泰承	한대희 韓大熙	김용식 金溶植	강창석 姜昌錫	박성웅 朴成雄	大田
1979	69	유태근 俞泰根	정태진 鄭台辰 신태승 申泰承	김용도 金鎔道	백화기 白華基	김병수 金丙洙	성지권 成智錀	안중모 安重模	권자명 權慈明	신순권 申舜均	江南中央
1980	70	정태진 鄭台辰 백화기 白華基	백화기 白華基 강은희 姜光熙	김용도 金鎔道	장광석 張光錫	이등원 李東元	이중모 李仲模	곽지영 郭智榮	한명국 韓明國	전순학 全淳學	大田 大興

년도	회수	총회장	부회장	총무	전도부장	교육부장	재무부장	사회부장	공보부장	청소년부장	해외선교장	부녀부장	군경부장	농어촌부장	장소
1981	71	白華基	강원희 姜元熙	이상모 李相模 한병국 韓明國	김용도 金鎔道	이원희 李元熙	김종해 金宗楷	최보기 崔寶基	장영순 張瑩淳	이진선 李鎭善	이동원 李東元	최봉구 崔奉九		釜山 영진
1982	72	이상모 李相模	한병국 韓明國 최보기 崔寶基	김용도 金鎔道	우제창 禹濟昌	성지현 成智鉉	박남운 朴南澗	김광우 金光雄	임종호 林鍾澔	김용식 金容植	엄중섭 廉忠燮		서울 聖樂
1983	73	한병국 韓明國	우제창 禹濟昌 유광석 柳光錫	김용도 金鎔道	박형중 朴亨仲	강풍일 姜豊日	이덕천 李德天	김중래 金洪來	이소영 李昭榮	성준호 成俊鎬	이상춘 李相春	김은구 金放圭		大田
1984	74	양준길 梁俊吉	유광석 柳光錫 장영순 張瑩淳	김용도 金鎔道	최보기 崔寶基	최병산 崔炳山	김기석 金基錫	이병옥 李炳鈺	신동성 辛東星	박익복 朴氷福	전순하 全淳廈	김기찬 金基燦		江南 中央
1985	75	김인봉 金仁峰	김병수 金丙洙 유병모 俞炳文	김용도 金鎔道	임헌승 林憲承	임종호 林鍾澔	박장옥 朴章玉	김헌주 金珏中	정영길 鄭暎吉	조찬득 趙燦得	최종집 崔俊集	김민태 金萬泰	이장희 李昌熙	大田 大興
1986	76	우제창 禹濟昌	유병모 俞炳文 박형중 朴炯中	노장우 盧昌愚	이장희 李昌熙	강창석 姜昌錫	이종희 李忠熙	배상열 裵相烈	진종섭 陳忠燮	김은기 金允基	정광기 丁光基	이봉수 李奉洙	성기남 成基男	大田 大興
1987	77	유광석 柳光錫	박형중 朴炯中 박익복 朴氷福	노창우 盧昌愚	우용순 禹龍雲	한명도 韓明道	이종범 李記範	전병진 千炳辰	장세균 張世均	최창룡 崔昌龍	이영한 李英漢	승성구 末成求	전계선 田桂光	江南 中央
1988	78	유병모 俞炳文	곽지영 郭智榮 우용은 禹龍雲	노창우 盧昌愚	박성운 朴汲雄	이소영 李昭榮	박문수 朴文洙	이대식 李大植	조찬득 趙燦得	심국보 沈國輔	이준용 李準龍	노양부 盧良夫	이대익 李大翼	水原 中央

년도	회수	총회장	부회장	총무	전도부장	교육부장	재무부장	시무부장	공법부장	청년부장	해외선교부장	부부장	군경부장	농어촌부장	장소
1989	79	김중기 金充基	최보기 崔寶模 안중모 安重模 김용식 金容植	노창우 盧昌愚	김병식 金谷植	이용한 李英漢	주광석 朱光錫	김만태 金萬秦	이봉수 李奉洙	이덕태 李德萬	김광혁 金廣赫	성두천 成斗鉉	유병천 俞炳天		天安

년도	회수	총회장	부회장	총무	전도부장	교육부장	재무부장	시무부장	공법부장	군경부장	청년부장	해외선교부장	부부장	평신도부장	장소
1990	80	김병수 金丙洙	안중모 安重模 김영식 金容植	노창우 盧昌愚	최병산 崔炳山	신순철 辛淳哲	정영길 鄭瑛吉	박일래 朴一來	이상운 李相雲	정호일 鄭浩一	손갑수 孫甲洙	김 웅 金 雄	진중섭 陳忠燮	서울중앙
1991	81	최보기 崔寶基	이창회 李昌熙 이재순 李在淳	주대식 朱大錫	구정환 具正煥	주광석 朱光錫	김순보 金淳甫	김용점 金龍顯	임충남 林忠男	함옥태 成王泰	김대현 金大鉉	김기복 金基福	유영식 俞永植	釜山
1992	82	안중모 安重模	우용훈 禹龍勳 김중섭 金宗燮	주대석 朱大錫	김갑덕 金甲德	고용남 高龍男	최광선 崔光甫	김복환 金福煥	김 웅 金 雄	이준용 李準龍	정태혁 鄭泰赫	한상근 韓相根	우경애 禹敬愛	大田浸禮神
1993	83	이창희 李昌熙	정인도 鄭仁道 진중섭 陳忠燮	주대석 朱大錫	안중대 安重大	김정기 金正基	김순보 金淳甫	이봉수 李奉洙	유영식 俞永植	신중균 申淳均	문창환 文彰煥	성기남 成基男	장기억 張基億	釜山
1994	84	안중만 安重萬	진중섭 陳忠燮 박성웅 朴成雄	정인도 鄭仁道	진정기 金正基	안중대 安重大	채도병 蔡道秉	김지수 金芝洙	승근집 承根集	노승순 盧承春	한일송 韓一玆	김형팔 金炯珮	신순근 申淳均	大田浸禮神
1995	85	정인도 鄭仁道	박성웅 朴成雄 김덕환 金福煥	양회점 梁會俠	김기복 金基福	고용남 高龍男	신순철 申淳哲	노양부 盧良夫	김광혁 金廣赫	유만점 柳滿杰	이은절 李埈喆	김지수 金芝洙	이재성 李在成 (부녀부)	大田浸禮神
1996	86	박성웅	최병신	양희점	이소영	김지수	장정환	배상엽	전용길	한일정	엄기용	김정근	재도병		大田浸禮神

년도	회수	총회장	부회장	총무	전도부장	교육부장	재무부장	사회부장	공보부장	군경부장	청소년부장	해외선교부장	평신도부장	농어촌부장	장소
1997	87	박형중 朴烱仲	최인산 崔仁山 이봉수 李奉洙 이봉수 李奉洙 최창용 崔昌龍	양희엽 梁會燁	이갑수 李甲秀 전계선 田桂先	김지수 金芝洙 노승춘 盧承春	장경한 張景漢 채도병 蔡道秉	배상렬 裵相烈 구정환 具正煥	전봉길 全鳳吉 노양부 盧良夫	한일정 韓一政 배운조 裵允祚	엄기륜 嚴基綸 곽도희 郭道熙	김정곤 金正坤 장순중 張淳秉	채경주 蔡慶柱 박경주 朴京柱	김창석 金昌錫	大田凌神
1998	88	이봉수 李奉洙	양제섭 梁宰燮 고용남 高龍男	양회엽 梁會燁	노양부 盧良夫	권처명 權慶明	최진석 崔鎭錫 김창석 金昌錫	김창석 金昌錫	황인술 黃仁述	곽도희 郭道熙	최병상 崔炳相	이진선 李鎭善	이재식 李在植	안병열 安秉烈	
1999	89	양제순 梁宰淳	안중태 安重太 권처명 權慶明	양회엽 梁會燁	구정환 具正煥	황인술 黃仁述	최진석 崔鎭錫 이건석 李建善	이진선 李鎭善	장기억 張基億	임점수 林点秀	김정곤 金正坤	오영택 吳榮澤	송성구 宋成九	김해윤 金海允	
2000	90	안중대 安重大	고용남 高龍男 구정환 具正煥	양회엽 梁會燁	김지수 金芝洙	최진석 崔鎭錫	정영진 鄭榮眞	정영진 鄭榮眞	안희묵 安喜黙	권찬대 權燦大	엄기용 嚴基鏞	김정곤 金正坤	김기덕 金基德	남호 南浩	
2001	91	고용남 高龍男	권처명 權慶明 구정환 具正煥	홍성식 洪成植	주광석 朱光錫	남호 南浩	황인술 黃仁述	권술래 權述來	유만김 兪萬金	노승춘 盧承春	김이태 金利泰	오영택 吳榮澤	박효희 朴孝和	김용관 金容寬	
2002	92	권처명 權慶明	김정기 金正基 최창용 崔昌龍	홍성식 洪成植	황인술 黃仁述	최진석 崔鎭錫	안병열 安秉烈	최병상 崔炳相	곽도희 郭道熙	이재석 李在錫	이영국 李榮國	김정곤 金正坤	박영재 朴榮在	김요배 金要培	
2003	93	최창용 崔昌龍	김종식 金鍾植 황인술 黃仁述	홍성식 洪成植	김대민 金大鉉	피영민 皮英敏	이종범 李乳範	이종범 李乳範	이상표 李上杓	장희국 張熙國	이재옥 李在玉	김광석 金廣赫	김기덕 金基德	박노천 朴櫓天	서울中央

년도	회수	총회장	부회장	총무	전도부장	교육부장	재무부장	사회부장	공보부장	군경부장	청소년부장	해외선교부장	평신도부장	농어촌부장	부부장
2004	94	김용식 金溶植	황인숙 黃仁淑 유영식 俞永植	홍성식 洪成植	한규동 韓奎東	피영민 皮英敏	권중완 權仲完	오영태 吳榮澤	유상재 劉相宰	김광중 金光重	최명호 崔明浩	곽도희 郭道熙	김종수 金鍾洙	김신종 金信鍾	
2005	95	황인숙 黃仁淑	이대식 李大植 이중관 李興寬	홍성식 洪成植	박경주 朴京柱	김요배 金要培	유상재 劉相宰	오영태 吳榮澤	김이태 金利泰	박중서 朴鍾瑞	조대섭 趙大燮	피영민 皮英敏	김종수 金鍾洙	김종배 金鍾培	김인숙 金仁淑
2006	96	이대식 李大植	이중관 李興寬 한규동 韓奎東	유영식 俞永植	권중완 權仲完	이상표 李上杓	안병열 安秉烈	조대섭 趙大燮	유상재 劉相宰	조정식 趙正殖	김종수 金鍾洙	피영민 皮英敏	박광석 朴光石	유정환 俞正煥	이정자 李正子